Law and Economics of International Telecommunications

Under the Auspices of the
Max Planck Institute for Foreign and International Private Law
edited by Prof. Ernst-Joachim Mestmäcker

Volume 17

Eckhard Bremer, LL.M. (Harvard)/
Michael Esser, LL.M. (Pennsylvania)/
Martin Hoffmann

Der Rundfunk in der Verfassungs- und Wirtschaftsordnung in Deutschland

Nomos Verlagsgesellschaft
Baden-Baden

Die Deutsche Bibliothek – CIP-Einheitsaufnahme

Bremer, Eckhard:
Der Rundfunk in der Verfassungs- und Wirtschaftsordnung Deutschlands / Eckhard Bremer; Michael Esser; Martin Hoffmann. – 1. Aufl. – Baden-Baden: Nomos Verl.-Ges., 1992
(Wirtschaftsrecht der internationalen Telekommunikation ; 17)
ISBN 3-7890-2815-0
NE: Esser, Michael:; Hoffmann, Martin:; Law and Economics of International Telecommunications

1. Auflage 1992

Vorwort des Herausgebers

Die vorliegende Arbeit ist als Teil des Forschungsprojekts »Wirtschaftsrecht der Internationalen Telekommunikation« im Max-Planck-Institut für ausländisches und internationales Privatrecht entstanden. Im Unterschied zu den zusammenfassenden Berichten über ausländisches Telekommunikationsrecht werden die Entwicklungen in der Bundesrepublik Deutschland und in Europa in Einzeluntersuchungen behandelt.

Im Rundfunkrecht hat es sich als zweckmäßig erwiesen, die in diesem Band behandelten verfassungsrechtlichen und wirtschaftsrechtlichen Fragen von denen des deutschen internationalen Rundfunkrechts zu trennen. Die Verknüpfung der deutschen Rundfunkordnung mit dem Europäischen Gemeinschaftsrecht ist jedoch so eng, daß es sowohl in der innerstaatlichen wie in der internationalen Perspektive zu berücksichtigen war.

Die Arbeit von Bremer/Esser/Hoffmann fügt das Europäische Gemeinschaftsrecht in die Systematik des deutschen Rechts ein. Damit wird zunächst den Erfordernissen der Rechtspraxis Rechnung getragen. Zugleich bietet die Arbeit jedoch eine Grundlage für die Erfassung der Außenwirkungen der staatlichen Rundfunkordnung und für weiterführende rechtsvergleichende Untersuchungen.

Besonderer Dank gebührt Frau Ingeborg Stahl, die das Typoskript in ein druckfähiges Format gebracht hat.

Hamburg, im August 1992 *Ernst-Joachim Mestmäcker*

Inhaltsverzeichnis*

Abkürzungsverzeichnis 13

A. *Rundfunkrecht im Wandel* 17

I. Rundfunkrecht, technischer Fortschritt und politischer Wandel 17

II. Rundfunk in Deutschland als traditionell hochregulierter Wirtschaftszweig 18

III. Rundfunk in der »Sondersituation«: Öffentlich-rechtlicher Rundfunk und öffentlich-rechtliches Monopol 19

IV. Die deutsche Einigung und ihre Folgen für den Rundfunk 20

V. Privater Rundfunk im »dualen System« 21

B. *Verfassungsrechtliche Grundlagen: Rundfunkrecht und Rundfunkfreiheit* 24

I. Kompetenzverteilung im Bundesstaat 24
1. Rundfunkrecht als Ländersache 24
2. Bundeskompetenzen im Rundfunkrecht: 25
a) Post- und Fernmeldewesen 25
b) Allgemeine bundesrechtliche Rechtsordnung, insbesondere Wirtschaftsrecht 26
c) Europäisches Gemeinschaftsrecht und nationale Rundfunkordnung 27

II. Die Rundfunkfreiheit des Grundgesetzes 28
1. Grundrechtstatbestand: Umfassende Freiheit des Rundfunks 28

---

* Die Teile A, B und C wurden von Eckhard Bremer bearbeitet, die Teile D und E von Michael Esser, der Teil F von Martin Hoffmann.

2. »Individualrechtlicher Schutzzweck« und »abwehrrechtliche Schutzwirkung« des Artikels 5 Grundgesetz 29
3. Die Umdeutung von Schutzzweck und Schutzwirkung des Grundrechts der Rundfunkfreiheit durch das Bundesverfassungsgericht: Drei Schritte 32
a) Erster Schritt: Demokratisch-funktionale Interpretation der Rundfunkfreiheit: »Vermittlungsfunktion des Rundfunks im Kommunikationsprozeß« 32
b) Zweiter Schritt: »Wettbewerb untauglich zur Gewährleistung der Vermittlungsfunktion« 33
aa) Rundfunk in der »Sondersituation« 33
bb) Rundfunk nach Fortfall der »Sondersituation« 33
c) Dritter Schritt: Rundfunkfreiheit als »Aufgabe des Gesetzgebers«: Die »institutionelle« Schutzwirkung der Rundfunkfreiheit 35
4. Die vom Bundesverfassungsgericht entwickelte verfassungsrechtliche Stellung des öffentlich-rechtlichen Rundfunks im »dualen System«: Grundversorgungsfunktion; Bestands-, Entwicklungs- und Finanzierungsgarantie 36
5. Privater Rundfunk in der Rechtsprechung des Bundesverfassungsgerichts 38

III. Kritik: Die Aufgabe des liberalen Grundrechtsverständnisses in der Rundfunkrechtssprechung des Bundesverfassungsgerichts 41
1. Abschied vom individualrechtlichen Schutzzweck 41
2. Abschied vom liberalen Gemeinwohlkonzept 42
3. Abschied von der abwehrrechtlichen Schutzwirkung der Grundrechte 43

C. *Die gesetzliche Ausgestaltung der Rundfunkordnung in Grundzügen* 46

I. Staatlicher Einfluß auf den Rundfunk: Rundfunk zwischen »Staatsfreiheit« und »staatlicher Gewährleistungsaufgabe« 46
1. Der verfassungsgerichtliche Gesetzgebungsauftrag 46
2. Rundfunkgesetzgebung im Überblick 47
3. Staatliche Aufsicht über den Rundfunk 48

4. Staatlicher Einfluß bei der Zuteilung terrestrischer Frequenzen und anderer Übertragungsmöglichkeiten 50

II. Öffentlich-rechtlicher Rundfunk: Prinzipien der Rundfunkorganisation 53
1. Treuhandbindungen des öffentlich-rechtlichen Rundfunks: 53
a) Programmauftrag und Verpflichtung zu interner Ausgewogenheit 53
b) Programmgrundsätze, Programmbindungen, Drittsendungsrechte 54
2. Die »binnenplurale« Organisation des öffentlich-rechtlichen Rundfunks 55
a) Aufsicht durch den Rundfunkrat 55
b) Intendant 56
c) Verwaltungsrat 57
3. Programmkoordination zwischen den öffentlich-rechtlichen Anstalten 57
4. Probleme und Zukunft des öffentlich-rechtlichen Modells 58

III. Privater Rundfunk: Prinzipien der Rundfunkorganisation 60
1. Die paradigmatische Bedeutung der Struktur öffentlich-rechtlicher Anstalten für die Ausgestaltung des Privatrundfunkrechts 60
2. Vielfaltsanforderungen an privaten Rundfunk: Grundstandard gleichgewichtiger Vielfalt; Binnenpluralismus; Außenpluralismus 60
3. Hoheitliche Programmanforderungen an privaten Rundfunk; Drittsendungsrechte 61
4. Aufsicht über privaten Rundfunk durch Landesmedienanstalten 62
5. Rechtsschutz gegen Entscheidungen der Landesmedienanstalten 63

D. *Meinungsvielfalt und Konzentrationsprozesse als Gegenstand von Rundfunkrecht und allgemeinem Wirtschaftsrecht* 65
I. Gesetzliche Anforderungen an Veranstalter von Rundfunk 65
1. Öffentlich-rechtliche Anstalten 65

2. Private Anbieter 65
a) Programmbezogene Voraussetzungen 66
b) Anbieterbezogene Voraussetzungen 66

II. Transparenz und Publizitätsanforderungen an Rundfunkunternehmen 67

III. Meinungsvielfalt und Medienwettbewerb 69
1. Gewährleistung von Meinungsvielfalt durch verschiedene Organisationsmodelle 69
2. Medienspezifische Beschränkungen intramediärer und intermediärer Beteiligungen an Veranstaltern von Rundfunk 72
3. Bericht über die Konzentration im privaten Rundfunk 76
4. Anwendung des Bundeswirtschaftsrechts - Grundsätze - 77
a) Öffentlich-rechtliche Rundfunkanstalten 77
b) Private Veranstalter 80
5. Wettbewerbs- und fusionsrechtliche Probleme des Rundfunks im einzelnen 81
a) Zusammenschluß 81
b) Quantitative Aufgreifschwellen 82
c) Marktbestimmung und Marktbeherrschung im Rundfunkbereich 83

IV. Zuständige Behörden 91

V. Kritik und Ausblick 91

E. *Nationales Rundfunkrecht und Europäische Wirtschaftfreiheit* 94

I. Nationales Rundfunkrecht und Freiheit des Dienstleistungsverkehrs 94
1. Rundfunksendungen und Freiheit des Dienstleistungsverkehrs 94
2. Dienstleistungsfreiheit und nationale Verbreitungsbeschränkungen 96
a) Einschränkbarkeit der Dienstleistungsfreiheit durch nationales Rundfunkrecht - Grundsätze 96

b) Das Spannungsverhältnis zwischen Dienstleistungsfreiheit und nationalen Verbreitungsbeschränkungen 97
3. Schlußfolgerungen 100

II. Die Fernsehrichtlinie 101

III. Nationales Urheberrecht und Rundfunkfreiheit 102

IV. Europäisches Wettbewerbsrecht und seine Auswirkungen auf die nationale Rundfunkordnung 104
1. Die Wettbewerbsvorschriften in ihrer medienspezifischen Ausprägung 104
a) Das Kartellverbot des Artikel 85 und das Mißbrauchsverbot des Artikel 86 EWGV 104
b) Die Fusionskontrollverordnung 105
c) Relevante sachliche und geographische Märkte 108
d) Zwischenergebnis 110
2. Die Auswirkungen auf die nationale Medienordnung im einzelnen 111
a) Möglichkeiten und Grenzen nationaler Rundfunkmonopole 112
b) Marktverhalten öffentlich-rechtlicher Anstalten 113
c) Wettbewerbsrechtliche Kontrolle privater Veranstalter 115
d) Schlußfolgerungen 118

F. *Rundfunkfinanzierung* 120

I. Grundlagen 120
1. Der öffentlich-rechtliche Rundfunk 120
2. Die Finanzierung des privaten Rundfunks 120

II. Ermittlung und Festlegung der Gebührenhöhe 122
1. Gebührenfinanzierung des öffentlich-rechtlichen Rundfunks 122
2. Das Verfahren zur Festsetzung der Gebührenhöhe 125

III. Werbezeiten 127

1. Werbezeitbegrenzungen im öffentlich-rechtlichen Rundfunk 127
2. Werbezeitbegrenzungen im privaten Rundfunk 128
3. Lokaler Rundfunk und offene Kanäle 129

IV. Finanzierungsalternativen 130
1. Gestaltungsspielraum des Gesetzgebers 130
2. Veranstaltung von Pay-TV 131
3. Randnutzung und wirtschaftliche Kooperation 132

V. Werbung und Sponsoring 135
1. Grundrechtsschutz der Wirtschaftswerbung 135
a) Meinungsäußerungsfreiheit (Art. 5 GG) 135
b) Berufsfreiheit (Art. 12 GG) 137
c) Eigentumsgarantie (Art.14 GG) 138
2. Dem Grundgesetz nachgeordnete Regelungen für die Werbung 138
a) Gesetz gegen den unlauteren Wettbewerb (UWG) 138
aa) Unterschwellige (sublimale) Werbung 138
bb) Vergleichende Werbung 139
b) Die Werberegelungen im Rundfunkstaatsvertrag 139
aa) Trennungs-und Kennzeichnungsgebot - Product Placement 141
bb) Das Verbot des Einflusses der Werbung auf das Programm 144
cc) Verbot des Ausnutzens der Unerfahrenheit von Kindern und Jugendlichen 144
c) Produktspezifische Regelungen 145
aa) Verbot der Tabakwerbung 145
bb) Einschränkung der Werbung für alkoholische Getränke 145
cc) Heilmittelwerbegesetz 145
3. Sponsoring 146
a) Sponsoring von Sendungen 146
b) Ereignissponsoring 149
4. Umsetzung der EG-Richtlinie 151

Literatur 153

Abkürzungsverzeichnis

aaO.	am angegebenen Ort
ABl. EG	Amtsblatt der Europäischen Gemeinschaften
Abs.	Absatz
AfP	Archiv für Presserecht
AG	Aktiengesellschaft
AktG	Aktiengesetz
a.M.	anderer Meinung
AöR	Archiv des öffentlichen Recht
ARD	Arbeitsgemeinschaft der öffentlich-rechtlichen Rundfunkanstalten Deutschlands
Art.	Artikel
BayMEG	Gesetz über die Erprobung und Entwicklung neuer Rundfunkangebote und anderer Mediendienste in Bayern (Medienerprobungs- und Entwicklungsgesetz)
BayRG	Gesetz über den Bayerischen Rundfunk
BayVBl.	Bayerische Verwaltungsblätter
BayVerfGH	Bayerischer Verfassungsgerichtshof
BayVGH	Bayerischer Verwaltungsgerichtshof
BayVGHE	Entscheidungen des Bayerischen Verwaltungsgerichtshofs
BGBl.	Bundesgesetzblatt
BGH	Bundesgerichtshof
BGHZ	Entscheidungen des Bundesgerichtshofs in Zivilsachen
BK	Kommentar zum Bonner Grundgesetz (Bonner Kommentar)
BKartA	Bundeskartellamt
BMPT	Bundesministerium für Post und Telekommunikation
BremLMG	Bremisches Landesmediengesetz
Btx-Staatsvertrag	Bildschirmtext-Staatsvertrag
BVerfG	Bundesverfassungsgericht
BVerfGE	Entscheidungen des Bundesverfassungsgerichts
BVerwG	Bundesverwaltungsgericht
BVerwGE	Entscheidungen des Bundesverwaltungsgerichts
C.M.L.R.	Common Market Law Reports
C.M.L.Rev.	Common Market Law Revue
DÖV	Die öffentliche Verwaltung
DVBl.	Deutsches Verwaltungsblatt
EEC	European Economic Community
EG	Europäische Gemeinschaften
EMRK	Konvention zum Schutze der Menschenrechte und Grundfreiheiten
epd/KuR	Evangelischer Pressedienst/Kirche und Rundfunk

EuGH	Europäischer Gerichtshof
EuGRZ	Europäische Grundrechtszeitschrift
Europ. Comp. L. Rev.	European Competition Law Review
European L. Rev.	European Law Revue
EuZW	Europäische Zeitschrift für Wirtschaftsrecht
EWGV	Vertrag zur Gründung der Europäischen Wirtschaftsgemeinschaft
EWS	Europäisches Wirtschafts- und Steuerrecht
FAZ	Frankfurter Allgemeine Zeitung
FCC	Federal Communications Commission
FK	FUNK-Korrespondenz
FR	Frankfurter Rundschau
GATT	General Agreement on Tariffs and Trade
GBl.	Gesetzblatt
GG	Grundgesetz
GmbHG	Gesetz betreffend die Gesellschaften mit beschränkter Haftung
GRUR/Int.	Gewerblicher Rechtsschutz und Urheberrecht/Internationaler Teil
GVBl.	Gesetz- und Verordnungsblatt
GWB	Gesetz gegen Wettbewerbsbeschränkungen
HA	Hamburger Abendblatt
HAM	Hamburgische Anstalt für Neue Medien
HessVGH	Hessischer Verwaltungsgerichtshof
HGB	Handelsgesetzbuch
HambMedienG/ HbgMedG	Hamburgisches Mediengesetz
HH	Hansestadt Hamburg
HPRG	Hessisches Privatrundfunkgesetz
HRG	Gesetz über den Hessischen Rundfunk
Hrsg.	Herausgeber
i.V.m.	in Verbindung mit
JZ	Juristenzeitung
KG	Kammergericht (Berlin) Kommanditgesellschaft
KPPG Berlin	Kabelpilotprojektgesetz Berlin
LMG Bad.Württ./ LMG BW	Landesmediengesetz Baden-Württemberg
LRG Nieders./Nds.	Niedersächsisches Landesrundfunkgesetz
LRG NW/NRW	Landesrundfunkgesetz für das Land Nordrhein-Westfalen
LRG Rh.Pf.	Landesrundfunkgesetz Rheinland-Pfalz
LRG Saar/Saarland	Rundfunkgesetz für das Saarland (Landesrundfunkgesetz)
LRG SH	Landesrundfunkgesetz Schleswig-Holstein

MEG Bayern	Gesetz über die Erprobung und Entwicklung neuer Rundfunkangebote und anderer Mediendienste in Bayern (Medienerprobungs- und Entwicklungsgesetz)
MDH	Maunz-Dürig-Herzog-Scholz, Kommentar zum Grundgesetz
MDR	Mitteldeutscher Rundfunk
MP	Media Perspektiven
m.w.N.	mit weiteren Nachweisen
NDR	Norddeutscher Rundfunk
NDR-StV	Staatsvertrag über den Norddeutschen Rundfunk
NRW	Nordrhein-Westfalen
NJW	Neue Juristische Wochenschrift
NZZ	Neue Zürcher Zeitung
OHG	Offene Handelsgesellschaft
ORF	Österreichischer Rundfunk und Fernsehen
OVG	Oberverwaltungsgericht
PRG Sa.-Anh.	Privatrundfunkgesetz für Sachsen-Anhalt
RBr-Gesetz	Radio-Bremen-Gesetz
Rdnr.	Randnummer
RfStV	Rundfunkstaatsvertrag
RGBl.	Reichsgesetzblatt
RGMV/ RG Meckl.-V.	Rundfunkgesetz Mecklenburg-Vorpommern
RIAS	Rundfunk im amerikanischen Sektor (Berlin)
Rs.	Rechtssache
RuF	Rundfunk und Fernsehen
Sächs.PRG	Sächsisches Privatrundfunkgesetz
SDR-S	Satzung für den Süddeutschen Rundfunk
SFB-S	Satzung für den Sender Freies Berlin
Slg.	Sammlung
s.o.	siehe oben
sog.	sogenannt
SRG	Schweizerische Radio- und Fernsehgesellschaft
SVBB	Staatsvertrag über die Zusammenarbeit zwischen Berlin und Brandenburg
SWF-StS	Staatsvertrag über den Südwestfunk
TPRG	Thüringisches Privatrundfunkgesetz
UFITA	Schriftenreihe des Archivs für Urheber-Film-, Funk- und Theaterrecht
UWG	Gesetz gegen den unlauteren Wettbewerb
VG	Verwaltungsgericht
vgl.	vergleiche

VO	Verordnung
VPRT	Verband Privater Rundfunk und Telekommunikation
VwGO	Verwaltungsgerichtsordnung
WDR	Westdeutscher Rundfunk
WDR-Gesetz	Gesetz über den Westdeutschen Rundfunk
WuW	Wirtschaft und Wettbewerb
ZDF	Zweites Deutsches Fernsehen
ZDF-S	Satzung des Zweiten Deutschen Fernsehens
ZDF-StV	Staatsvertrag über das Zweite Deutsche Fernsehen
ZIP	Zeitschrift für Wirtschaftsrecht
ZHR	Zeitschrift für das gesamte Handels- und Wirtschaftsrecht
ZRP	Zeitschrift für Rechtspolitik
ZUM	Zeitschrift für Urheber- und Medienrecht

A. Rundfunkrecht im Wandel

I. Neue Übertragungs- und Kommunikationstechnik sowie politischer Wandel haben im deutschen Rundfunk während der vergangenen 10 Jahre große Veränderungen bewirkt. Die Einführung der Breitbandkabel- und Satellitenkommunikation[1] bedeutete das Ende des von 1947/48 bis zum Beginn der 80er Jahre in Westdeutschland bestehenden Sendemonopols öffentlich-rechtlicher Rundfunkanstalten und ermöglichte die Öffnung des Rundfunkmarkts für private Wettbewerber; die deutsche Einigung führte in

1 Die bis zum Oktober 1982 regierende Bundesregierung hatte gegenüber einem Ausbau der Fernmeldeinfrakstruktur mittels breitbandiger Verteilnetze eine betont restriktive Haltung eingenommen [Vgl. dazu insbesondere den Beschluß des Bundeskabinetts vom 26. September 1979, abgedruckt in: Zur Medienpolitik der Bundesregierung, Reihe Berichte und Dokumentationen des Presse- und Informationsamtes der Bundesregierung, Bd. 26, S. 15 sowie im einzelnen *Ring*, Medienrecht, C.-0.4.IV.: »Die Phase der medienpolitischen Auseinandersetzungen zwischen 1978 bis 1982«]. Im Gegensatz dazu wurden seit Herbst 1982 alle sich bietenden Möglichkeiten zur Aufhebung der Frequenzarmut genutzt, die großflächige Breitbandverkabelung vorangetrieben, Fernmeldesatelliten für Rundfunkzwecke angemietet und das Frequenzspektrum erweitert: Zum Zwecke der Milderung der Frequenzarmut wurden z.B. zusätzliche freie *terrestrische Frequenzen* gesucht, die von Sendern mit geringer Sendeleistung (low power) genutzt werden können; insbesondere in Ostdeutschland ergeben sich freie Frequenzkapazitäten durch Umnutzung bisher militärisch genutzter Frequenzen und Aufhebung von Frequenz-Doppelversorgung entlang der ehemaligen innerdeutschen Grenze [Vgl. dazu z.B. BMPT (Hrsg.), Frequenzregulierung in der Bundesrepublik Deutschland, Gutachten der »Gutachterkommission für Grundsatzfragen der Frequenzregulierung im zivilen Fernmeldewesen«, Bonn 1991]. Die *Breitbandkabel-Versorgungsdichte* betrug in den westlichen Bundesländern Deutschlands im März 1992 65,8 % aller Haushalte; 57,5 % der Haushalte mit Kabelanschlußmöglichkeit hatten zu dieser Zeit davon auch Gebrauch gemacht. In den östlichen Bundesländern betrug die Breitbandkabel-Versorgungsdichte im März 1992 3,3 % aller Haushalte; 60,3 % dieser Haushalte hatten von der bestehenden Anschlußmöglichkeit Gebrauch gemacht [Vgl. Statistik der Deutschen Bundespost-Telekom, abgedruckt in: *Monopolkommission*, Neuntes Hauptgutachten, »Wettbewerbspolitik oder Industriepolitik«, Teil I, Nr. 752 ff., Tabelle 9; die im *DLM-Jahrbuch 1989/90*, S. 18 für die neuen Bundesländer genannten Zahlen beruhen offensichtlich auf einem Mißverständnis]. Die Deutsche Bundespost-Telekom plant, bis zum Jahre 1997 in Ostdeutschland dieselbe Versorgungsdichte wie im Westen herzustellen. [epd, Kirche und Rundfunk Nr. 60/1991, S. 14] Dabei kommt anstelle des herkömmlichen Kupfer-Koaxialkabels vorwiegend Glasfaserkabel zur Anwendung, das eine größere Zahl von Kabelkanälen ermöglicht sowie die gleichzeitige Nutzung für Telefon und Datenfernübertragung [*Frankfurter Rundschau*, 23. 11. 1991, S. 7: »Telekom geht in Ostdeutschland neue Wege« und *Monopolkommission*, aaO.]. Über *Satellit* konnten in Deutschland im Juli 1992 63 Fernsehprogramme empfangen werden, [*Monopolkommission*, aaO., Nr. 756] weil es der Fortschritt in der Antennentechnik mittlerweile erlaubt, mit relativ kleinen Parabolantennen (90-120 cm Durchmesser) nicht nur die von Rundfunk-, sondern auch die von Fernmeldesatelliten übertragenen Programme direkt zu empfangen.

den »neuen Ländern« der Bundesrepublik Deutschland zur Auflösung des von der sozialistischen Einheitspartei der DDR abhängigen Staatsrundfunks und ermöglichte die Einführung des »dualen Systems« parallel bestehender öffentlich-rechtlicher und privatwirtschaftlicher Rundfunkanstalten, wie es sich bis zum Ende der 80er Jahre - nach schwierigen rundfunkpolitischen Auseinandersetzungen[2] - in den westlichen Ländern Deutschlands entwickelt hatte.

II. Das Vertrauen in den Wettbewerb privater Rundfunkanstalten war in Deutschland von jeher weit geringer als z.B. in den Vereinigten Staaten, wo sich private Rundfunkveranstalter bereits etabliert hatten, als man begann, diese bestimmten »Treuhandbindungen« zu unterwerfen[3]. In Deutschland verlief die Entwicklung von vornherein anders: Hier besaß die Deutsche Reichspost die sogenannte Funkhoheit[4], die sie auch nutzte, um im Jahre 1923 die Initiative zur Einführung eines allgemeinen Unterhaltungsrundfunks in Deutschland zu ergreifen[5]. Zwar beteiligte die Reichspost zum Zwecke der Kapitalbeschaffung privatrechtlich organisierte Programmgesellschaften als regionale Inhaber von Rundfunklizenzen. Als aber die Reichsregierung die publizistische Bedeutung des Rundfunks erkannt hatte, unterwarf sie diese privaten Programmgesellschaften schon im Jahre 1926 weitreichenden Bestimmungen über den Inhalt der Sendungen. Im Jahre 1932[6] wurde die Stellung der privaten Programmgesellschaften nochmals geschwächt; alle Privataktionäre mußten ausscheiden und das Reich übernahm jeweils 51 % der Anteile. Es wurden staatliche Rundfunkkommissare eingesetzt, die ausschließlich für die Überwachung der Programmgestaltung zuständig waren. Damit waren bereits vor der Machtergreifung der Nationalsozialisten

---

2 Vgl. dazu die zusammenfassende Darstellung bei *Ring*, Medienrecht, C-0.4.

3 Radio Act von 1927 (Ch. 169, 44 Stat 1162 (1927), repealed, 48 Stat 1102 (1934) sowie Communications Act von 1934 (ch 652, 48 Stat. 1064 (1934); vgl. U.S.C. sections 151-609 (1982); die Federal Radio Commission bzw. Federal Communications Commission wurde dadurch ermächtigt, Rundfunklizenzen an private Bewerber zu vergeben, diese aber mit Auflagen zu versehen, »if the public interest, convenience or necessity« would thereby be served.

4 Reichsgesetz vom 4. August 1892, RGBl. 1892, S. 467, geändert durch die »Funkgesetznovelle« vom 7. März 1908, RGBl. S. 79.

5 Verfügung Nr. 815 des Reichspostministers vom 24. Oktober 1923 zur »Einführung eines Unterhaltungsrundfunks«, Nachrichtenblatt des Reichspostministers, Nr. 117 vom 24.10.1923, S. 885 f.. Vgl. dazu im übrigen *Bausch*, Rundfunk in Deutschland; *Fessmann*, Rundfunk und Rundfunkrecht in der Weimarer Republik.

6 Sog. »Leitsätze für die Neuregelung des Rundfunks«, Text bei *Bausch*, Der Rundfunk im politischen Kräftespiel der Weimarer Republik 1923-1933, S. 210-212.

im Jahre 1933 die Strukturen geschaffen, die es diesen ermöglichte, den Rundfunk zum Instrument nationalsozialistischer Progaganda umzugestalten[7].

III. Der Wiederaufbau des Rundfunks in Deutschland geschah unter maßgeblichem Einfluß der alliierten Besatzungsmächte. Oberstes Ziel der Rundfunkorganisation war nach den Erfahrungen mit der nationalsozialistischen Diktatur in den westlichen Ländern die Sicherung der Staatsfreiheit des Rundfunks; um den Rundfunk aus der staatlichen Exekutive auszugliedern, setzte man nicht auf die Zulassung privaten Rundfunks, überließ aber die Organisation des Rundfunks auch nicht, wie in der Weimarer Republik, der Post[8]. Vielmehr gründete man dezentral in den einzelnen Bundesländern Rundfunkanstalten mit der Rechtsform einer »Anstalt des öffentlichen Rechts«[9], die mit dem Recht der Selbstverwaltung ausgestattet und nur einer beschränkten Staatsaufsicht unterworfen wurden. Die Kontrolle über die öffentlich-rechtlichen Rundfunkanstalten wurde einem anstaltsinternen, »pluralistisch« zusammengesetzten »Rundfunkrat« mit Vertretern aus »gesellschaftlich relevanten Gruppen« übertragen; die Anzahl von Rundfunkratsmitgliedern aus dem staatlichen Bereich wurde begrenzt. Wichtigster und charakteristischer Grundsatz für die Programmgestaltung dieser neu geschaffenen »öffentlich-rechtlichen Rundfunkanstalten« wurde der umfassende »Programmauftrag« sowie die Prinzipien der »Ausgewogenheit«, »Unparteilichkeit« und »Neutralität«; im Gegensatz zur Presse oder zum privaten Rundfunk[10] wurde dem öffentlich-rechtlichen Rundfunk also keine »Tendenzfreiheit« eingeräumt[11].
Bis zum Jahre 1989 gab es in der »alten« Bundesrepublik Deutschland als öffentlich-rechtliche Rundfunkanstalten, (a) 9 regionale Anstalten, die sich - zum Zwecke der gemeinsamen Produktion eines bundesweiten Fernsehpro-

---

7 *Hesse*, Rundfunkrecht, S. 6 ff.

8 Entsprechende Absichten deutscher Politiker, an die Entwicklung in der Weimarer Republik anzuknüpfen, scheiterten am Widerstand der Alliierten: Der amerikanische Militärgouverneur verbot am 21. November 1947 durch Befehl die Beteiligung der Deutschen Post am Rundfunk. [Vgl. *Bausch*, Rundfunk in Deutschland, S. 34; *Hesse*, Rundfunkrecht, S. 9].

9 Zum Begriff der »Anstalt« in der deutschen verwaltungsrechtlichen Dogmatik vgl. *Mayer*, Deutsches Verwaltungsrecht, Bd. II, S. 331 sowie *Wolff/Bachof/Stober*, Verwaltungsrecht II, § 84 Rdnr. 7; zum Spezifikum der »Rundfunkanstalt« als »Anstalt des öffentlichen Rechts« vgl. *Hesse*, Rundfunkrecht, S. 97 ff.

10 Auf insoweit - de lege lata - noch bestehende Einschränkungen wird unten einzugehen sein.

11 Zur Ausgewogenheits- und Neutralitätspflicht der öffentlich-rechtlichen Rundfunkanstalten vgl. *Ossenbühl*, DÖV 1977, S. 381 ff.; *ders.*, Programmnormen im Rundfunkrecht; *Herrmann*, Fernsehen und Hörfunk in der Bundesrepublik Deutschland, S. 324; *Krause-Ablass*, RuF 1962, S. 113 ff.; *v.Mangoldt-Klein-Starck*, Grundgesetz, Art. 5 I.2, RN 85.

gramms - in der »Arbeitsgemeinschaft der öffentlich-rechtlichen Rundfunkanstalten der Bundesrepublik Deutschland« (ARD) zusammengeschlossen hatten[12]. Diese regionalen Anstalten produzieren neben ihrem Anteil am bundesweiten »Ersten« Fernsehprogramm und am Satellitenprogramm »Eins plus« jeweils ein eigenes regionales Fernsehprogramm und mehrere regionale Radioprogramme. Im Jahre 1961 wurde als zweites, bundesweites Fernsehprogramm (b) das »Zweite Deutsche Fernsehen« (ZDF) ins Leben gerufen. Das ZDF produziert neben dem terrestrisch verbreiteten allgemeinen Programm noch das Satellitenprogramm »3sat«[13]. Als öffentlich-rechtliche Anstalten wurden (c) die für den Auslandsrundfunk zuständige »Deutsche Welle« und (d) der Deutschlandfunk gegründet, der im Auftrage des Bundes bisher besondere Aufgaben wahrnahm, die durch die deutsche Teilung bedingt waren.

IV. Nach der Einigung der deutschen Staaten ist der ehemalige Staatsrundfunk der DDR[14] aufgrund einer Vereinbarung im Einigungsvertrag[15] abgewickelt worden[16] und hat seinen Sendebetrieb am 31. Dezember 1991 eingestellt. An seiner Stelle sind auch in den neuen Bundesländern zwei neue, regionale öffentlich-rechtliche Rundfunkanstalten gegründet worden[17], die mit

12 Nachweise und Rechtsgrundlagen: *Hans-Bredow-Institut* (Hrsg.), Internationales Handbuch für Hörfunk und Fernsehen, 1992/93.

13 Gemeinsam mit ORF und SRG.

14 Nach der Vereinigung der deutschen Staaten vorläufig fortgeführt mit einem Fernsehvollprogramm (*DFF-Länderkette*) und vier Hörfunkprogrammen (*Berliner Rundfunk, DS Kultur, DT 64 und Radio aktuell*).

15 Vertrag zwischen der Bundesrepublik Deutschland und der Deutschen Demokratischen Republik über die Herstellung der Einheit Deutschlands, Art. 36.

16 Eine Darstellung des Rundfunksystems der ehemaligen DDR in *Hans-Bredow-Institut* (Hrsg.), Internationales Handbuch für Rundfunk und Fernsehen 1990/91, S. A 92. Zur Entwicklung der Medienordnung in der »Noch-«DDR nach der »Wende« vgl. *Kresse*, Die Rundfunkordnung in den neuen Bundesländern (1992), *Wille* (Leipzig), ZUM 1991, S. 15; *Stiehler* (Leipzig), Media-Perspektiven 2/1990, S. 91; *Herrmann*, ZUM 1990, 394. Zum Medienrecht in den neuen Bundesländern nach deren Beitritt vgl. *Bullinger*, AfP 1991, S. 465; *Hoffmann-Riem*, AfP 1991, S. 472; *ders.*, AfP 1991, 606 sowie *Studienkreis f. Presserecht und Pressefreiheit*, Sitzungsbericht über die 69. Tagung, AfP 1991, S. 510.

17 Staatsvertrag der Länder Sachsen, Sachsen-Anhalt und Thüringen über den »Mitteldeutschen Rundfunk« (MDR) vom 30.5.1991 [FUNK-Korrespondenz 23/1991]; Gesetz über den »Rundfunk Brandenburg« (RBr-Gesetz) vom 25.9.1991 [GVBl. Brandenburg Nr. 35 v. 19. November 1991, S. 472 ff.] sowie Vorschaltgesetz zur Neuordnung des Rundfunks in Brandenburg, [GVBl. Brandenburg Nr. 25 v. 6. September 1991, S. 384 ff.]. Das Sendegebiet der schon bisher bestehenden »Dreiländeranstalt« Norddeutscher Rundfunk (NDR) wurde auf das Gebiet des neuen Bundeslandes Mecklenburg-Vorpommern erstreckt, vgl. Staatsvertrag über den Norddeutschen Rundfunk (NDR) vom 17./18. Dezember 1991 [abgedruckt z.B.: FUNK-Korrespondenz

Wirkung zum 1. Januar 1992 der ARD beigetreten und auf diese Weise am bundesweit verbreiteten, »Ersten« öffentlich-rechtlichen Fernsehprogramm beteiligt sind. Wie die Vorbilder im Westen versorgen diese Anstalten ihr jeweiliges Sendegebiet aber auch mit (regionalen) Radioprogrammen und einem (regionalen) Fernsehprogramm. Das Zweite Deutsche Fernsehen hatte zwar schon seit seiner Gründung im Jahre 1961 einen Sendeauftrag für ganz Deutschland[18]; durch den »Staatsvertrag über den Rundfunk im vereinten Deutschland« vom 31. 8. 1991[19] haben jedoch auch die östlichen Länder Deutschlands die Trägerschaft dieser Fernsehanstalt mitübernommen. Durch die Einigung der deutschen Staaten erledigte sich der besondere, durch die deutsche Teilung bedingte Programmauftrag des Deutschlandfunks (DLF). Über seine Zukunft[20] ist noch nicht endgültig entschieden. Die Ministerpräsidenten der Länder haben jedoch am 4. Juli 1991 grundsätzlich den Aufbau eines bundesweit verbreiteten, öffentlich-rechtlichen Hörfunks unter dem Dach von ARD und ZDF beschlossen[21]. Der Deutschlandfunk wird in dieser neu zu schaffenden Institution voraussichtlich aufgehen[22].

V. Bis zum Beginn der 80er Jahre bestand in Deutschland ein Sendemonopol für die beschriebenen öffentlich-rechtlichen Rundfunkanstalten; private Rundfunkveranstalter waren bis dahin nicht zugelassen worden. Das Sendemonopol

---

7/1992]. Damit scheiterten die Planungen für eine »Nordostdeutsche Rundfunkanstalt« (NORA) unter Einbeziehung von Mecklenburg-Vorpommern, Brandenburg und Berlin.

18 § 2 ZDF-Staatsvertrag/1961: »In den Sendungen der Anstalt soll den Fernsehteilnehmern in ganz Deutschland ein objektiver Überblick über das Weltgeschen, insbesondere ein umfassendes Bild der deutschen Wirklichkeit gegeben werden.« Vgl. dazu *Fuhr*, ZDF-Staatsvertrag, (1985), S. 99 ff.

19 Im von den deutschen Bundesländern geschlossenen »Staatsvertrag über den Rundfunk im vereinten Deutschland« vom 31.8.1991 sind die - länderübergreifenden - Fragen des Rundfunks aus Anlaß der deutschen Einigung umfassend geregelt worden. Der Staatsvertrag enthält als Art. 1 den »Rundfunkstaatsvertrag« (bisher: Staatsvertrag zur Neuordnung des Rundfunkwesens vom 3.4.1987, auch »Rundfunkstaatsvertrag« genannt,) als Art. 2 den »ARD-Staatsvertrag«, als Art. 3 den »ZDF-Staatsvertrag« (bisher: ZDF-Staatsvertrag vom 6. Juni 1961), als Art. 4 den »Rundfunkgebührenstaatsvertrag«, als Art. 5 den »Rundfunkfinanzierungsstaatsvertrag« und als Art. 6 den »Bildschirmtext-Staatsvertrag«; das Bedürfnis nach Neuregelung war vor allem entstanden, weil die wiedergegründeten »neuen« Bundesländer an der Regelung aller übergreifenden Sachfragen beteiligt werden mußten, für die sie als Inhaber der »Kulturhoheit« für ihr Gebiet zuständig sind.

20 Vgl. dazu *Bräutigam*, DVBl. 1990, 1031.

21 § 3 Rundfunkfinanzierungsstaatsvertrag sieht die Verwendung eines Anteils der Rundfunkgebühren für diesen Zweck vor.

22 Das gleiche gilt für den RIAS Berlin («Rundfunk im amerikanischen Sektor von Berlin«), einen bisher vom United States Information Service (USIS) getragenen Sender, sowie die bisherigen DDR-Auslandssender »Stimme der DDR« und DS Kultur.
Vgl. dazu Funk-Korrespondenz 27/1992, S. 6: »Nationaler Hörfunk: Strukturkonzept unter Dach und Fach«.

der öffentlich-rechtlichen Anstalten wurde mit der Knappheit der zur Verfügung stehenden technischen Übertragungsmöglichkeiten und dem großen, mit der Errichtung von Rundfunkanstalten verbundenen finanziellen Aufwand begründet[23].

In den Jahren 1982 und 1983 wurden in mehreren Bundesländern Überlegungen konkretisiert, für die Zulassung auch privater Rundfunkveranstalter landesgesetzliche Grundlagen zu schaffen, nachdem das Bundesverfassungsgericht Gelegenheit gehabt hatte, die Voraussetzungen dafür in Grundzügen darzulegen[24].

Bis zum Ende des Jahres 1991 sind in allen deutschen Bundesländern Rechtsgrundlagen[25] für die Zulassung privaten Rundfunks geschaffen worden, soweit dies nach dem jeweils maßgeblichen Landesverfassungsrecht möglich

---

23 Diese beiden Faktoren charakterisierten die sogenannte »Sondersituation« des Rundfunks im Vergleich zur Presse, mit der auch das BVerfG im Jahre 1961 das - vorgefundene - Monopol der öffentlich-rechtlichen Rundfunkanstalten rechtfertigte (BVerfGE 12, 205).

24 BVerfGE 57, 295 (FRAG-Urteil); zur medienpolitischen Entwicklung bis zur Zulassung privaten Rundfunks in Deutschland vgl. *Ring*, Medienrecht, C-O.4 sowie *Hesse*, Rundfunkrecht, S. 20 ff.

25 Der private Rundfunk ist grundsätzlich durch die Privatrundfunkgesetze der deutschen Bundesländer geregelt; die Gesetze tragen unterschiedliche Bezeichnungen: *Baden-Württemberg*: Landesmediengesetz (LMedienG) vom 17.3.1992; *Bayern*: Gesetz über die Erprobung und Entwicklung neuer Rundfunkangebote und anderer Mediendienste in Bayern (Medienerprobungs- und -entwicklungsgesetz - MEG -) vom 8.12.1987 (GVBl. S. 431) *Berlin*: Kabelpilotprojektgesetz (KPPG) i.d. Fassung der Bekanntmachung vom 18.12.1987 (GVBl. S. 964); Staatsvertrag über die Zusammenarbeit zwischen Berlin und Brandenburg im Bereich des Rundfunks v. 19. Februar 1992 (FUNK-Korrespondenz 10/1992) *Brandenburg*: Staatsvertrag über die Zusammenarbeit zwischen Berlin und Brandenburg im Bereich des Rundfunks v. 19. Februar 1992 (FUNK-Korrespondenz 10/1992) [siehe Berlin] *Bremen*: Bremisches Landesmediengesetz (BremLMG) v. 14.2.1989 (GVBl. S. 77); *Hamburg*: Hamburgisches Landesmediengesetz (HmbMedienG) vom 3.12.1985 (GBl. I, S. 315); *Hessen*: Gesetz über den privaten Rundfunk in Hessen (Hessisches Privatrundfunkgesetz, HPRG) vom 30.11.1988 (GVBl. S. 385; *Mecklenburg-Vorpommern*: Rundfunkgesetz für das Land Mecklenburg-Vorpommern (RGMV) v. 9.7.1991 (GVBl. S. 194) *Niedersachsen*: Niedersächisches Landesrundfunkgesetz (Nds. LRG) vom 16.3.1987 (GVBl. S. 44); *Nordrhein-Westfalen*: Rundfunkgesetz für das Land Nordrhein-Westfalen (LRG NRW) vom 11.1.1988 (GV.NW. S. 6); *Rheinland-Pfalz*: Landesrundfunkgesetz i.d.F. v. 16.7.1992 (GVBl. S.); *Saarland*: Rundfunkgesetz für das Saarland i.d.F. der Neubekanntmachung vom 11.8.1987 (Amtsbl. S. 1005); *Sachsen*: Gesetz über privaten Rundfunk und neue Medien in Sachsen (Sächsisches Privatrundfunkgesetz - SächsPRG) v. 27.6.1991 (GVBl. S. 178); *Sachsen-Anhalt*: Gesetz über privaten Rundfunk in Sachsen-Anhalt v. 18.4.1991 (GVBl. LSA S. 87); *Thüringen*: Thüringer Privatrundfunkgesetz (TPRG) vom 31.7.1991 (GVBl. S. 255) *Schleswig-Holstein*: Rundfunkgesetz für das Land Schleswig-Holstein (Landesrundfunkgesetz, LRG) v. 18.12.1989 (GVBl. S. 225). Die Gesetz sind auch abgedruckt bei *Ring*, Medienrecht, Bd. III, C-VI. Regeln für *bundesweit* verbreitete private Rundfunkprogramme enthält der zwischen den Bundesländern geschlossene »Rundfunkstaatsvertrag« (III. Abschnitt, §§ 19-32); dieser »Rundfunkstaatsvertrag« ist als »Artikel 1« Bestandteil des »Staatsvertrags über den Rundfunk im vereinten Deutschland« vom 31. 8. 1991.

war[26]. Aufgrund dessen waren in Deutschland Ende 1991 68 private Rundfunk[27]veranstalter zugelassen[28], die auf lokaler, regionaler und zum Teil auch Bundesebene mit dem öffentlich-rechtlichen System konkurrierten. Zum öffentlich-rechtlichen Fernsehen (ARD und ZDF) sind z.B. als bundesweit verbreitete Programme die privaten Veranstalter RTLplus, SAT 1, Pro7 und Tele 5 hinzugetreten. Diese privaten Sender verfügen nur zum Teil über terrestrische Rundfunkfrequenzen, sind jedoch alle in die Kabelnetze eingespeist und verfügen z.T. über Satellitenkanäle. Dort, wo die privaten Programme empfangen werden können, erweisen sie sich für die großen, öffentlich-rechtlichen Anstalten als ernsthafte Konkurrenten: In Kabelhaushalten hat z.B. der Privatsender RTLplus im April 1991 mit durchschnittlich 18,5 % erstmals die Einschaltquote eines öffentlich-rechtlichen Senders (ZDF, 18 %) übertroffen. Die ARD kam in jenem Monat auf einen Zuschaueranteil von 19 %, die Privatsender SAT 1 auf 14,2 % und Pro7 auf 8,7 %; die regionalen, von der ARD veranstalteten sog. »dritten« Programme erreichten 7,2 % aller Fernsehhaushalte[29]. Während die öffentlich-rechtlichen Anstalten gebühren- und werbefinanziert sind, müssen sich die privaten Rundfunkveranstalter ausschließlich aus Werbeeinnahmen finanzieren. Dem bundesweit verbreiteten Fernsehsender RTLplus, der seit Januar 1984[30] terrestrisch zu empfangen ist und seit August 1985 via Satellit[31] in das deutsche Kabelnetz eingespeist wird, gelang es im Jahre 1990 erstmals, Gewinne zu erzielen[32].

---

26 Eine Ausnahme von der verfassungsrechtlichen Situation in allen anderen deutschen Ländern bildet das Bundesland Bayern, dessen Verfassung (Art. 111a Abs. 2 S. 1) eine Bestimmung enthält, derzufolge *»Rundfunk [...] in öffentlicher Verantwortung und in öffentlich-rechtlicher Trägerschaft betrieben«* wird. In Bayern wird in diesem vorgegebenen landesverfassungsrechtlichen Rahmen privater Rundfunk veranstaltet, indem nach dem Bayerischen Medienentwicklungsgesetz (MEG)/Bayerischen Mediengesetz (BayMG) die privaten Sender ihre Programme »unter der Verantwortung« einer öffentlich-rechtlich organisierten Landeszentrale produzieren. Vgl. dazu im einzelnen *Doll*, Spannweite einer verfassungsgemäßen Änderung der Rundfunkordnung in Bayern, *Hesse*, Rundfunkrecht, S. 200 ff. sowie zur Notwendigkeit einer Änderung des Art. 111 a Abs. 2 *Kresse*, ZUM 1992, 353.

27 D.h. Radio- und Fernsehveranstalter.

28 Einen Einzelnachweis der in Deutschland zugelassenen privaten Fernseh- und Hörfunkveranstalter gibt das *DLM-Jahrbuch 89/90* (herausgegeben von den Landesmedienanstalten); vgl. im übrigen *Hans-Bredow-Institut* (Hrsg.), Internationales Handbuch für Hörfunk und Fernsehen 1992/93.

29 Studie der Gesellschaft für Kommunikationsforschung (GfK), zitiert bei epd/Kirche und Rundfunk Nr. 37/1991, S. 11.

30 Zunächst nur teilweise, d.h. im Saarland und Rheinland-Pfalz.

31 ECS 1.

32 epd/Kirche und Rundfunk Nr. 38/39 v. 18. Mai 1991, S. 16.

B. Verfassungsrechtliche Grundlagen: Rundfunkrecht und Rundfunkfreiheit

Die »einfachgesetzliche« Regulierung des Rundfunks in Deutschlands wird nicht verständlich ohne Kenntniss der verfassungsrechtlichen Situation; kaum ein Rechtsgebiet in Deutschland ist in so starkem Maße wie das Rundfunkrecht geprägt von der Rechtsprechung des Bundesverfassungsgerichts (BVerfG) und dessen Interpretation der maßgeblichen Artikel des Grundgesetzes (GG) der Bundesrepublik Deutschland.
Das Gericht hatte in mittlerweile 6 »Rundfunkurteilen«[33] Gelegenheit, zu Fragen der Rundfunkordnung Stellung zu nehmen; es hat dabei maßgeblichen Einfluß auf die Gestaltung der sogenannten »dualen Rundfunkordnung« in Deutschland genommen.

I. *Kompetenzverteilung im Bundesstaat*

1. *Rundfunkrecht als Ländersache*

Gem. Art. 30 GG ist die Ausübung staatlicher Befugnisse Sache der Länder, soweit das Grundgesetz keine andere Regelung trifft; nach dieser Grundregel über die Verteilung der Zuständigkeiten zwischen dem Bund und den Ländern steht also dem Bund eine Aufgabe nur zu, wenn sie ihm das GG ausdrücklich zuweist. Für die rundfunkrechtliche Regelung der Veranstaltung von Rund-

---

33 BVerfGE 12, 205 (1961, »Deutschland-Fernsehen«; hier wurde die vorgefundene Monopolstellung der öffentlich-rechtlichen Rundfunkanstalten aus einer »Sondersituation« des Rundfunks im Vergleich zur Presse gerechtfertigt); BVerfGE 31, 314 (1971, Umsatzsteuerpflicht der öffentlich-rechtlichen Rundfunkanstalten/ Tätigkeit der Rundfunkanstalten als »öffentliche Verwaltung«); BVerfGE 57, 295 (1981, »FRAG-Urteil«, Grundlinien der Rundfunkordnung gegenüber einem sich abzeichnenden Wandel der Übertragungstechniken, unter betonter Absage an marktwirtschaftlich-wettbewerbliche Deregulierung und Hervorhebung gesetzgeberischer Gestaltungsfreiheit); BVerfGE 73, 118 (1986, »Nieders. Landesrundfunkgesetz«, Grundlinien einer dualen Rundfunkordnung unter vorsichtiger Lockerung der Zulassungsvoraussetzungen für privaten Rundfunk); BVerfGE 74, 297 (1987,«Landesmediengesetz Baden-Württemberg«, zur Position des öffentlich-rechtlichen Rundfunks in der dualen Rundfunkordnung unter Erweiterung des bisherigen Funktionsbereichs); BVerfGE 83, 238 (1991, Landesrundfunkgesetz Nordrhein-Westfalen, Fortschreibung der »Bestands- und Entwicklungsgarantie« für den öffentlich-rechtlichen Rundfunk).

funk sind, da das GG keine besondere Bestimmung zugunsten des Bundes getroffen hat, in Deutschland grundsätzlich die Länder zuständig.

2. *Bundeskompetenzen im Rundfunk*

Dem Bund stehen indes eine Reihe von Kompetenzen zu, deren Ausübung zumindest mittelbare Auswirkungen auf den Rundfunk haben.

a) *Post- und Fernmeldewesen*

Gem. Art. 73 Nr. 7, 87 I GG hat der Bund die Gesetzgebungs- und Verwaltungskompetenz auf dem Gebiet des Post- und Fernmeldewesens: Das 1. Fernsehurteil des BVerfG hat diese Bundeskompetenz dahingehend präzisiert, daß »das Post- und Fernmeldewesen.. nur den sendetechnischen Bereich des Rundfunks unter Ausschluß der Studiotechnik, nicht aber den Rundfunk als Ganzes« umfaßt[34].
Der Bund - in Gestalt der Deutschen Bundespost - kann also nicht an Stelle der zuständigen Landesbehörden über die Zulassung von Rundfunkveranstaltern entscheiden sondern hat die fernmeldetechnischen Voraussetzungen für die Veranstaltung von Rundfunk in der Gestalt zu schaffen, wie dies die Länder wünschen: Die Planung, internationale Koordinierung und Errichtung von Rundfunksendern sind danach Sache der Bundespost[35]. Die Auswahl des Rundfunkveranstalters, dem die geschaffene Frequenz zugewiesen wird, ist ein Problem der Rundfunkorganisation und damit Ländersache. Der von den zuständigen Landesstellen der Bundespost benannte Veranstalter muß wiederum mit der Fernmeldeverwaltung ein Nutzungsverhältnis eingehen, bevor er seinen Sendebetrieb aufnehmen kann.
Sowohl Bund als auch Länder sind bei der Wahrnehmung ihrer Kompetenzen an die in Art. 5 Abs. 1 S. 2 GG verankerte *Rundfunkfreiheit*[36] gebunden, die unverhältnismäßige Grundrechtsbeschränkungen verbietet und deshalb z.B. die Bundespost verpflichtet, die technischen und finanziellen Möglichkeiten zum Ausbau der Telekommunikationstechnik zu nutzen, um einer möglichst großen Zahl von Anbietern die technischen Zugangsmöglichkeiten zum Rundfunkmarkt zu verschaffen[37]. Der von einzelnen Bundesländern in den 80er Jahren gegen den Bund erhobene Vorwurf, er unterlaufe mit der Schaffung

34 BVerfGE 12, 205, 225.
35 Vgl. dazu *Scherer*, Frequenzverwaltung zwischen Bund und Ländern.
36 Dazu unten II.
37 *Gabriel-Bräutigam*, Rundfunkkompetenz und Rundfunkfreiheit, S. 112 ff.

neuer technischer Übertragungsmöglichkeiten die - z.T. gegen die Zulassung von Privatrundfunk gerichtete - Rundfunkpolitik der Länder[38] war daher verfassungsrechtlich nicht haltbar.

b) *Allgemeine bundesrechtliche Rechtsordnung, insbesondere Wirtschaftsrecht*

Neben dieser »rundfunkspezifischen« Kompetenz des Bundes gilt die allgemeine, vom Bund aufgrund der Art. 73, 74 GG erlassene Rechtsordnung auch für den Rundfunk. Von Bedeutung sind hier insbesondere die Materien des bürgerlichen Rechts (Art. 74 Nr. 1 GG), des Rechts der Wirtschaft (Art. 74 Nr. 11 GG), das Arbeitsrecht (Art. 74 Nr. 12 GG), die Verhütung des Mißbrauchs wirtschaftlicher Machstellung (Art. 74 Nr. 16 GG), das Urheberrecht (Art. 73 Nr. 9 GG) sowie das Strafrecht (Art. 74 Nr. 1 GG). Die hiernach erlassenen Bundesgesetze sind z.B. maßgeblich für die gesamte privatwirtschaftliche Tätigkeit der Rundfunkanstalten (Programmbeschaffung beim Kauf von Fernsehproduktionen, Rundfunkwerbung[39], Programmverwertung, programmbegleitende Betätigung der Rundfunkanstalten) und enthalten - in Form des zivilrechtlichen oder strafrechtlichen Persönlichkeitsschutzes - auch Grenzen für die Programmgestaltung.
Mit der Einführung privaten Rundfunks war die Absicht verbunden, »den Wettbewerb als tragendes Element einer freiheitlichen Gesellschafts- und Wirtschaftsordnung auch im Rundfunk nutzbar zu machen«[40]. Die Kräfte des Wettbewerbs sollten die Vielfalt fördern und dem einzelnen Bürger größere Auswahlfreiheit ermöglichen. Insbesondere dieser Schritt hatte zur Folge, daß das im wesentlichen vom Bund erlassene allgemeine Wirtschaftsrecht auch im Rundfunk größere Bedeutung erlangt hat; diese Entwicklung wird von denen beklagt, die meinen, daß der Rundfunk, anstatt in zunehmenden Maße der allgemeinen Rechtsordnung unterworfen zu sein, spezifischer staatlicher Steuerung und Regulierung bedürfe, die der »kulturellen Funktion« des Rund-

38 Siehe oben, FN 1.

39 BGH, Urteil vom 22. 2. 1990 (»Wer erschoß Boro?«),I ZR 78/88, BGHZ 110, 278; danach gelten die Grundsätze der Rechtsprechung zur getarnten Wirtschaftswerbung im redaktionellen Teil von Presseerzeugnissen auch für vergleichbare Werbemaßnahmen im Programmteil des Fernsehens.

40 Landtags-Drucksache Baden-Württemberg, 9/955, Allg. Teil V.2; *Mestmäcker*, ZUM 1986, S. 63 ff.; *ders.*, In welcher Weise empfiehlt es sich, die Ordnung des Rundfunks und sein Verhältnis zu anderen Medien - auch unter dem Gesichtspunkt der Harmonisierung - zu regeln?, Verhandlungen des 56. Dt. Juristentages, 1986 II O, S. 9 ff; *E. Hoppmann*, Meinungswettbewerb als Entdeckungsverfahren, S. 161 ff.

funks Rechnung trage[41]. Die »Kulturhoheit« der Bundesländer ist jedoch mit der Gesetzgebungskompetenz des Bundes nicht unvereinbar; es handelt sich um eine Aufteilung nach *Funktionen*, nicht um gegenständlich abgegrenzte Bereiche. Ein Beispiel ist die Anwendbarkeit des Rechts der Wettbewerbsbeschränkungen auf die privatwirtschaftliche Tätigkeit der Rundfunkveranstalter[42].

c) *Europäisches Gemeinschaftsrecht und nationale Rundfunkordnung*

Erhebliche kompetenzrechtliche Bedenken sind von deutschen Bundesländern gegen die Aktivitäten der Europäischen Gemeinschaft und insbesondere gegen den Erlaß der EG-Fernsehrichtlinie[43] erhoben worden.
Die Bundesländer waren, obwohl sie innerstaatlich für die Regelung der Materie »Rundfunk« zuständig sind, an ihrem Zustandekommen nicht unmittelbar beteiligt und machten eine Verletzung ihrer »Kulturhoheit« geltend[44]. Die Kompetenz der EG zur Rechtsangleichung im Rundfunk folgt jedoch aus den Vorschriften über die Dienstleistungsfreiheit (Art. 59, 66, 57 EWG-V). Von den auf die wirtschaftliche Integration bezogenen Gegenständen des EWG-Vertrages läßt sich kein gegenständlich bestimmter Bereich der Kulturhoheit abgrenzen, innerhalb dessen die Vorschriften über den Vertrag nicht gelten. Die Vorstellung wirtschaftlich neutralisierter Kunst- und Kulturautonomie findet in der gesellschaftlichen Wirklichkeit ebensowenig eine Grundlage wie im nationalen Verfassungsrecht oder im Gemeinschaftsrecht. Kultur und kulturelle Leistungen sind in einem Kulturstaat zwar Werte an sich, gleichzeitig muß jedoch ihrer wirtschaftlichen Bedeutung Rechnung getragen werden[45].

---

41 Repräsentativ für diese Haltung z.B. die Schriften von *Hoffmann-Riem*, Rundfunkrecht neben Wirtschaftsrecht (1991) sowie *ders.*, Erosionen des Rundfunkrechts.

42 Vgl. dazu schon Bericht der Kommission zur Untersuchung der Wettbewerbsgleichheit von Presse, Funk-Fernsehen und Film, Deutscher Bundestag, 5. Wahlperiode, Drucksache V-2120, 1967, S. 210 ff.; *Gabriel-Bräutigam*, Rundfunkkompetenz, S. 112 ff.; *Mestmäcker*, GRUR Int. 1983, S. 553 ff.

43 Richtlinie des Rates vom 3.10.1989 zur Koordinierung bestimmter Rechts- und Verwaltungsvorschriften der Mitgliedsstaaten über die Ausübung der Fernsehtätigkeit (89/552/EWG), ABl. EG Nr. L 298/23 v. 17. 10. 1989.

44 Kritisch zur Kompetenzlage z.B. *Ipsen*, Rundfunk im Europäischen Gemeinschaftsrecht, S. 127 ff.; *Ossenbühl*, Rundfunk zwischen nationalem Verfassungsrecht und europäischen Gemeinschaftsrecht, 1986; *Koszuszeck*, ZUM 1989, 541 ff; *Bueckling*, ZUM 1988, S. 288 ff.

45 *Mestmäcker/Schulze*, Kommentar zum deutschen Urheberrecht, 6. Abschnitt: Europ. Abkommen, II.: »Kulturhoheit und Wirtschaftsintegration«.

Soweit es in den nationalen Rundfunkordnungen nicht diskriminierende Beschränkungen des grenzüberschreitenden Rundfunks gibt, verstoßen diese nicht per se gegen den EG-Vertrag. Das Ziel eines gemeinsamen, offenen Marktes kann daher nur durch Rechtsangleichung erreicht werden; dies ist der gemeinschaftsrechtliche Grund für den Erlaß der Fernsehrichtlinie[46].

Das Land Bayern hat die Zustimmung des Bundes zu der Richtlinie im Rat der Europäischen Gemeinschaften wegen Verstoßes gegen das Grundgesetz beim Bundesverfassungsgericht angegriffen. Eine Entscheidung des Gerichts in der Hauptsache stand im Juli 1992 noch aus[47].

II. *Die Rundfunkfreiheit des Grundgesetzes*

Die zuständigen Landes- und Bundesgesetzgeber sind bei der Regulierung des Rundfunks gem. Art. 1 Abs. III GG an die Grundrechte gebunden. Die Kommunikationsfreiheiten sind insbesondere in Art. 5 GG verankert.

Gemäß Art. 5 Abs. 1 S. 1 GG hat »jeder das Recht, seine Meinung in Wort, Schrift und Bild frei zu äußern und zu verbreiten und sich aus allgemein zugänglichen Quellen zu unterrichten.« Gem. Art. 5 Abs. 1 S. 2 GG wird »die Pressefreiheit und die Freiheit der Berichterstattung durch Rundfunk und Film gewährleistet.« Art. 5 Abs. 2 GG statuiert einen Schrankenvorbehalt, demzufolge »diese Rechte... ihre Schranken in den Vorschriften der allgemeinen Gesetze, den gesetzlichen Bestimmungen zum Schutz der Jugend und in dem Recht der persönlichen Ehre« finden. Art. 5 Abs. 1 S. 3 GG statuiert ein Zensurverbot.

1. *Grundrechtstatbestand: Umfassende Freiheit des Rundfunks*

Obwohl der Wortlaut des Grundgesetzes nur von einer Freiheit der *Berichterstattung* durch den Rundfunk spricht, besteht in Rechtsprechung und Literatur Einigkeit darüber, daß Art. 5 Abs. 1 S. 2 GG die Freiheit des Rundfunks *umfassend* schützt, also nicht nur in einem auf Berichterstattung beschränkten Sinne, sondern gleichermaßen auch Meinungsäußerungen, insbesondere aber auch jede Art von künstlerischen und unterhaltenden Darbietungen[48], unab-

---

46 Vgl. dazu *Mestmäcker/Schulze*, aaO. (FN 45).

47 Das BVerfG lehnte die von Bayern beantragte einstw. Verfügung ab, vgl. BVerfG., Beschl. vom 11. 4. 1989, EuGRZ 1989, 337.

48 BVerfGE 12, 205 (260 f.); 31, 314 (326); *v.Münch*, GG, Art. 5, RN 32; *Herzog* in: MDH., Art. 5 RN 195; *v.Mangoldt/Klein/Starck*, Art. 5 RN 65.

hängig von ihrer Qualität[49]. Dies wird insbesondere aus der Einordnung der Rundfunkfreiheit in die weiteren Kommunikationsfreiheiten des Art. 5 Abs. 1 GG und der Ausrichtung am gemeinsamen Schutzzweck gefolgert: jede Art von Sendeinhalt ist für die freie Meinungsbildung von Bedeutung[50]. Dies gilt auch für die Rundfunkwerbung, die durch Art. 5 Abs. 1 S. 2 GG nicht nur in ihrer Funktion als Finanzierungsgrundlage des Rundfunks geschützt ist sondern auch wegen ihres Inhalts, denn auch Werbeäußerungen enthalten Meinungsäußerungen[51].

Während über die weite Auslegung des Tatbestandes des Art. 5 Abs. 1 S. 2 GG Einigkeit herrscht, gilt dies nicht für die Frage des primären Schutzzwecks des Art. 5 Abs. 1 S. 2 sowie die Frage der Schutzwirkung, also das Problem, wie der mit dem Grundrecht der Rundfunkfreiheit verfolgte Zweck in verfassungsgemäßer Weise zu verfolgen ist:

2. *»Individualrechtlicher Schutzzweck« und »abwehrrechtliche Schutzwirkung« des Art. 5 GG*

Die systematische Stellung der »Rundfunkfreiheit« im Grundrechtskatalog des Grundgesetzes legt grundsätzlich eine Interpretation als liberales, »gegen den Staat« gerichtetes »Abwehrrecht des Bürgers« nahe, das dazu dient, »die Freiheitssphäre des einzelnen vor Eingriffen der öffentlichen Gewalt zu sichern[52]. Die Rundfunkfreiheit hätte dann einen »individualrechtlichen Schutzzweck« und eine »abwehrrechtliche Schutzwirkung«[53] und wäre nichts anderes als ein Spezialfall, eine »verstärkende Wiederholung und Weiterbildung« der Meinungsfreiheit[54], die ihrerseits schon von der klassischen deutschen Staatsrechtslehre als Freiheitsrecht des Einzelnen verstanden wurde, das dieser zur freien Entfaltung seiner Persönlichkeit brauchte und das, weil es dem besonderen Angriff des Staates ausgeliefert war, auch einer besonderen verfas-

49 *v.Mangoldt/Klein/Starck*, Art. 5 RN 65.

50 *Degenhart*, BK Zweitbearbeitung, Art. 5 RN 512.

51 Ebenso *v. Münch*, GG, Art. 5, RN 33; *Degenhart*, BK Zweitbearb., Art. 5, RN 513; a.M. *Hoffmann-Riem*, Alternativkommentar GG, Art. 5, RN 130; *Schmidt*, Die Rundfunkgewährleistung, S. 84 f.; *vgl. im einzelnen zum Problem des Grundrechtsschutzes der Wirtschaftswerbung* unten, Teil F.V.1.

52 So das BVerfG zum allgemeinen Charakter der Grundrechte des Grundgesetzes, BVerfGE 7, 198 (204); 50, 290 (336 f.); 68, 193 (205).

53 Zu dieser Differenzierung vgl. *Ossenbühl*, NJW 1976, 2100 ff; *Degenhart*, in: BK Zweitbearb. Art. 5 Abs. 1 u. 2, RN 78.

54 In diesem Sinne insbes. *Klein*, Die Rundfunkfreiheit, S. 32 ff.; *Herrmann*, Fernsehen und Hörfunk in der Bundesrepublik Deutschland, S. 60 f.; *v. Mangoldt-Klein-Starck*, GG, Art. 5 Abs. I S. 2 RN 9.

sungsrechtlichen Absicherung bedurfte[55]. Freiheit der Meinungsäußerung und -verbreitung im *abwehrrechtlichen Sinne* bedeutet Freiheit von staatlicher Lenkung und Behinderung[56]. Freiheit des Rundfunks in diesem Sinne bedeutet vor allem dessen Freiheit vom Staat, z.B. staatlicher Einflußnahme auf das Programm[57], dem Verbot eines Programms[58] oder auch die Unterstellung unter ein öffentlich-rechtliches Monopol, soweit dies am Maßstab des Grundsatzes der Verhältnismäßigkeit nicht erforderlich ist[59]. Rundfunkfreiheit *im individualrechtlichen Sinne* bedeutet vor allem die originäre, grundrechtliche Freiheit, Rundfunk zu veranstalten und demgemäß Rundfunkunternehmen zu gründen[60].

Diese Interpretation der Grundrechte als »Individual-« und »Abwehrrechte« schließt es nach liberalem Verständnis nicht aus, daß durch die individuelle und vielfältige Wahrnehmung der als »vorstaatlich« gedachten Freiheit Gemeinwohlzwecke erfüllt werden. Die liberale Grundrechtstheorie verzichtet deshalb auf eine unmittelbare zwangsweise »Ausrichtung« der Individuen auf das Allgemeininteresse; sie vertraut darauf, daß das »öffentliche Interesse« im Prinzip durch Gewährung größtmöglicher individueller Freiheit gewahrt wird. Diese Erkenntnis ist in klassischer Form schon für den Zusammenhang von individueller Erwerbstätigkeit und Volkswohlstand formuliert worden[61]; die liberale Pressetheorie hat den Gedanken für den Zusammenhang von freiem, individuellem Zugang zum »Marktplatz der Ideen« und einem funktionierenden demokratischen Prozeß fruchtbar gemacht[62].

---

55 Zur individualrechtlichen Deutung der Meinungsfreiheit durch die klass. dt. Staatsrechtslehre vgl. *Herzog* in: MDH., GG, Art. 5 Abs. 1, 2 RN 3; *v. Mangoldt-Klein-Starck*, Art. 5 RN 12; ders., Art. 1 RN 111; *Schmitt-Glaeser*, AÖR 97 (1972), 60, 82 ff.; *Degenhart* in: BK-Zweitbearbeitung Art. 5 Abs. 1 u.2, RN 82.

56 *v. Münch*, GG, Art. 5 RN 12.

57 BVerfGE 12, 205 (261 ff.); 73, 118 (166).

58 BVerfGE 73, 118 (157, 165, 167, 171, 182 ff.).

59 *Degenhart*, BK Zweitbear. Art. 5 RN 656.

60 In diesem Sinne z.B. *Klein*, Die Rundfunkfreiheit, S. 41 f.; *Bullinger*, AÖR 108 (1983), 161, 188; *v.Mangoldt/Klein/Starck*,GG, Art. 5 RN 89 ff.; *v. Münch*, GG, Art. 5 RN 35 ff.; *Degenhart* in: BK Zweitbearb. Art. 5 RN 656.

61 *Adam Smith*, Der Wohlstand der Nationen, Buch IV, Kap. II, S. 371: »Indem [jeder] diese Erwerbstätigkeit so leitet, daß ihr Produkt den größten Wert erhalte, verfolgt er lediglich seinen eigenen Gewinn und wird in diesen wie in vielen anderen Fällen von einer unsichtbaren Hand geleitet, einen Zweck zu fördern, den er in keiner Weise beabsichtigt hatte. Auch ist es nicht eben ein Unglück für die Gesellschaft, daß dies nicht der Fall war. Verfolgt er sein eigenes Interesse, so fördert er das der Gesellschaft weit wirksamer, als wenn er diese wirklich zu fördern beabsichtigt.«

62 »But when men have realized that time has upset many fighting faiths, they may come to believe the very foundations of their own conduct that the ultimate good desired is better reached by free trade in ideas- that the best test of truth is the power of the thought to get itself accepted in the competition of the market, and that truth is the only ground upon which their wishes safely can be carried out.« (*Abrams v. United States, 250*

Die *Möglichkeit und Notwendigkeit* regelsetzender Tätigkeit des Staates wird indes auch von der liberalen Theorie nicht geleugnet. Die staatliche Kompetenz zur Statuierung von Regeln wird von ihr aber auf den Typus der »allgemeinen Regeln des Rechts« beschränkt, die auf eine abstrakte Ordnung hinzielen. Versagt wird dem Staat die Möglichkeit, die Gesellschaft durch *Organisationsregeln* zu dirigieren, die auf ein bestimmtes, von der Regierung gewolltes Ergebnis hinzielen und den Einzelnen deshalb zur Unterordnung unter die von ihr verfolgten Ziele zwingen[63]: Die auch von den Liberalen gewünschte Ordnung wird von diesen nicht als das Produkt eines besonderen »Entwurfs« angesehen[64]; Aufgabe der Regierung ist es nicht, unmittelbar für die Befriedigung besonderer Bedürfnisse zu sorgen, sondern - durch Statuierung allgemeiner Regeln - die *Bedingungen* zu sichern, die die Individuen befähigt, für die Befriedigung auf ihre eigene Weise zu sorgen, von der die Behörden nichts wissen[65].

In kaum einer Grundrechtsnorm des Grundgesetzes wird dieses liberale Konzept auch im Wortlaut so deutlich wie in Art. 5 GG. Auch die systematische Auslegung spricht - s.o. - für ein individual- und abwehrrechtliches Verständnis dieser Grundrechtsnorm, die demnach als prinzipielles, an den Staat gerichtetes Interventionsverbot verstanden werden sollte, um dadurch die Freiheit des Einzelnen und letztlich auch das »öffentliche Interesse« zu schützen und zu fördern. Art. 5 Abs. II GG läßt die Statuierung grundrechtsbeschränkender Normen und damit auch die Erzwingung des öffentlichen Interesses durch Gesetze jedoch ausdrücklich zu, wo dies geboten ist. Der Gesetzgeber ist aber (Art. 5 Abs. 2 GG) auf den Erlaß *allgemeiner* und *verhältnismäßiger*[66] Gesetze beschränkt: Das *Ergebnis* des von Art. 5 GG

U.S. 616, 630); »And though all the winds of doctrine were let loose to play upon the earth, so Truth in the field, we do injuriously by licensing and prohibiting to misdoubt her strength. Let her and Falsehood grapple; who ever knew Truth put to worse, in a free and open encounter?« (*John Milton*, Areopagitica, 1644, zitiert bei *Franklin*, Mass Media Law, S. 15).

63 Vgl. in diesem Sinne die *Hayeksche* Unterscheidung von »allgemeinen Regeln gerechten Verhaltens« und »Organisationsregeln«; wenn die Regierung beginne, so Hayek, »Organisationsregeln« für die Gesellschaft zu statuieren, anstatt sich darauf zu beschränken, allgemeine Regeln des gerechten Verhaltens festzulegen, bedeute dies letztlich den Verlust der individuellen Freiheit, (*Hayek*, Recht, Gesetzgebung und Freiheit, Bd. I, S. 72 ff; Bd. II, S. 69, 72 ff; 79 f.); explizit auch *John Locke*, demzufolge »die legislative Autorität eine Befugnis darstelle, in *einer bestimmten Weise* zu handeln. Wer diese Autorität ausübt, sollte nur allgemeine Regeln geben.« *Vile*, Constitutionalism and the Separation of Powers, (Oxford 1967), S. 63, gestützt auf John Locke, Zweite Abhandlung über die Regierung, übers. v. D. Tidow, (Stuttgart 1974, XI, 142, S. 110).

64 vgl. *Hayek*, Recht,Gesetzgebung und Freiheit, Bd. 1, z.B. S. 44.

65 *Hayek*, Recht, Gesetzgebung und Freiheit, Bd. 2, S. 16.

66 Der Grundsatz der Verhältnismäßigkeit ist - neben dem Prinzip der Allgemeinheit - wesentliches Charakteristikum der abwehrrechtlichen Dimension der Grundrechte. Vgl.

geschützten Meinungsbildungsprozesses steht nicht zu seiner Disposition; in einer freien Gesellschaft kann er es nicht kennen[67].

3. *Die Umdeutung von Schutzzweck und Schutzwirkung des Grundrechts der Rundfunkfreiheit durch das Bundesverfassungsgericht: Drei Schritte*

a) *Erster Schritt: Demokratisch-funktionale Interpretation der Rundfunkfreiheit: »Vermittlungsfunktion des Rundfunks« im Kommunikationsprozeß«*

Das BVerfG hat - unterstützt von Teilen der Wissenschaft - bei der Interpretation der Rundfunkfreiheit indes den individualrechtlichen Schutzzweck und die abwehrrechtliche Schutzwirkung dieses Grundrechts weitgehend in den Hintergrund gerückt; zwar weist auch das Gericht auf die »negatorische« Funktion des Grundrechts hin[68]. Die Bedeutung der Rundfunkfreiheit beschränke sich jedoch nicht auf diese »abwehrrechtliche« Schutzwirkung. Der Rundfunk habe vielmehr eine bedeutende Aufgabe als Medium und Faktor im »Prozeß der individuellen und öffentlichen Meinungsbildung«. »Freie Meinungsbildung«, so das Gericht, vollziehe sich »in einem Prozeß der Kommunikation«. Sie setze auf der einen Seite die Freiheit voraus, Meinungen zu äußern und zu verbreiten, auf der anderen Seite die Freiheit, geäußerte Meinungen zur Kenntnis zu nehmen, sich zu informieren. Indem Art.5 Abs. 1 GG Meinungsäußerungs-, Meinungsverbreitungs- und Informationsfreiheit als Grundrechte gewährleiste, suche er zugleich diesen Prozeß verfassungsrechtlich zu schützen. In diesem Prozeß habe der Rundfunk eine *Vermittlungsfunktion, eine Funktion als »Medium« und »Faktor«*. »Angesichts seiner herausragenden kommunikativen Bedeutung« werde »freie Meinungsbildung« nur in dem Maße gelingen, in dem der Rundfunk dieser Vermittlungsfunktion gerecht werde[69]. Die Rundfunkfreiheit des Art. 5 Abs. 1 S. 2 GG sei deshalb primär eine der *Freiheit der Meinungsbildung dienende* Freiheit; sie diene der

---

dazu *Schlink*, EuGRZ 1984, 457 (460); *Wülfing*, Grundrechtliche Gesetzesvorbehalte und Grundrechtsschranken; *Grabitz*, AÖR 98 (1973), 570; *Dechsling*, Der Verhältnismäßigkeitsgrundsatz.

67 Hier liegt das Problem, wenn das BVerfG vom Gesetzgeber fordert, er habe die *Ausgewogenheit* des Rundfunkprogramms sicherzustellen: Es kann nicht Aufgabe des Gesetzgebers sein, eine »Meinungsausstellung« zu organisieren; er kann nur durch Statuierung allgemeiner Regeln die Bedingungen für einen offenen Meinungswettbewerb herstellen. Ob das Ergebnis dieses Wettbewerbs »ausgewogen« ist, entzieht sich nach liberalem Grundrechtsverständnis qua definitione behördlicher Bewertung.

68 BVerfGE 57, 295 (320).

69 Zuletzt BVerfGE 83, 238.

Aufgabe, freie und umfassende Meinungsbildung durch den Rundfunk zu gewährleisten[70].

b) *Zweiter Schritt: »Wettbewerb untauglich zur Gewährleistung der Vermittlungsfunktion«*

aa) *Sondersituation des Rundfunks*

Die Rundfunkrechtsprechung des Gerichts ist - von Beginn an[71] - geprägt von Zweifeln und großer Skepsis gegenüber einer Zulassung von privatem Wettbewerb im Rundfunk und dessen Fähigkeit, die dem Rundfunk vom Gericht zugeordnete »Gemeinwohl-« (d.h. »Vermittlungs«-)funktion« zu erfüllen: Im Rundfunk bestehe im Vergleich zur Presse eine Sondersituation[72]. Existiere bei dieser eine Vielzahl von in der Tendenz unterschiedlichen, miteinander konkurrierenden Unternehmen, so erfordere die Veranstaltung von Rundfunk einen erheblich größeren finanziellen Aufwand. Außerdem bestehe in technischer Hinsicht ein Mangel an Übertragungsmöglichkeiten. Eine dem Pressewesen entsprechende Vielfalt von miteinander konkurrierenden Darbietungen sei deshalb nicht möglich.

bb) *Mangelnde Erfüllung der »Vermittlungsfunktion« auch bei Fortfall der Sondersituation*

Auch bei einem Fortfall dieser »Sondersituation« könne, so das BVerfG, nicht mit hinreichender Sicherheit erwartet werden, daß das Programmangebot (privater Rundfunkveranstalter) in seiner Gesamtheit kraft der Eigengesetzlichkeit des Wettbewerbs den »Anforderungen der Rundfunkfreiheit« entsprechen werde[73]. Während bei der Presse die geschichtliche Entwicklung zu einem gewissen bestehenden »Gleichgewicht« geführt habe, so daß es zur Sicherstellung umfassender Information und Meinungsbildung durch die Presse genügen möge, Bestehendes zu gewährleisten, könne von einem solchen Zustand auf dem Gebiet des privaten Rundfunks zumindest vorerst nicht ausgegangen werden. Dort sei ungewiß, ob bei bei einer Behebung des bisherigen Mangels in dem »Gesamtprogramm« alle oder wenigstens ein nennenswerter Teil der gesellschaftlichen Gruppen und geistigen Richtungen

---

70 BVerfGE 57, 295 (319f.).
71 BVerfGE 12, 205.
72 BVerfGE 12, 205 (261).
73 BVerfGE 57, 295 (322).

auch tatsächlich zu Wort kommen, ob mithin ein »Meinungsmarkt« entstehe, auf dem die Vielfalt der Meinungsrichtungen unverkürzt zum Ausdruck gelange. Gerade bei einem Medium von der Bedeutung des Rundfunks müßten die Möglichkeiten einer Konzentration von Meinungsmacht und die Gefahr des Mißbrauchs zum Zwecke einseitiger Einflußnahme auf die öffentliche Meinung in Rechnung gestellt werden. Es liege daher, so das Gericht[74], in der Verantwortung des Gesetzgebers, das im Rundfunk »ein Gesamtangebot besteht, in dem die für die freiheitliche Demokratie konstitutive Meinungsvielfalt zur Darstellung« gelange. Es müsse der Gefahr begegnet werden, daß auf Verbreitung angelegte Meinungen von der öffentlichen Meinungsbildung ausgeschlossen würden und Meinungsträger, die sich im Besitz von Sendefrequenzen und Finanzmitteln befänden, an der öffentlichen Meinungsbildung vorherrschend mitwirkten[75].
Insbesondere bei privaten Programmanbietern ist nach Auffassung des Gerichts damit zu rechnen, daß sie »Information nicht in der vollen Breite der Meinungen und kulturellen Strömungen vermitteln«. Von privatem Rundfunk könne kein seinem Inhalt nach breit angelegtes Angebot erwartet werden, weil die Anbieter zur Finanzierung ihrer Tätigkeit nahezu ausschließlich auf Einnahmen aus Wirtschaftswerbung angewiesen seien. Diese könnten nur dann ergiebiger fließen, wenn die privaten Programme hinreichend hohe Einschaltquoten erzielten. Die privaten Anbieter stünden deshalb vor der wirtschaftlichen Notwendigkeit, möglichst massenattraktive, unter dem Gesichtspunkt der Maximierung der Zuschauer- und Hörerzahlen erfolgreiche Programme zu möglichst niedrigen Kosten zu verbreiten. Sendungen, die nur für eine geringere Zahl von Teilnehmern von Interesse seien und die oft - wie namentlich anspruchsvolle kulturelle Sendungen - einen hohen Kostenaufwand erforderten, würden bei privaten Programmen in der Regel zurücktreten, wenn nicht gänzlich fehlen, obwohl erst mit ihnen »die ganze Breite umfassender Information zu erreichen ist«, so das Gericht, »ohne die es keine Meinungsbildung« im Sinne der Garantie des Art. 5 Abs. 1 S. 2 GG geben könne[76].

---

74 BVerfGE 57, 295 (323).
75 BVerfGE 57, 295 (323).
76 BVerfGE 73, 118 (155 f.).

c) *Dritter Schritt: Rundfunkfreiheit als »Aufgabe« des Gesetzgebers: Die »institutionelle« Schutzwirkung der Rundfunkfreiheit in der Rechtsprechung des BVerfG*

Aus dem vom BVerfG entwickelten *demokratisch-funktionalen Schutzzweck der Rundfunkfreiheit* und dessen *skeptischer Haltung gegenüber einer Zulassung von Wettbewerb* im Rundfunk folgt für das Gericht - als dritter Schritt - eine Ergänzung der Schutzwirkung Rundfunkfreiheit um eine »Auftragskomponente«, einen »institutionellen Gehalt«; die abwehrrechtliche Komponente gerät dabei völlig in den Hintergrund: »Bloße Staatsfreiheit« bedeutet nach Meinung des Gerichts »noch nicht, daß freie und umfassende Meinungsbildung durch den Rundfunk möglich wird«[77]. Dieser Aufgabe lasse sich »durch eine lediglich negatorische Gestaltung nicht gerecht werden«. Es bedürfe vielmehr einer *positiven Ordnung*, die sicherstelle, daß die Vielfalt der bestehenden Meinungen im Rundfunk in möglichster Breite und Vollständigkeit Ausdruck finde und daß auf diese Weise umfassende Information geboten werde. Um dies zu erreichen, seien »materielle, organisatorische und Verfahrensregelungen erforderlich«, die an der »Aufgabe der Rundfunkfreiheit orientiert« und deshalb »geeignet seien zu bewirken, was Art. 5 Abs. 1 S. 1 gewährleisten wolle[78]. Der Gesetzgeber sei, um die Rundfunkfreiheit als »objektives Prinzip« zu verwirklichen, verpflichtet,

— (1.) durch gesetzliche Regelung sicherzustellen, daß der Rundfunk nicht einer oder einzelnen gesellschaftlichen Gruppen ausgeliefert werde, sondern die Vielfalt der geistigen Richtungen tatsächlich zum Ausdruck gelange. Zu diesem Zweck könne der Gesetzgeber für den Rundfunk ein »binnenplurales« oder ein »außenplurales« Ordnungsmodell wählen[79].

— (2.) habe der Gesetzgeber aus Art. 5 Abs. 1 S. 2 GG den Auftrag, für den Inhalt des Gesamtprogramms Leitgrundsätze verbindlich zu machen, die ein »Mindestmaß an Ausgewogenheit, Sachlichkeit und gegenseitiger Achtung« gewährleisten und für den Jugendschutz Sorge zu tragen[80].

— (3.) müsse der Gesetzgeber, so das BVerfG, den »Zugang zur Veranstaltung von Rundfunksendungen« durch Gesetz selbst regeln. Der Zugang dürfe nur von Voraussetzungen abhängig gemacht werden, die der »Gewährleistung der Rundfunkfreiheit« dienten. Die Vorschriften über das Erlaubnisverfahren müsse zugleich Regeln darüber enthalten, wie

---

77 BVerfGE 57, 295 (320).
78 BVerfGE 57, 295 (320).
79 BVerfGE 57, 295, 320 f.
80 BVerfGE 57, 295 (324 ff.).

Übertragungsmöglichkeiten aufzuteilen seien, wenn die Kapazität nicht für alle Bewerber ausreichten.

— (4.) habe der Gesetzgeber eine »begrenzte Staatsaufsicht« vorzusehen, um die Einhaltung der gesetzlichen Bestimmungen sicherzustellen.

Abgesehen von den genannten Anforderungen an eine gesetzliche Regelung gesteht das Gericht dem Gesetzgeber einen »Gestaltungsspielraum« zu; das Grundgesetz schreibe ihm keine bestimmte Organisationsform vor[81]. Jedoch sei er nicht zu beliebiger Regelung ermächtigt, Ziel jeder »Ausgestaltung« müsse vielmehr die Gewährleistung freier, umfassender und wahrheitsgemäßer Meinungsbildung sein. Dies gelte auch nach Wegfall der durch Frequenzknappheit und hohen finanziellen Aufwand gekennzeichneten Sondersituation[82].

4. *Die vom BVerfG entwickelte verfassungsrechtliche Stellung des öffentlich rechtlichen Rundfunks im dualen Rundfunksystem: Grundversorgungsfunktion; Bestands-, Entwicklungs- und Finanzierungsgarantie*

Die vom BVerfG angenommenen Mängel einer wettbewerblich ausgerichteten Rundfunkordnung veranlassen es, dem öffentlich-rechtlichen Rundfunk eine verfassungsrechtlich bevorzugte Position einzuräumen und die Anforderungen an privaten Rundfunk davon abhängig zu machen, daß der öffentlich-rechtliche Rundfunk den vom Gericht entwickelten »klassischen Auftrag des Rundfunks«[83] im Sinne einer »Grundversorgung«[84] erfüllt: Zwar gelten nach Auffassung des Gerichts die aus Art. 5 Abs. 1 GG abgeleiteten Anforderungen an die Funktion des Rundfunks grundsätzlich für alle Bestandteile des Rundfunksystems[85]. Es genüge jedoch, wenn dieses in seiner Gesamtheit dem verfassungsrechtlich Gebotenen entspreche[86]. Es könnten also unterschiedlich strenge Anforderungen an die einzelnen Teile des Gesamtsystems gestellt werden, wenn die Wahrnehmung des klassischen Auftrags des Rundfunks als solcher sichergestellt sei. Dieser *klassische Auftrag des Rundfunks* umfasse »neben seiner Rolle für die Meinungs- und politische Willensbildung, neben Unterhaltung und über laufende Berichterstattung hinausgehender Information

81 BVerfGE 57, 295 (321).
82 BVerfGE 57, 295 (318).
83 BVerfGE 73, 118 (158).
84 Im einzelnen zum Begriff »klassischer Auftrag des Rundfunks« und »Grundversorgung« vgl. *Niepalla*, Die Grundversorgung durch die öffentlich-rechtlichen Rundfunkanstalten, insbes. S. 112 ff.
85 BVerfGE 57, 295 (321).
86 BVerfGE 73, 118 (157).

seine kulturelle Verantwortung.«[87] Beschränke der Gesetzgeber, so das Gericht, sich nicht auf die Zulassung öffentlich-rechtlichen Rundfunks sondern lasse auch privaten Rundfunk zu, so habe der öffentlich-rechtliche Rundfunk in einem solchen »dualen System« die Aufgabe der *Grundversorgung*[88]. Öffentlich-rechtliche Anstalten seien zu dieser »Grundversorgung« »nach Lage der Dinge« besser imstande als private, weil ihre terrestrischen Programme nahezu die gesamte Bevölkerung erreichten und weil sie - wegen ihrer teilweisen Gebührenfinanzierung - nicht in gleicher Weise wie private Veranstalter auf hohe Einschaltquoten angewiesen seien. Aus diesem Grunde seien sie »zu einem inhaltlich umfassenden Programmangebot in der Lage«[89] und zu einem »inhaltlichen Standard der Programme im Sinne eines Angebots, das nach seinen Gegenständen und der Art ihrer Darbietungen oder Behandlung dem ...Auftrag des Rundfunks nicht nur zu einem Teil, sondern voll entspreche.«[90] Die organisatorischen und verfahrensrechtlichen Vorkehrungen beim öffentlich-rechtlichen Rundfunk ließen dort auch »die wirksame Sicherung gleichgewichtiger Vielfalt in der Darstellung der bestehenden Meinungsrichtungen« erwarten.

Den »Bestand« der im Zeitpunkt des verfassungsgerichtlichen Urteils (1986) vorhandenen öffentlich-rechtlichen Programme rechnet das Gericht dem Bereich der *Grundversorgung* zu; da diese Grundversorgung nach Auffassung des Gerichts gegenwärtig nur von den öffentlich-rechtlichen Anstalten wahrgenommen werden kann, läuft die Rechtssprechung des Gerichts auf eine vorläufige *Bestandsgarantie* für den öffentlich-rechtlichen Rundfunk und seine Programme hinaus. Diese Bestandsgarantie für den öffentlich-rechtlichen Rundfunk hat das Gericht im fünften Rundfunkurteil[91] um eine *Entwicklungs- und Finanzierungsgarantie* erweitert, als ein Landesgesetzgeber versuchte, den Bestand an öffentlich-rechtlichen Programmen im regionalen Bereich auf den Stand von Ende 1984 »einzufrieren«: Auch jenseits der »Grundversorgungsaufgabe« der öffentlich-rechtlichen Anstalten sei es, so das Gericht, den Landesgesetzgebern verwehrt, eine Ergänzung des vorhandenen öffentlich-rechtlichen Rundfunkangebots zu verhindern. Im übrigen sei die finanzielle Sicherung der öffentlich-rechtlichen Programme Bestandteil der Rundfunkfreiheit; die Gesetzgeber seien mithin verpflichtet, für eine hinreichende Finanzierung der öffentlich-rechtlichen Anstalten zu sorgen.

---

87 BVerfGE 73, 118 (158).
88 BVerfGE 73, 118 (157); 74, 297 (326).
89 BVerfGE 73, 118 (157).
90 BVerfG 74, 297 (326).
91 BVerfGE 73, 118 (175 f.).

Den öffentlich-rechtlichen Anstalten und den Länderregierungen, die einer wettbewerblichen Ordnung des Rundfunks kritisch gegenüberstanden, war diese Rechtsprechung sehr willkommen[92]; sie bildete für die öffentlich-rechtlichen Rundfunkanstalten die Grundlage für eine Strategie der Programmausweitung, bei der sie durch einzelne Landesgesetzgeber z.B. durch Bevorzugung bei der Frequenzverteilung und gleichzeitiger programmrechtlicher Benachteiligung privater. Konkurrenten unterstützt wurden[93].
Denjenigen, die die Rechtsprechung des BVerfG als dauerhafte verfassungsrechtliche Verankerung der öffentlich-rechtlichen Anstalten interpretieren, ist allerdings entgegenzuhalten, daß das BVerfG selbst seine Einschätzung für eine Überprüfung in der Zukunft offengehalten hat, indem es die »Grundversorungsaufgabe« *ausdrücklich vorläufig* (»nach Lage der Dinge«) und auch nur teilweise (»in erster Linie«)[94] den öffentlich-rechtlichen Rundfunkanstalten zuwies. »Grundversorgung« ist auch nach Meinung des Bundesverfassungsgerichts eine Aufgabe des *Rundfunks insgesamt.* Deshalb ist es nicht auszuschließen, daß auch der private Rundfunk diese Funktionen mitübernehmen kann, sobald seine flächendeckende Verbreitung gesichert ist[95]. Zwischen Rechtsform einerseits und Programmqualität und -vielfalt andererseits besteht jedenfalls kein zwingender Zusammenhang; der technologische Wandel wird auch privaten Programmanbietern ermöglichen, Programme anzubieten, die dem »klassischen Auftrag« des Rundfunks, wie ihn das BVerfG formuliert hat, entsprechen[96].

5. *Privater Rundfunk in der Rechtsprechung des BVerfG*

Die gegenwärtige verfassungsrechtliche Stellung des privaten Rundfunks bestimmte das BVerfG in weitgehender Abhängigkeit von den Funktionen, die

---

92 Vgl. z.B. Schreiben der ARD-Rundfunkanstalten an die Ministerpräsidenten , MP 1984, S. 295; Erklärung der ARD-Intendanten v. 28. 11. 1984, MP 1984, S. 888; Medienpolitische Entschließung des SPD-Parteivorstands v. 20. 11. 1984, MP 1984, S. 891.

93 Vgl. hierzu die kritische Einschätzung durch die deutsche *Monopolkommission*, Hauptgutachten 1988/89 (»Wettbewerbspolitik vor neuen Herausforderungen«), insbes. Nr. 654-672; *dies.* Hauptgutachten 1986/87 (»Die Wettbewerbsordnung erweitern«) Nr. 530 ff.; *dies.* Hauptgutachten 1990/91 (»Wettbewerbspolitik oder Industriepolitik«), insbes. Nr. 790 und 808-810.

94 BVerfGE 73, 118 (158); siehe auch BVerfGE 83, 311: »Jedenfalls«; *Selmer*, Bestands- und Entwicklungsgarantien für den öffentlich-rechtlichen Rundfunk in einer dualen Rundfunkordnung, 311; zuletzt *Selmer/Gersdorf*, DVBl. 1992, 79 (80)

95 In diesem Sinne auch *Hesse*, Rundfunkrecht, S. 74 f.

96 Vgl. dazu *Eli Noam*, Der Einfluß von Marktstruktur und Eintrittsschranken auf die Vielfalt der Fernsehprogramme, S. 199 ff.

es - innerhalb des Rundfunks insgesamt - dem öffentlich-rechtlichen Rundfunk zugewiesen hat:

Auch für den privaten Rundfunk gilt die an den Gesetzgeber gerichtete Forderung des Gerichts nach einer »positiven« Ordnung, mit der dieser die »Vermittlungsfunktion« - auch des privaten - Rundfunks sicherzustellen habe[97]. Solange, so das Gericht, der öffentlich-rechtliche Rundfunk allerdings die *klassische Aufgabe des Rundfunks* (Grundversorgung) wahrnehme, sei es verfassungsrechtlich zulässig, wenn auch nicht geboten, privaten Rundfunk zuzulassen, und diesen dabei gesetzlichen Anforderungen zu unterwerfen, die der ausschließlichen Werbefinanzierung des privaten Rundfunks und seiner gegenwärtig noch eingeschränkten technischen Verbreitung Rechnung trügen. Der Gesetzgeber sei zwar nicht berechtigt, »für den privaten Runfunk auf rechtliche Sicherungen [...] zu verzichten und die Entwicklung im Wege der Deregulierung den Kräften des Marktes anzuvertrauen«[98]. Es sei jedoch gerechtfertigt, »an die Breite des Programmangebots und die Sicherung gleichgewichtiger Vielfalt im privaten Rundfunk nicht gleich hohe Anforderungen zu stellen wie im öffentlich-rechtlichen Rundfunk«[99]. Der Gesetzgeber sei lediglich gehalten, Vorkehrungen zu schaffen, die »dazu bestimmt und geeignet« seien, »ein möglichst hohes Maß gleichgewichtiger Vielfalt im privaten Rundfunk zu erreichen und zu sichern«[100]. Die Durchsetzung dieses »Grundstandards« habe der Gesetzgeber auch im Privatrundfunk durch materielle, organisatorische und Verfahrensregelungen sicherzustellen[101].

Obwohl das Gericht selbst auf die Notwendigkeit hingewiesen hatte, daß bei privatem Rundfunk »der maßgeblich Einfluß..bei dem Unternehmer« liegen solle, weil »diese Form der Veranstaltung von Rundfunksendungen« sonst »um das Grundelement privatautonomer Gestaltung und Entscheidung und damit um ihre eigentliche Substanz gebracht«[102] werden würde, konnte es sich nicht dazu durchringen, dem privaten Rundfunk dieselbe Tendenzfreiheit wie der Presse zuzubilligen: Auch im 6. Rundfunkurteil[103] verwies das Gericht zwar auf die verfassungsrechtlich zulässige »Aufgabenteilung« zwischen öffentlich-rechtlichem und privatem Rundfunk hin. Andererseits sei der Gesetzgeber aber auch *nicht verpflichtet*, die Vielfaltsanforderungen an privaten Rundfunk gegenüber denjenigen für den öffentlich-rechtlichen

97 Vgl. oben 2.b.cc.
98 BVerfGE 73, 118 (158).
99 BVerfGE 73, 118 (159).
100 BVerfGE 73, 118 (159); unter Hinweis auf BVerfGE 57, 295 (320).
101 BVerfGE 73, 118 (160); 57, 295 (320).
102 BVerfGE 73, 118 (171).
103 BVerfGE 83, 238.

Rundfunk abzusenken. Der Gesetzgeber sei in der Bestimmung von Programmanforderungen für private Veranstalter frei, solange er dadurch die Veranstaltung privaten Rundfunks nicht »in hohem Maße erschwere« oder »ausschließe«[104]. Die Programmanforderungen, die das Gericht in jener Entscheidung zu überprüfen hatte, gingen nach seiner Meinung jedoch nicht so weit, »daß sie die Veranstaltung privaten Rundfunks gänzlich unrentabel zu machen drohten«[105]: Es zwinge »die Veranstalter...lediglich zum Verzicht auf ein reines Unterhaltungsprogramm und auf einseitige Informations- und Bildungssendungen«. Verfassungsrechtliche Bedenken ergäben sich für das Gericht daraus nicht.

Zusammenfassend ist damit festzustellen, daß die vom BVerfG vorgenommene Aufgabenverteilung zwischen öffentlich-rechtlichen und privaten Rundfunkanstalten der Zulassung privater Veranstalter zwar den Weg geebnet hat; die vom Gericht entwickelte Bestands- und Entwicklungsgarantie für den öffentlich-rechtlichen Rundfunk und die ihm zugewiesene Aufgabe zur »Grundversorgung« wirkten sich für die Entwicklung privaten Rundfunks und eine wettbewerblich orientierte Rundfunkordnung jedoch hinderlich aus.

Mit Hinweis auf ihre »Grundversorungsaufgabe« konnten die öffentlich-rechtlichen Rundfunkanstalten z.B. bei der Neuordnung des Rundfunkwesens in den neuen Bundesländern der Bundesrepublik Deutschland mit Erfolg die bevorzugte Zuweisung von terrestrischen Rundfunkfrequenzen geltend machen[106]; private Bewerber hatten hierbei das Nachsehen. Keine Einwände hat das Bundesverfassungsgericht auch gegen eine einseitige Programmausweitung durch die öffentlich-rechtlichen Rundfunkanstalten zu Lasten privater Veranstalter erhoben; eine Regelung im baden-württembergischen Landesmediengesetz, die die Möglichkeit öffentlich-rechtlicher Anstalten, weitere lokale und regionale Programme anzubieten, einschränkte, erklärte das Gericht für verfassungswidrig, da es dem »Gesetzgeber prinzipiell versagt« sei, die Veranstaltung bestimmter Rundfunkprogramme zu untersagen oder andere Maßnahmen zu treffen, welche die Möglichkeit verkürzen, durch Rundfunk verbreitete Beiträge zur Meinungsbildung zu leisten«[107]. Das

---

104 BVerfGE 83, 238 unter Hinweis auf BVerfGE 73, 118 (157).

105 BVerfGE 83, 238 (297).

106 Die Identifikation von »Grundversorgungsaufgabe« und »öffentlich-rechtlichen Rundfunkanstalten« hat z.T. auch in die Rundfunkgesetzgebung der neuen Bundesländer Eingang gefunden. Vgl. z.B. § 2 Gesetz über privaten Rundfunk in Sachsen-Anhalt: »Für die Programme öffentlich-rechtlicher Rundfunkanstalten [...] sind Übertragungsmöglichkeiten vorrangig zur Verfügung zu stellen. Reichen die vorhandenen Übertragungsmöglichkeiten hierfür nicht aus, ist zunächst die Grundversorgung durch die öffentlich-rechtlichen Anstalten zu gewährleisten.«

107 BVerfGE 74, 297 (332).

BVerfG billigt den öffentlich-rechtlichen Anstalten damit ein nahezu ungebremstes Recht zur Programmausweitung und »Frequenzbesetzung«[108] zu. Dabei ist offenbar aus dem Blick geraten, daß die Rundfunkfreiheit durch Gründung der öffentlich-rechtlichen Anstalten aus einer »Mangelsituation« heraus »vergesellschaftet« worden ist[109]; weitere Frequenzzuteilungen zugunsten öffentlich-rechtlicher Veranstalter beschränken die Rundfunkunternehmerfreiheit und bedürfen daher einer besonderen verfassungsrechtlichen Legitimation. Versteht man »Rundfunkfreiheit« als Individualrecht, so kann der Ausschluß öffentlich-rechtlicher Rundfunkanstalten von weiteren Frequenzzuteilungen schon begrifflich keinen »Eingriff« in deren Rundfunkfreiheit bedeuten.

III. *Kritik: Die Aufgabe des liberalen Grundrechtsverständnisses in der Rundfunkrechtsprechung des Bundesverfassungsgerichts*

Eine Kritik der Rundfunkrechtsprechung des BVerfG muß schon auf der skizzierten, abstrakten Ebene der Grundrechtsdogmatik[110] beginnen. Nicht übersehen werden darf der Umstand, daß das Gericht bei der Interpretation der Rundfunkfreiheit von der oben (a.) dargestellten, klassisch-liberalen Grundrechtskonzeption Abschied nimmt, ohne daß dafür tatsächlich Bedarf besteht; in der Aufgabe der klassisch-liberalen Grundrechtskonzeption liegt jedoch der dogmatische Schlüssel für die restriktive Rundfunkrechtsprechung des Gerichts:

1. *Abschied vom individualrechtlichen Schutzzweck*

Das Bundesverfassungsgericht hat die Frage eines grundrechtlichen Anspruchs auf die Veranstaltung privater Rundfunksendungen zwar bis heute ausdrücklich offengelassen[111]. Sie ist jedoch vom Gericht vorläufig dadurch beantwortet worden, daß es die Veranstaltung von Rundfunk schlechthin von einer gesetzlichen Grundlage, damit also von einer Zulassung durch den Gesetz-

---

108 *Möschel*, NZZ , 17. April 1991, S. 21.

109 *v. Mangoldt/Klein/Starck*, GG, Art. 5 RN 68; *Starck*, in: Bundesverfassungsgericht und Grundgesetz, Festschrift zum 25jährigen Bestehen des BVerfG, Bd. II, (1976), S. 480 (488).

110 Die Interpretation der Rundfunkfreiheit des Grundgesetzes als Problem der Verfassungs- und Grundrechtsinterpretation behandelt *Brugger*, Rundfunkfreiheit und Verfassungsinterpretation, S. 6 ff.

111 BVerfGE 57, 295 (318).

geber abhängig gemacht und dem Gesetzgeber dabei sogar einen »Gestaltungsspielraum« eingeräumt hat. Damit erscheint es z.Zt. ausgeschlossen, daß der Einzelne unter unmittelbarer Berufung auf Art. 5 GG Zugang zum Rundfunk erhalten kann[112]. Mit der Aufgabe eines - wie auch immer ausgestalteten - Zulassungsanspruchs ist jedoch eine Aufgabe des *klassischen liberalen, individualrechtlichen Schutzzwecks des Grundrechts der Rundfunkfreiheit* verbunden, wie er der Grundrechtsinterpretation herkömmlicherweise - und im allgemeinen - auch nach Meinung des Bundesverfassungsgerichts zugrundeliegen sollte[113]: Der individualrechtliche Schutzzweck wird - in Hinblick auf die Rundfunkfreiheit - durch den Schutzzweck der *freien, öffentlichen Meinungsbildung* ersetzt.

2. *Abschied vom liberalen Gemeinwohlkonzept*

Dadurch, daß das Gericht auf dem Gebiet der Rundfunkfreiheit vom »individualrechtlichen« Schutzzweck »Abschied nimmt« und beginnt, die Rundfunkfreiheit interpretativ *unmittelbar am Allgemeininteresse auszurichten*, nimmt es auch Abschied von der klassisch-liberalen Erkenntnis, daß das »öffentliche Interesse« in der Regel durch die Gewährung größtmöglicher individueller Freiheit gewahrt wird[114]. Auch nach liberalem Verständnis ist es, wie gezeigt, nicht ausgeschlossen, daß die als Individualfreiheit gedachte grundrechtliche Freiheit durch allgemeine Gesetze beschränkt wird, sofern es das öffentliche Interesse gebietet, sofern also die prinzipielle Annahme vom Zusammenhang zwischen Individualfreiheit und öffentlichem Interesse in der Praxis ausnahmsweise nicht eintrifft. Dieser liberale Ansatz hat den Vorteil, daß das Grundrecht in seiner Substanz nicht »uminterpretiert« werden muß, ihm aber gesetzliche Schranken gesetzt werden können, wo dies durch das öffentliche Interesse gefordert ist.

Auf die Rundfunkfreiheit angewandt heißt dies, daß auch hier prinzipiell von einem Zusammenhang von »individueller Freiheit« und »öffentlicher Freiheit« ausgegangen werden könnte, daß aber dem Staat damit nicht schlechthin jede Regulierungsbefugnis abgesprochen wird, sondern ihm die Befugnis zusteht, den Rundfunk durch *allgemeine, verhältnismäßige* Gesetze zu regulieren, sofern dies andere, von der Verfassung geschützte Rechtsgüter erfordern; dies ergibt sich schon aus dem Wortlaut des Art. 5 Abs. II GG.

---

112 So auch *Hesse*, Rundfunkrecht, S. 65 m.w.N.

113 BVerfGE 7, 198 (204); 50, 290 (336 f.); 68, 193 (205); vgl. dazu im übrigen die Ausführungen oben A.II.2.

114 Vgl. oben, FN 61 f.

3. *Abschied von der abwehrrechtlichen Schutzwirkung der Grundrechte*

Das BVerfG weicht in seiner Rundfunkrechtsprechung von diesem Konzept ab und leitet unmittelbar aus dem »institutionellen« Gehalt des Grundrechts einen an den Gesetzgeber gerichteten »Auftrag« mit dem Inhalt ab, den Schutzzweck einer der »individuellen und öffentlichen Meinungsbildung *dienenden* Rundfunkfreiheit« regulativ sicherzustellen. In Abweichung vom klassisch-liberalen Verständnis der Grundrechte wird die Rundfunkfreiheit damit *unmittelbar* am öffentlichen Interesse ausgerichtet.

Grundrechtsdogmatisch ist an der vom Bundesverfassungsgericht gewählten Argumentation bemerkenswert, daß es demselben Grundrecht *gleichzeitig* sowohl eine »abwehrrechtliche« als auch eine »institutionelle« Komponente entnimmt, das Grundrecht nach Meinung des Gerichts also einerseits im Sinne eines prinzipiellen Regelungs*verbots*, gleichzeitig aber im Sinne eines prinzipiellen Regelungs*gebots* zu interpretieren sein soll; daraus folgert das Gericht, daß es einerseits einen Typus von Normen gebe, der der Schrankensystematik des Art. 5 Abs. 2 GG unterfalle, weil er das Grundrecht beschränke; dieser Normentypus wird dann - im klassisch-liberalen Sinne - daraufhin überprüft, ob er dem Gebot der Allgemeinheit entspricht und das Grundrecht im übrigen nicht in unverhältnismäßiger Weise einschränkt. *Daneben* gibt es aber einen *anderen* Normtypus, der das Grundrecht nicht nur nicht beschränkt, sondern es sogar »aktualisiert«. Dieser Normtypus bedarf nach Meinung des Gerichts deshalb »keiner weiteren Rechtfertigung«[115].

Wirft man einen Blick auf die Normen, die das Gericht dem Typus »grundrechtsausgestaltenden« Regelungen zurechnet, so kommen Zweifel an der vom Gericht vorgenommenen Differenzierung: Dürfen Rundfunkveranstalter Programme nur mit einem »Mindestmaß an Ausgewogenheit und Sachlichkeit« veranstalten, unterliegen sie einer Zulassungskontrolle und einer (begrenzten) Staatsaufsicht, und hat der Gesetzgeber die Befugnis, private Rundfunkveranstalter zugunsten eines öffentlich-rechtlichen Monopols vollständig von der Veranstaltung von Rundfunk auszuschließen, sofern dies der »freien individuellen und öffentlichen Meinungsbildung« dient, so sind damit zweifellos Belastungen für den privaten Veranstalter verbunden. Wenn das BVerfG in diesen »ausgestaltenden« Regelungen gleichwohl keine Beschränkung oder Begrenzung des Grundrechts erblicken kann, so ist dies ein Ergebnis, das überraschend anmutet[116].

---

115 BVerfGE 73, 118 (166); 57, 295 (321); 74, 297, (331, 336).

116 So auch *Jarass*, AÖR 110 (1985), 363 (391).

Studiert man die Literatur, die sich in den vergangenen Jahren darum bemüht hat, die Möglichkeit dieses vom BVerfG behaupteten »*kollisionsfreien Nebeneinanders* von Gesetzesrecht und Grundrechten«[117] nachzuweisen und theoretisch zu fundieren[118], so wird dort der Zweck des Ausgestaltungsdenkens deutlich, der darin liegt, den Gesetzgeber in bestimmten Bereichen von den klassischen Bindungen zu befreien, die ihm die liberale Grundrechtsinterpretation - in Form von Allgemeinheits- und Verhältnismäßigkeitsgebot - auferlegt. Zwar fehlt es nicht an Hinweisen auf die Notwendigkeit »vorsichtiger Dosierung« »grundrechtsausgestaltender Gesetzgebung«[119] und dem Versuch, die Reichweite organisatorischer Rundfunkgesetzgebung begrifflich wieder zu begrenzen[120].

In der Praxis hat sich die Umdeutung der Schutzwirkung der Rundfunkfreiheit und die damit verbundene Zulassung »ausgestaltender« Rundfunkgesetzgebung indes als *dogmatischer Schlüssel zur juristischen Legitimierung umfassender*

117 *Stern*, Staatsrecht, Bd. III/1, S. 595.

118 Als »Klassiker« des Ausgestaltungsdenkens sind hier vor allem zu nennen *Lerche*, Übermaß und Verfassungsrecht, S. 106 ff. (109); *ders.*, Verfassungsrechtliche Zentralfragen des Arbeitskampfs, S. 37 ff., 49 ff.; *ders.*, Rundfunkmonopol, S. 76; sowie *Häberle*, Die Wesensgehaltsgarantie des Art. 19 Abs. 2 Grundgesetz - Zugleich ein Beitrag zum institutionellen Verständnis der Grundrechte und zu Lehre vom Gesetzesvorbehalt, S. 96 ff., 98 ff.

119 So z.B. *Lerche*, Verfassungsrechtliche Fragen zur Pressekonzentration, S. 52.

120 Ein Versuch, die »Ausgestaltungskompetenz« des Rundfunkgesetzgebers zu begrenzen, ist z.B. das Kriterium der »Modellkonsistenz«, an das der Gesetzgeber gebunden sei (so zuletzt *Lerche*, Das 6. Rundfunkurteil zur »Modellkonsistenz«, Beitrag zum Kolloquium zu Ehren von Wolfgang Lehr am 13. 2. 1991); das BVerfG hat diese Begrenzung der »Ausgestaltungskompetenz« in seinem 6. Rundfunkurteil ausdrücklich abgelehnt, BVerfGE 83, 238 (248) [=NJW 1991, 989 (992)]; nur im Baden-Württemberg-Beschluß findet sich der limitierend gemeinte Hinweis, der Gesetzgeber dürfe ausgestaltende Gesetze allein zum Zwecke »der Sicherung der Rundfunkfreiheit« erlassen, ihre »Erforderlichkeit« müsse sich aus konkreten Gründen ergeben, allgemeine Erwägungen seien nicht ausreichend [BVerfGE 74, 297 (334)]. Das Gericht hat damit einen ersten Schritt zur Anwendung des Verhältnismäßigkeitsmaßstabes auch bei der Grundrechtsausgestaltung getan; wie weit ist es dann noch bis zu der Erkenntnis, daß »Grundrechtsausgestaltung« grundsätzlich mit (im Einzelfall durchaus legitimer) »Grundrechtsbeschränkung« einhergeht ? - Auch *Hoffmann-Riem*, der in früheren Schriften mit Nachdruck für einen weitgehenden *Ausgestaltungsspielraum* des Gesetzgebers plädierte, (vgl. z.B. *Hoffmann-Riem* in: Alternativkommentar GG, Art. 5 Abs. 1, 2 RN 37 oder *ders.* in: *Benda/Maihofer/Vogel*, Handbuch des Verfassungsrechts, Bd. 1, S. 416) äußert mittlerweile Zweifel, inwieweit »die Aussage über die zwingend fehlende Eingriffsqualität von Ausgestaltungsgesetzen ausnahmslos haltbar ist«: »Im Interesse rechtsdogmatischer Klarheit« gelte dies »unzweifelhaft nur«, »wenn die Ausgestaltung nicht auf schon bestehende (subjektivrechtliche) Rechtspositionen trifft, was bei der *erstmaligen* Gestaltung der Rundfunkordnung der Fall sein dürfte« (*Hoffmann-Riem*, Rundfunkrecht neben Wirtschaftsrecht, S. 74). Dem ist nur noch entgegenzuhalten, daß der Gesetzgeber auch bei der erstmaligen Gestaltung einer Rundfunkordnung selbstverständlich auf subjektivrechtliche Rechtspositionen in Form von Grundrechten (Rundfunkfreiheit als Individualrecht, Art. 5 Abs. 1 S. 2 !) trifft, die er nur unter Berücksichtigung der allgemeinen Rechtfertigungslasten (Allgemeinheit, Verhältnismäßigkeit) beschränken darf.

Rundfunkregulierung erwiesen; eine »Bestands- und Entwicklungsgarantie« für den öffentlich-rechtlichen Rundfunk muß sich ebensowenig am Verhältnismäßigkeitsgrundsatz und Gebot der »Allgemeinheit« erweisen wie Aufsichts- und Programmregelungen, die für den privaten Rundfunk gelten. »Programmanforderungen« oder »Programmquotenregelungen« können - dank der institutionellen Sichtweise des Gerichts - zwanglos als »Aktualisierung der Rundfunkfreiheit« qualifiziert werden; ihre Nähe zur Zensur gerät schon dogmatisch in bedenklicher Weise aus dem Blickfeld[121]. Die Grundrechte verlieren mit der institutionellen Sichtweise des Gerichts an Bestimmtheit und Bindungskraft für den Gesetzgeber[122]. Dies ist Anlaß genug, die institutionelle Grundrechtsinterpretation einer Überprüfung zu unterziehen; dem BVerfG sollte es zu denken geben, daß z.B. der Supreme Court der Vereinigten Staaten eine restriktive Rundfunkrechtsprechung verfolgt, ohne die vom klassischen Eingriffs- und Schrankendenken bestimmte Grundrechtsdogmatik in prinzipieller Weise modifiziert zu haben[123]: Jede staatliche Intervention steht auf diese Weise unter dem Vorbehalt der Prüfung, ob das mit ihr verfolgte Ziel - z.B. angesichts technologischen Wandels - nicht mit *milderen Mitteln* erreicht werden kann. Eine *Politik der Deregulierung* wäre somit dogmatisch vorprogrammiert, ohne das dem Staat prinzipiell die Möglichkeit bestritten wird, dort, wo notwendig, zu intervenieren.

---

121 Vgl. dazu *Mestmäcker*, In welcher Weise empfiehlt es sich, die Ordnung des Rundfunks uns sein Verhältnis zu anderen Medien - auch unter dem Gesichtspunkt der Harmonisierung - zu regeln ?, S. O 11.

122 Zutreffend *Steinbeiß-Winkelmann*, Grundrechtliche Freiheit und staatliche Freiheitsordnung, insbesondere S. 630ff.; *Schwabe*, Probleme der Grundrechtsdogmatik, S. 143 ff., 242 f.

123 NBC v. United States, 319 U.S. 190; Red Lion Broadcasting Co. v. FCC, 395 U.S. 367. Einen Überblick über die Rundfunkregulierung in den Vereinigten Staaten und die Rundfunkrechtsprechung des Supreme Court gibt *Franklin/Anderson*, Mass Media Law, S. 749 ff., 790 ff.

C. Die gesetzliche Ausgestaltung der Rundfunkordnung in Grundzügen

I. *Staatlicher Einfluß auf den Rundfunk: Rundfunk zwischen »Staatsfreiheit« und »staatlicher Gewährleistungsaufgabe«*

1. *Der verfassungsgerichtliche Gesetzgebungsauftrag*

Das Bundesverfassungsgericht hat mehrfach hervorgehoben, Rundfunkfreiheit sei »in erster Linie »Staatsfreiheit«[124] und gewährleiste den im Rundfunkwesen tätigen Personen und Unternehmen Freiheit von staatlichem Zwang[125], gleich, in welcher Form der Eingriff erfolge[126]; Staatsfreiheit bedeute auch die institutionelle Eigenständigkeit des Rundfunks von der Beschaffung der Information bis zur Verbreitung der Nachrichten und Meinungen[127].
Das Gericht hat Rundfunkfreiheit allerdings nicht auf das Prinzip der »Staatsfreiheit« beschränkt sondern *gleichzeitig* die ordnende Funktion des Staates betont, die dieser im Runfunk innehabe; der Staat sei verpflichtet, eine *positive Ordnung* zu schaffen, welche sicherstelle, daß die Vielfalt der bestehenden Meinungen im Rundfunk in möglichster Breite und Vollständigkeit Ausdruck finde. Um dies zu erreichen, seien *materielle, organisatorische und Verfahrensregelungen erforderlich, die an der Aufgabe der Rundfunkfreiheit orientiert und deshalb geeignet seien zu bewirken, was Art. 5 Abs. 1 GG gewährleisten solle*[128].
Die danach erforderliche Ausgestaltung unterliegt nach der sogenannten *Wesentlichkeitstheorie* des BVerfG dem Vorbehalt des Gesetzes: Danach bedürfen nicht nur Eingriffe des Staates in Freiheit und Eigentum seiner Bürger einer gesetzlichen Ermächtigung; vielmehr müßten alle Entscheidungen vom Gesetzgeber selbst getroffen werden, die als wesentlich anzusehen seien. Dazu gehörten alle Entscheidungen, die im grundrechtsrelevanten

124 BVerfGE 57, 295 (320, 333 f.); vgl. ebenso BVerfGE 31, 314 (329); 59, 231 (255); 73 (118, 182 ff.); BVerwGE 22, 299 (302); 39, 159 (164); BGHZ 66, 182 (186); BayVfGH n.F. 42, 11; *Herzog* in: MDH., GG, Art. 5, RN 213; *Lenz*, JZ 1963, 338 ff.; für Verstaatlichung dagegen *Bettermann*, DVBl. 1963, 41 (43).

125 BVerfGE 77, 65 (74).

126 BVerfGE 73, 118 (183).

127 BVerfGE 12,205 (260); 77, 65 (74); grundlegend zu den aus dem Gebot der Staatsfreiheit abzuleitenden Folgerungen *Jarass*, Die Freiheit des Rundfunks vom Staat (1981).

128 BVerfGE 73, 118 (152 f.).

Bereich ergingen und für die Verwirklichung der Grundrechte wesentlich seien[129]. Aus dieser Wesentlichkeitstheorie ergibt sich die Notwendigkeit parlamentarischer Aktivität im Rundfunk:

2. *Rundfunkgesetzgebung*

Dem ihnen durch das Grundgesetz übertragenen Regelungsauftrag zur Ausgestaltung der Rundfunkordnung sind die zuständigen Landesgesetzgeber zunächst ausschließlich durch Errichtung öffentlich-rechtlicher Rundfunkanstalten mit »binnenpluraler Struktur« nachgekommen. Dies geschah entweder auf der Grundlage von Landesgesetzen und Länderstaatsverträgen, im Falle von Deutschlandfunk und Deutscher Welle ausnahmsweise durch Bundesrecht[130]. Seit Beginn der 80er Jahre haben die Länder auch Gesetze über privaten Rundfunk erlassen; ihren vom BVerfG eingeräumten Entscheidungsspielraum bei der Bestimmung einer dem Privatrundfunk vorzugebenden Organisationsform haben sie dabei unterschiedlich genutzt. In keinem Fall wurde ein binnenplurales Modell nach Art der öffentlich-rechtlichen Anstalten gewählt; das Spektrum reicht vielmehr von Konzeptionen mit binnenpluralistischen Zügen bis solchen, die eine weitgehend wettbewerbliche Ordnung des privaten Rundfunks zulassen[131].

---

129 Grundlegend BVerfGE 47, 46 (78); 49, 89 (126); für das Rundfunkrecht BVerfGE 57, 295 (319 f.). Allgemein zur *Wesentlichkeitstheorie*: *Hermes*, Der Bereich des Parlamentsgesetzes (1988).

130 [Die zitierten Gesetze sind auch abgedruckt bei *Ring*, Medienrecht, Bd. III, Teil C: Rundfunkrecht]: Bayerisches Rundfunkgesetz i.d.F.d.Bek. v. 26.9.1973 (GVBl. S. 563); Gesetz über den Hessischen Rundfunk vom 2.10.1948 (GVBl. S. 123); Staatsvertrag über den Norddeutschen Rundfunk v. 17./18. Dezember 1991 (Hamburg: ZustimmungsG. v. 10.3.1992 [GVBl. S. 39 ff.]; Gesetz die Errichtung und die Aufgaben einer Anstalt des öffentlichen Rechts - Radio Bremen v. 18.6.1979 (Brem. GBl. S. 245); Rundfunkgesetz für das Saarland v. 11. 8. 1987 (Amtsbl. S. 1005); Gesetz über die Errichtung einer Rundfunkanstalt »Sender Freies Berlin« i.d.F.d.Bek. v. 5.12.1974 (GVBl. 1975, S. 146); Vorschaltgesetz zur Neuordnung des Rundfunks in Brandenburg (GVBl. Brandenburg 1991 v. 6.11.1991, S. 384ff.), Gesetz über den »Rundfunk Brandenburg« (GVBl. Brandenburg 19.11.1991, S. 472 ff.; Gesetz Nr. 1096 (Rundfunkgesetz Süddeutscher Rundfunk) v. 21.11.1950 (Reg.Bl. 1951, S. 1); Staatsvertrag über den Südwestfunk v. 27.8.1951 [Rheinland-Pfalz: GVBl. 1952, S. 71]; Gesetz über den Westdeutschen Rundfunk Köln i.d.F. v. 11.1.1988 (GV. NW. S. 27); Staatsvertrag über den Mitteldeutschen Rundfunk (MDR) v. 30.5.1991 [Sachsen: G v. 27.6.1991, GVBl. S. 169]; Staatsvertrag über die Errichtung der Anstalt des öffentlichen Rechts »Zweites Deutsches Fernsehen« (ZDF) v. 6.6.1961 [Zustimmungsgesetze der Länder, z.B. Hamburg G v. 23.1.1962 (GVBl. S. 5)]; Gesetz über die Errichtung von Rundfunkanstalten des Bundesrechts vom 29.11.1960 (Deutsche Welle, Deutschlandfunk) (BGBl. 1960, I,S. 862).

131 Einzelnachweis der Gesetze siehe oben, FN 25. Die Gesetze sind auch abgedruckt bei *Ring*, Medienrecht, Bd. III, C-VI].

Die Länder schlossen darüber hinaus am 3.4.1987 einen »Staatsvertrag zur Neuordnung des Rundfunkwesens« (Rundfunkstaatsvertrag'87)[132]; dieser Staatsvertrag enthält Regelungen über die Nutzung der Satellitentechnik durch öffentlich-rechtlichen und privaten Rundfunk, über den Umfang des Programmauftrages des öffentlich-rechtlichen Rundfunks für weitere Fernsehprogramme, über die Finanzierung des öffentlich-rechtlichen und privaten Rundfunks, Regelungen »zur Sicherung der Meinungsvielfalt« sowie Programmgrundsätze für bundesweit verbreiteten privaten Rundfunk, Jugendschutzregelungen für beide Systeme, Regelungen für die Weiterverbreitung bundesweit herangeführter inländischer und ausländischer Rundfunkprogramme, zur Aufsicht über privaten Rundfunk und dessen Finanzierung sowie Regelungen zum Gebührenrecht. Aus Anlaß der Einigung der deutschen Staaten wurde der Rundfunkstaatsvertrag '87 in den *Staatsvertrag über den Rundfunk im vereinten Deutschland* vom 31.8.1991 integriert, der - nach Billigung durch die Länderparlamente - am 1. Januar 1992 in Kraft getreten ist. Dieser Staatsvertrag besteht aus mehreren Teilen und enthält in Art. 1 den Rundfunkstaatsvertrag, in Art. 2 den »ARD-Staatsvertrag«, in Art. 3 den »ZDF-Staatsvertrag«, in Art. 4 und 5 Staatsverträge über Rundfunkgebühren und -finanzierung sowie in Art. 6 den sog. »Btx-Staatsvertrag«.

3. *Staatliche Aufsicht über den Rundfunk*

Das BVerfG hat in seinen Fernsehurteilen gefordert, der Rundfunk müsse einer »beschränkten staatlichen Rechtsaufsicht« unterworfen sein[133]. Die Mehrzahl der Rundfunkgesetze über den öffentlich-rechtlichen Rundfunk sowie alle Privatrundfunkgesetze sehen deshalb eine solche Rechtsaufsicht vor; die staatliche Rechtsaufsicht bezieht sich im öffentlich-rechtlichen Rundfunk unmittelbar auf die Tätigkeit der Rundfunkanstalten. Das Privatrundfunkrecht sieht durchweg vor, daß die zuständigen staatliche Instanzen lediglich eine beschränkte Rechtsaufsicht über die sogenannten »Landesmedienanstalten« ausüben, die ihrerseits eine - ihrer rechtlichen Konstruktion nach *nichtstaatliche*[134] - Aufsicht über private Rundfunkanstalten ausüben.
Soweit Vorschriften über staatliche Aufsicht in den Gesetzen über den öffentlich-rechtlichen Rundfunk nicht enthalten sind, wird ihre Zulässigkeit aus

132 [Abgedruckt bei *Ring*, Rundfunkrecht, Bd. III, C-0.1]; Zustimmungsgesetz z.B. Hamburg: GVBl. 1987, S. 195.
133 BVerfGE 12, 205 (261); 57, 295 (326).
134 BVerfGE 73, 118 (164).

allgemeinen Grundsätzen des Verwaltungsrechts geschlossen[135]. Die Zulässigkeit staatlicher Aufsicht über den Rundfunk im allgemeinen ist weithin unbestritten[136]; diskutiert werden die *Grenzen*, die dem Staat bei der Ausübung der Aufsicht gezogen sind: Das BVerfG selbst hatte aus dem Prinzip der Staatsfreiheit des Rundfunks eine »höchstens beschränkte staatliche Rechtsaufsicht« für zulässig, aber auch für notwendig gehalten. Beschränkt wird die staatlich Aufsicht nach übereinstimmender Ansicht durch das *Prinzip der Subsidiarität*: Staatliche Aufsicht darf erst dann eingreifen, wenn die durch die Landesrundfunkgesetze instituierten anstaltsinternen Kontrollgremien bzw. (die den privaten Rundfunk überwachenden) Landesmedienanstalten versagen. Einigkeit besteht auch darüber, daß staatliche Aufsicht über den Rundfunk nur *Rechtsaufsicht*, niemals aber Fachaufsicht sein kann; staatliche Instanzen dürfen also nur bei Verstößen gegen Rechtsnormen einschreiten, sind aber nicht zu Weisungen an Rundfunkanstalten oder Landesmedienanstalten berechtigt, die von *Zweckmäßigkeitserwägungen* geleitet sind. Zum Teil wird in der Literatur darüber hinaus die Ansicht vertreten, daß auch Rechtsaufsicht sich *nicht auf Programmfragen* beziehen dürfe[137]. Da die »Programmfreiheit« der Kern der Rundfunkfreiheit[138] ist, erscheint diese Ansicht konsequent. Einzuräumen ist indes, daß die Abgrenzung des Programms von dem Bereich, der nicht zum Programm gehört, Probleme bereiten kann; auch Personalfragen und Finanzen können erhebliche, wenn auch eher mittelbare Auswirkungen auf das Programm haben[139].

In praktischer Hinsicht ist zu vermerken, daß das Instrument (förmlicher) staatlicher Aufsicht in der Vergangenheit selten zum Einsatz gekommen ist[140]. Dies erübrigte sich auch deshalb, weil den anstaltsinternen Aufsichtsgremien der öffentlich-rechtlichen Anstalten Mitglieder politischer Parteien

---

135 Vgl. dazu ausführlich *Hesse*, Rundfunkrecht, S. 127.

136 *Maunz*, BayVBl. 1977, 526.

137 *Leibholz*, Grenzen der staatlichen Rechtsaufsicht, S. 340; *Scharf*, Aufsicht bei Funk und Fernsehen, S. 103 (110).

138 BVerfGE 59, 231 (258); 35, 202 (223).

139 *Hesse*, Rundfunkrecht, S. 132.

140 Beispiele bei *Hesse*, Rundfunkrecht, S. 127: VG Mainz, UFITA 86 (1980), S. 330: Beanstandung einer Sendung des ZDF-Magazins durch die SPD-geführte hessische Landesregierung, in der der SPD-geführten niedersächsischen Landesregierung vorgeworfen wurde, sie habe einen Hochschullehrer, dem Beziehungen zur terroristischen Szene nachgesagt wurden, nicht rechtzeitig aus dem Dienst entfernt. VG Karlsruhe, ZUM 1986, 209; VGH Mannheim, ZUM 1986, 295; VG München, ZUM 1986, 206; VGH München, ZUM 1986, 208: Diese Entscheidungen betreffen Verfügungen von Landesregierungen, mit denen dem Südwestfunk und dem Bayerischen Rundfunk die Beteiligung am Satellitenprogramm der ARD »Eins Plus« untersagt werden sollte, um den privaten Veranstaltern den Start zu erleichtern.

angehören, die Beanstandungen dort vorbringen können, ohne daß diese in den Verdacht förmlicher staatlicher Einflußnahme geraten könnte.
Den öffentlich-rechtlichen Rundfunkanstalten und den Landesmedienanstalten steht gegen Aufsichtsmaßnahmen der zuständigen Landesbehören ggf. der Rechtsweg zu den Verwaltungsgerichten offen[141].

4. *Staatlicher Einfluß bei der Zuteilung terrestrischer Frequenzen*

Ein wesentliches Einfallstor für unmittelbare staatliche Einflußnahme auf den Rundfunk ist bis heute das Verfahren der Zuteilung terrestrischer Funkfrequenzen, insbesondere deren Aufteilung zwischen öffentlich-rechtlichen Rundfunkanstalten einerseits und privaten Veranstaltern andererseits[142].
Zwischen den öffentlich-rechtlichen Rundfunkanstalten hatten sich inhaltliche und prozedurale Regeln sowie organisatorische Strukturen herausgebildet, die sowohl nationale (Vor-)Entscheidungen über den jeweiligen Anteil der Rundfunkanstalten an den Übertragungskapazitäten als auch (Vor-)Entscheidungen über Standorte und Leistungen der einzelnen Sender ermöglichten[143]. Die Koordinierung der »kulturrechtlichen« Aspekte von Kapazitätsverteilungsentscheidungen zwischen den Bundesländern erfolgte im Rahmen der Konferenz der Medienreferenten der Landesregierungen, die die Koordinierungsentscheidungen der Chefs der Staats und Senatskanzleien bzw. der Ministerpräsidentenkonferenz vorbereitete[144].
Der zwischen öffentlich-rechtlich organisierten und privaten Rundfunkveranstaltern entstandene Wettbewerb hat sich auch auf die Verteilung von Übertragungskapazitäten sowie die Festlegung von Senderstandorten und -leistungen ausgewirkt. Der »Staatsvertrag über den Rundfunk im vereinten Deutschland« erkennt an[145], daß »die Vereinigung Deutschlands und die fortschreitende Entwicklung des dualen Rundfunksystems« es »erforderlich« macht, die »bisherige Frequenzaufteilung und -nutzung umfassend zu überprüfen«. Alle Länder erklären darin »die Absicht, festgestellte Doppel- oder Mehrfachversorgungen abzubauen, um zusätzliche Übertragungsmöglichkeiten für private Veranstalter [...] zu gewinnen«.

---

141 Vgl. dazu *Rüggeberg*, UFITA Bd. 81, (1988), S. 109 ff.
142 Vgl. dazu *Eberle*, Rundfunkübertragung; *Scherer*, Frequenzverwaltung zwischen Bund und Ländern; *Papier*, Aufgaben der Deutschen Bundespost bei der terrestrischen Rundfunkversorgung.
143 *Scherer*, Frequenzverwaltung zwischen Bund und Ländern, (1987), S. 50
144 *Scherer*, Frequenzverwaltung zwischen Bund und Ländern, S. 18. Scherer nennt als Beispiel die Vorbereitung von Regeln über die Einspeisung von Rundfunkprogrammen in Breitbandkabel-Verteilnetze.
145 Art. 1, Rundfunkstaatsvertrag, Präambel.

Der Wettbewerb mit privaten Veranstaltern und die vom BVerfG den öffentlich-rechtlichen Rundfunkanstalten zugesprochene *Bestands- und Entwicklungsgarantie* hat diese indes veranlaßt, unter Hinweis auf ihre »Grundversorgungsaufgabe« eine Politik der Programmausweitung zu betreiben und zu diesem Zwecke auch neue Funkfrequenzen einzufordern[146]. Insbesondere bei den Landesregierungen, die der Entwicklung einer wettbewerblichen Rundfunkordnung eher skeptisch gegenüberstehen, sind sie dabei auch auf Unterstützung getroffen, indem ihnen durch Landesgesetz oder Rechtsverordnung der Landesregierung neue Frequenzen zugewiesen wurden[147]. Den für die Zulassung von privaten Rundfunkanstalten zuständigen Landesmedienanstalten blieb - und bleibt - z.T. dann nur noch die Möglichkeit, über die Zuteilung der Frequenzen an private Veranstalter zu entscheiden, die von den Staatskanzleien nicht für die »Grundversorgung« durch die öffentlich-rechtlichen Anstalten als erforderlich erachtet wurden[148]. Diese Praxis hat z.T. auch Eingang in die Runfunkgesetzgebung gefunden: Während das Saarländische Rundfunkgesetz (§ 67 Abs. 2) auch die Kompetenz zur Neuzuweisung von Frequenzen an öffentlich-rechtliche Rundfunkanstalten, der - staatsfreien - Landesanstalt für das Rundfunkwesen zuweist, sieht z.B. das »Gesetz über privaten Rundfunk in Sachsen-Anhalt« (§ 2) vor, daß »die zuständige oberste Landesbehörde [...] mit Zustimmung des

---

146 Die unabhängige *Monopolkommission* weist kritisch darauf hin, daß die Bestands-, Entwicklungs- und Finanzierungsgarantie von den öffentlich-rechtlichen Anstalten zur Ausweitung der Programme im Sinne einer *Höchstversorgung* genutzt worden sei (vgl. *Monopolkommission*, Hauptgutachten 1988/89, »Wettbewerbspolitik vor neuen Herausforderungen, Nr. 660 sowie *dies.*, Hauptgutachten 1990/91, »Wettbewerb oder Industriepolitik«, Nr. 790); im gleichen Sinne *Möschel*, NZZ, 17. April 1991, S. 21 sowie *ders.* in: Festschrift für Alfred-Carl Gaedertz zum 70. Geburtstag, S. 431.

147 Vgl. z.B. § 3 Gesetz über den »Westdeutschen Rundfunk Köln« - WDR - Gesetz- und § 3 Landesrundfunkgesetz Nordrhein-Westfalen.

148 Von den Direktoren der deutschen Landesmedienanstalten wurden deshalb auch die Pläne kritisch bewertet, das bisherige bundesweite Programm Deutschlandfunk sowie RIAS 1 und DS-Kultur zu einem neuen, nationalen Hörfunk zusammenzufügen: Das neue öffentlich-rechtliche, nationale Hörfunkprogramm werde als »neuer Bedarfsträger auftreten und zu Lasten der privaten Veranstalter zusätzlich Frequenzen über die derzeit genutzten hinaus reklamieren.« (FUNK-Korrespondenz 50/1991, S.9). Der Verband Privater Rundfunk und Telekommunikation (VPRT) beklagte, daß der öffentlich-rechtliche Rundfunk bei der Neuverteilung der Frequenzen in den neuen Bundesländern zu Lasten des privaten Rundfunks bevorzugt worden sei. Die »politischen Instanzen« hätten sich bei der Frequenzverteilung nahezu ausnahmslos an den »Maximalforderungen« der öffentlich-rechtlichen Anstalten gegenüber der Deutschen Bundespost Telekom orientiert. Soweit die Landesmedienanstalten Grundnetzfrequenzen für den privaten Rundfunk zugewiesen bekommen hätten, seien diese erst mittelfristig sendebereit, weil die Senderstandorte noch auf- oder ausgebaut werden müßten oder militärisch genutzt würden. Innerhalb eines 200 km breiten Streifens entlang der ehemaligen deutsch-deutschen Grenze seien die Programme der ARD wegen »Überversorgung« jetzt von mindestens zwei Standorten aus zu empfangen. (FUNK-Korrespondenz 4/1992, S. 9f.).

Ausschusses für Kultur und Medien« darüber entscheidet, ob freie Übertragungsmöglichkeiten von öffentlich-rechtlichen oder privaten Veranstaltern genutzt werden können. Für Programme »öffentlich-rechtlicher Rundfunkanstalten« sind danach »Übertragungsmöglichkeit vorrangig« zur Verfügung zu stellen[149].

Ob dieses Verfahren mit dem Gebot der »Staatsfreiheit des Rundfunks« vereinbar ist, erscheint sehr zweifelhaft: Das Bundesverfassungsgericht hat in seinem 6. Rundfunkurteil[150] die Regelung über die Zuordnung von Übertragungskapazitäten im Landesrundfunkgesetz Nordrhein-Westfalen unter Hinweis auf das »Gebot der Staatsfreiheit« für verfassungswidrig erklärt. Mit der Zuordnung von Übertragungskapazitäten, so das Gericht, seien zwar keine unmittelbaren staatlichen Einflüsse auf die Programmgestaltung verbunden. Die Regierung entscheide vielmehr über den Anteil, mit dem öffentlich-rechtliche und private Veranstalter im Gesamtprogramm zum Zuge kämen. Das Gebot der Staatsfreiheit stehe jedoch auch *mittelbaren* staatlichen Programmeinflüssen entgegen; es verbiete im übrigen nicht nur eine Einflußnahme der Exekutive, sondern auch der Legislative. Es bedürfe daher einer »allgemeinen gesetzlichen Festlegung von Kriterien, nach denen die Zuordnungsentscheidungen durch Landesregierung oder Landesmedienanstalt zu treffen« sei. Das Gericht hat das Gebot der Staatsfreiheit damit sehr großzügig und »regierungsfreundlich« ausgelegt[151]. Die Beteiligung von Landesregierungen an Frequenz-Zuordnungsentscheidungen ist im Grunde überhaupt nicht erforderlich, weil die Landesmedienanstalten als »staatsfreie« Anstalten des öffentlichen Rechts für diese Aufgaben zur Verfügung stehen[152].

---

149 In Sachsen-Anhalt sollen danach insgesamt zwei private Fernsehanbieter die Zulassung für terrestrische Frequenzen erhalten; den Zuschlag erteilt die Versammlung des Landesrundfunkausschusses in eigener Zuständigkeit. Am 1. Juli 1992 hat der Sender SAT 1 als erster privater Fernsehveranstalter eine terrestrische Fernsehfrequenz in einem neuen Bundesland erhalten (FUNK-Korrespondenz 28/1992, S. 7). Die Verfahren zur Vergabe von terrestrischen Fernsehfrequenzen an private Veranstalter haben im Sommer 1992 auch in Thüringen, Sachsen, Mecklenburg-Vorpommern und Berlin begonnen; die Vergabe von Hörfunkfrequenzen war in Sachsen-Anhalt und Thüringen schon abgeschlossen (FUNK-Korrespondenz 28/1992, S. 8 f.).

150 BVerfGE 83, 238 (248) [= NJW 1991,898 (906)].

151 Kritisch zum »frequenzrechtlichen« Teil des Verfassungsgerichtsurteils auch FUNK-Korrespondenz 5/1992, 14: »Offensiv statt resignativ. Über Möglichkeiten und Grenzen bei der praktischen Gestaltung von Rundfunkrecht« (Bericht über eine Tagung der Hamburger Akademie für Publizistik mit Beiträgen der Medienrechtler Hoffmann-Riem, Stock, Berg und Fiedler); *Stock*, Media-Perspektiven 1991, (140).

152 Diese Lösung wurde z.B. in § 6 RGMV und § 28 SVBB gewählt: Die Zuständigkeit für die Frequenzzuteilung liegt danach bei der Landesrundfunkzentrale/Medienanstalt Berlin-Brandenburg. § 7 Abs. 1 SVBB statuiert in beispielhafter Form einen Katalog abstrakter Kriterien, anhand derer die Frequenzzuteilung vorzunehmen ist:
»..1. Die Sicherung der Grundversorgung mit Rundfunk.

II. *Öffentlich-rechtliche Rundfunkanstalten: Prinzipien der Rundfunkorganisation*

Der öffentlich-rechtlich Rundfunk in Deutschland ist - nach dem 2. Weltkrieg - in einer Zeit gegründet worden, in der - angesichts der historischen Erfahrungen - auf eine Sicherstellung der *Staatsfreiheit des Rundfunks* Wert gelegt wurde; andererseits war die Zahl der damals zur Verfügung stehenden technischen Übertragungsmöglichkeiten knapp und auch die wirtschaftliche Lage Deutschlands nach dem 2. Weltkrieg legte es nicht unmittelbar nahe, auf das baldige Entstehen einer wettbewerblich ausgerichteten Rundfunkordnung zu vertrauen. Infolgedessen wurde die Rundfunkfreiheit »vergesellschaftet«[153], indem öffentlich-rechtliche Rundfunkanstalten gegründet wurden, die trotz ihres Status als »öffentlich-rechtliche Anstalten«[154] aus der staatlichen Verwaltung ausgegliedert und der *internen* Aufsicht eines sog. »Rundfunkrats« unterworfen wurde, in dem alle sog. »gesellschaftlich relevanten Gruppen« vertreten waren.

1. *»Treuhandbindungen« des öffentlich-rechtlichen Rundfunks*

Der »binnenpluralen« Organisation« der öffentlich-rechtlichen Rundfunkanstalt entspricht in materiellrechtlicher Hinsicht ihr umfassender »Programmauftrag«, der - verfassungsrechtlich legitimiert - Eingang in alle Gesetze über den öffentlich-rechtlichen Rundfunk gefunden hat. Der öffentlich-rechtliche Rundfunk unterliegt darüber hinaus einem umfassenden Katalog von *hoheitlichen Programmanforderungen.*

a) Der »Programmauftrag« der öffentlich-rechtlichen Rundfunkanstalten hat eine *gegenständliche* und eine *modale* Seite: In gegenständlicher Hinsicht verpflichtet er die öffentlich-rechtlichen Anstalten zur Erfüllung des »klassi-

---

2. Die Vielfalt des Programmangebots unter Vermeidung von Doppelversorgung.
3. Die Berücksichtigung spezifischer landesweiter, regionaler oder lokaler Belange.
4. Die Bedeutung der Übertragungskapazität für die Empfangbarkeit der Programme innerhalb der für sie bestimmten Versorgungsgebiete.
5. Die Füllung von Versorgungslücken.«

Die Zuordnung der Frequenzen muß die *Bestands- und Entwicklungsgarantie des öffentlich-rechtlichen Rundfunks* und dem *Ausbau und die Fortentwicklung eines privaten Rundfunksystems*, vor allem in technischer und programmatischer Hinsicht, ermöglichen. Dazu sollen den privaten Veranstaltern ausreichende Sendekapazitäten zur Verfügung gestellt und angemessene Einnahmequellen erschlossen werden.

153 *v. Mangoldt/Klein/Starck*, Art. 5 RN 68.

154 Vgl. dazu die Anmerkungen oben, FN 9.

schen Aufgabentrias«, also zu Sendungen, die der »Information, Bildung und Unterhaltung«[155] dienen; regionale öffentlich-rechtliche Sender werden darüber hinaus z.B. »zur Rücksichtnahme auf die regionale Gliederung und kulturelle Vielfalt des Sendegebiets« verpflichtet[156], zur Förderung der regionalen Identität der norddeutschen Länder[157] oder - neuestens - zur Förderung des Zuammenwachsens der alten und neuen Bundesländer[158]. In *modaler* Hinsicht ist das wichtigste Postulat das der *Ausgewogenheit und gleichgewichtigen Vielfalt der Programme* der öffentlich-rechtlichen Anstalten. »Ausgewogenheit« bedeutet dabei, daß »die bedeutsamen politischen, weltanschaulichen und gesellschaftlichen Kräfte und Gruppen aus dem Sendegebiet im Programm angemessen zu Wort kommen« müssen, daß »das Programm nicht einseitig einer Partei oder Gruppe, einer Interessengemeinschaft, einem Bekenntnis oder einer Weltanschauung« dienen und »die Auffassungen der wesentlich betroffenen Personen, Gruppen oder Stellen angemessen und fair berücksichtigt« werden[159].

b) Der Katalog der Ziele und Rechtsgüter, deren Förderung, Schutz oder jedenfalls Achtung dem öffentlich-rechtlichen Rundfunk bei der Erfüllung seines Programmauftrags auferlegt wurde, ist umfangreich: Die Programme des öffentlich-rechtlichen Rundfunks haben »die Würde des Menschen zu achten und zu schützen«, sollen die Achtung vor Leben, Freiheit und körperlicher Unversehrtheit, vor Glauben und Meinung anderer stärken«, die »sittlichen und religiösen Überzeugungen der Bevölkerung achten«, »die internationale Verständigung fördern«, »zum Frieden und zur sozialen Gerechtigkeit mahnen«, »die demokratischen Freiheiten verteidigen«, »zur Verwirklichung der Gleichberechtigung von Männern und Frauen beitragen«, die »freiheitlich demokratische Grundordnung« achten oder »die Zusammengehörigkeit im vereinten Deutschland födern«[160]. Neben diesen Schutz- und Förderungspflichten gelten für den öffentlich-rechtlichen Rundfunk *allgemeine journalistische Handwerksregeln*, wie sie zum Teil aus dem Presserecht bekannt sind[161]. In der Praxis sind darüber hinaus die *Drittsendungsrechte*

---

155 Vgl. z.B. § 4 Abs. 2 S. 2 WDR-G.
156 § 4 Abs. 3 WDR-G.
157 § 5 Abs. 2, 3 NDR-Staatsvertrag.
158 § 7 Abs. 2 NDR-Staatsvertrag.
159 So sehr ausführlich § 8 NDR-Staatsvertrag.
160 Vgl. z.B. § 5 ZDF-Staatsvertrag; zu hoheitlichen Programmanforderungen an öffentlich-rechtliche Programme im allgemeinen vgl. *Bosman*, Rundfunkfreiheit und Programmgrundsätze (1985).
161 Zum Beispiel ist der WDR (§ 5 Abs. II WDR-G) »der Wahrheit verpflichtet«, soll »die Nachrichtengebung [...] allgemein, unabhängig und sachlich sein«, sind »Nachrichten

von politischen Parteien und Kirchen von Bedeutung: Insbesondere die Vorschriften über Wahlwerbesendungen politischer Parteien boten in der Vergangenheit häufig Anlaß für Auseinandersetzungen vor Gerichten[162].

2. *Binnenplurale Organisation des öffentlich-rechtlichen Rundfunks*

a) *Aufsicht durch Rundfunkrat*

»Programmauftrag« und »Gebot der Ausgewogenheit« stehen in eimen engen sachlichen Zusammenhang zur »binnenplurale Organisation« der öffentlich-rechtlichen Rundfunkanstalten: Bei der Überwachung und Durchsetzung dieser Grundsätze - sowie des »Programmrechts« im allgemeinen - steht bei den öffentlich-rechtlichen Anstalten die sogenannte primäre, öffentliche Aufsicht durch interne, pluralistisch zusammengesetzte Gremien im Vordergrund. Diese Aufsichtsgremien sind Organe der öffentlich-rechtlichen Anstalt; ihre Aufsichtsfunktion schließt die Befugnis zur Rechtsaufsicht anhand des staatlichen Programmrechts sowie die Kompetenz, dieses Programmrecht durch Richtlinien zu konkretisieren, ein[163]. Diese »Rundfunkräte« haben die »Macht, die für die Programmgestaltung maßgeblichen und mitentscheidenden Kräfte darauf zu kontrollieren und dahin zu korrigieren, daß den im Gesetz genannten Grundsätzen [...] Genüge getan wird«[164], ihnen kommt m.a.W. ein *positiver Einfluß auf die Programmgestaltung* zu.
Konstruktiv ist entscheidend, daß es sich bei Aufsichtsmaßnahmen der internen Rundfunkräte nicht um fremde, hoheitliche Eingriffe handelt sondern um »Selbstkontrolle«: In den verfassungsrechtlichen Kategorien des Art. 5 Abs. 1 S. 2 GG ist die Tätigkeit der Rundfunkräte also keine Frage der *Beschränkung* sondern - im Gegenteil - der Verwirklichung der aufgrund der Sondersituation des Rundfunks »vergesellschafteten« Rundfunkfreiheit[165]. Die Aufsichtsgremien sollen durch ihre Aufsichtstätigkeit am Maßstab des Programmrechts gewährleisten, daß die den öffentlich-rechtlichen Rundfunkanstalten treuhänderisch anvertraute Rundfunktätigkeit im Interesse der Allgemeinheit ausgeübt

---

vor ihrer Verbreitung mit der nach den Umständen gebotenen Sorgfalt auf Inhalt, Herkunft und Wahrheit zu prüfen« sowie »Nachrichten und Kommentare zu trennen«.

162 Grundlegend BVerfGE 14, 121 (132); im einzelnen vgl. *Fuhr*, ZDF-Staatsvertrag, Kommentar, § 6.

163 Die Rechtsaufsichtsfunktion der Gremien ist meist ausdrücklich hervorgehoben, vgl. z.B. § 9 SWF-Staatsvertrag, § 18 NDR-Staatsvertrag, § 16 WDR-Gesetz und Art. 6 BayRG.

164 BVerfGE 12, 205 (262).

165 So schon BVerfGE 12, 205 (260 ff.); *Kewenig*, Zu Inhalt und Grenzen der Rundfunkfreiheit, S. 123; *Hesse*, DÖV 1986, 177 (185).

wird. Die materiellrechtliche Konkretisierung der treuhänderischen Bindung der öffentlich-rechtlichen Rundfunkanstalten bildet das Programmrecht[166]. Abgesehen von den Kompetenzen in Programmfragen stehen den Rundfunkräten auch Befugnisse im Bereich *Personal und Haushalt* zu: Diese wählen nicht nur den Intendanten; im allgemeinen bedürfen auch wichtige Personalentscheidungen des Intendanten der Zustimmung der Rundfunkräte. Darüber hinaus muß der jährliche Haushaltsplan durch die Rundfunkräte festgestellt werden. Die Aufsicht über das Finanzwesen der Anstalt im besonderen obliegt dem dritten Organ der öffentlich-rechtlichen Rundfunkanstalten, den *Verwaltungsräten*.

b) *Intendant*

Zu den Kompetenzen des Rundfunkrats zählt auch *Wahl des Intendanten*. Dieser wird für einen begrenzten Zeitraum gewählt. Er vertritt die Rundfunkanstalt einerseits im Rechtsverkehr[167], andererseits leitet er die Rundfunkanstalt und trägt die Programmverantwortung[168]. Zu diesem Zwecke hat er - im Rahmen der Rundfunkgesetze - das Recht zur *Organisation der Anstalt*; als zweites Mittel der Anstaltsleitung hat er die Kompetenz zur *Personalauswahl*, die vor allem für die Programmgestaltung von erheblicher Bedeutung ist. Schließlich steht ihm noch ein umfassendes Weisungsrecht zu, d.h. eine Befugnis zu Sachentscheidungen, im Programmbereich zur Durchsetzung der Programmgrundsätze[169]. Das Verhältnis von Rundfunkrat und Intendant ist in den Rundfunkgesetzen nicht völlig eindeutig geregelt. Infolgedessen gibt es in der Literatur eine Gruppe von Autoren, die dem Rundfunkrat von »programmgestaltenden« Funktionen nicht ausschließen will, da er »Inkarnation der institutionellen Rundfunkfreiheit« sei und sich in ihm das »Konzert vielen Stimmen« wiederspiegele[170]; andere verweisen auf die »klare

166 *Bosman*, Rundfunkfreiheit und Programmgrundsätze, S. 20.

167 Art. 12 Abs. 2 BayRG; § 16 Abs. 2 HR-G; § 29 Abs. 3 NDR-StV; § 27 Abs. 2 LRG Saarland; § 11 Abs. 2 SFB-S; § 8 Abs. 3 SDR-S; § 14 Abs. 2 SWF-StV; § 25 Abs. 2 WDR-G; § 20 Abs. 1 S. 1 ZDF-StV.

168 Art. 12 Abs. 2 BayRG; § 16 Abs. 3 HR-G; § 29 Abs. 5 NDR-StV; § 27 Abs. 1 LRG Saarland; § 11 Abs. 1 SFB-S; § 8 Abs. 4,5 SDR-S; § 14 Abs. 1 SWF-StV; § 25 Abs. 1 WDR-G; §§ 20 Abs. 1 S. 2, 22 Abs. 1 ZDF-StV.

169 Im einzelnen zu den Kompetenzen des Indendanten vgl. *Hesse*, Rundfunkrecht, S. 109 ff.

170 In diesem Sinne *Ossenbühl*, Programmnormen im Rundfunkrecht, ; ähnl. *Ricker*, Die Kompetenzen der Rundfunkräte im Programmbereich, S. 32 ff; *Cromme*, NJW 1985, 351 (356).

Funktionsverteilung«, wonach dem Intendanten die Programm*gestaltung*, dem Rundfunkrat die *Kontrolle* obliege[171].

c) *Verwaltungsrat*

Als drittes Organ der öffentlich-rechtlichen Anstalten - und als zweites Kontrollgremium - konstituieren die Rundfunkgesetze den *Verwaltungsrat*, dessen Aufgabe es ist, die Geschäftsführung des Intendanten außerhalb der Programmgestaltung zu überwachen[172]; obwohl sich seine Tätigkeit vorrangig auf wirtschaftliche und technische Frage erstreckt, haben seine Entscheidungen oft mittelbaren Einfluß auf die Programmgestaltung. Der Verwaltungsrat setzt sich im allgemeinen aus sechs bis neun Mitgliedern zusammen,die überwiegend - oder ausschließlich - vom Rundfunkrat gewählt werden; einzelne Rundfunkgesetze sehen im Verwaltungsrat daneben Sitze für Vertreter der Beschäftigten der Rundfunkanstalt, aber auch Sitze für Vertreter der staatlichen Seite vor. Die Mitgliedschaft von Vertretern des Staates ist mit dem Gebot der Staatsfreiheit in der Praxis nicht immer in Einklang zu bringen[173].

3. *Programmkoordination zwischen öffentlich-rechtlichen Anstalten*

Das gezeigte Zusammenspiel von Programmrecht und »gruppenpluraler« Organisation der Anstaltsaufsicht zielt - seinem theoretischen Konzept nach - auf ein »intern ausgewogenes Programm« der einzelnen öffentlich-rechtlichen Anstalten. Das Konzept der »regulativ hergestellten Vielfalt« wurde fortgeschrieben durch die Statuierung von »Kontrastpflichten«, die dem Zweiten Deutschen Fernsehen (ZDF) auferlegt wurden, um Zuschauern die Wahl zwischen zwei inhaltlich verschiedenen Programmen zu ermöglichen[174]. Zum Zwecke der »Programmkoordinierung« zwischen den öffentlich-rechtlichen Rundfunkanstalten haben diese deshalb ein Programmschema ausgearbeitet, dessen Einzelheiten durch Vertreter dieser Anstalten monatlich abgestimmt

---

171 *Hoffmann-Riem*, RuF 1978, 111 (124); *Berg*, Media Perspektiven 1987, 737 (740); *Hesse*, Rundfunkrecht, S. 120 f.

172 Art. 10 BayRG; § 15 HR-G; § 24 NDR-StV; § 10 RB-G; § 21 LRG Saarland; § 7 Abs. 4 SDR-S; § 12 As. 1 SWF-StV; § 21 Abs. 1 WDR-G; § 16 Abs. 2 ZDF-StV.

173 BayVfGHE n.F. 42, 11; VG Hamburg, DVBl. 1980, S. 491; *Hesse*, Rundfunkrecht, S. 122 f.

174 § 22 IV ZDF-Staatsvertrag: »Der Intendant hat durch Zusammenarbeit mit den für das Erste Fernsehprogramm Verantwortlichen darauf hinzuwirken, daß die Fernsehteilnehmer der Bundesrepublik zwischen zwei inhaltlich verschiedenen Programmen wählen können.«

werden[175]. Die Programmkoordinierung funktioniert indes nicht uneingeschränkt; die teilweise Werbefinanzierung der öffentlich-rechtlichen Anstalten veranlaßt diese mitunter dazu, mit anderen öffentlich-rechtlichen Anstalten in *Programmkonkurrenz* zu treten und dabei ihre staatsvertraglichen Koordinierungspflichten zu vernachlässigen[176].

4. *Probleme und Zukunft des »öffentlich-rechtlichen« Modells*

Die »binnenplurale Organisation« der öffentlich-rechtlichen Rundfunkanstalten und die ihnen auferlegte »interne Programmausgewogenheit« war eine in der deutschen Nachkriegszeit gewählte *Notlösung*, als man noch nicht daran dachte, daß sich eines Tages die Chance bieten würde, durch neue Techniken und eine allmähliche *Konvergenz der Medien*[177] die Knappheit der Kommunikationswege zu überwinden. Man sah sich deshalb gezwungen, die Rundfunkfreiheit an »Treuhänder« zu übergeben, deren Gemeinwohlbindung man durch Verbändekontrolle zu sichern suchte, da die Möglichkeit, Gemeinwohlzwecke durch Statuierung einer Wettbewerbsordnung zu verfolgen, insoweit technisch noch fernlag. In der Zwischenzeit gibt es durch Breitbandverkabelung und Satellitentechnik die Möglichkeit, Rundfunkprogramme in großer Zahl nicht nur aus dem Inland, sondern auch aus dem Ausland zu empfangen; individuelle Kommunikationsbedürfnisse können durch diese Techniken, ergänzt durch *Videokassetten*, die zur Miete oder zum Kauf angeboten werden oder durch *Pay-TV* unmittelbarer und effizienter befriedigt werden als durch »ausgewogene Programme« von Rundfunkanstalten, deren Gemeinwohlorientierung nicht durch ökonomische Faktoren, sondern durch *Verbändeherrschaft* gesichert werden soll. An der Effizienz der Gruppenkontrolle öffentlich-rechtlicher Anstalten ist vielfach Kritik geübt worden[178]; der Einfluß der Rundfunkräte auf eine zuschauergerechte Programmgestaltung wird von

---

175 Vgl. dazu Vereinbarung zwischen den in der ARD zusammengeschlossenen Landesrundfunkanstalten und der Anstalt Zweites Deutsches Fernsehen vom 3./5. 10. 1983, abgedruckt bei *Ring*, Medienrecht, C-V 3.11.1. Dazu *Hertel*, Die Programmkoordinierung der öffentlich-rechtlichen Rundfunkanstalten als kartellrechtliches Problem; *Kulka*, AfP 1985, 177 ff.; *ders.*, AfP 1986, 177; *Hoffmann-Riem*, Rundfunkrecht neben Wirtschaftsrecht, 46 ff.; *v. Wallenberg*, WuW 1991, 963, (965 ff.)

176 Ein Beispiel ist eine *»Programmoffensive«* des Zweiten Deutschen Fernsehens im Januar 1992: Das ZDF verlegte eine beliebte Unterhaltungsserie (»Diese Drombuschs«) in die Zeit der Hauptnachrichtensendung der ARD, die daraufhin große Zuschauereinbußen erlitt (vgl. FUNK-Korrespondenz 5/1992, S. 15).

177 Vgl. dazu *de Sola Pool*, Technologies of Freedom, 226 ff.; *Mestmäcker*, Medienkonzentration und Meinungsvielfalt S. 208 ff.

178 Vgl. *Ossenbühl*, DÖV 1977, 381; *Böckenförde/Wieland*, AfP 1982, 77 (84).

diesen selbst in Frage gestellt[179]. Ob eine »gruppenplurale Rundfunkorganisation«, wie sie bei den deutschen öffentlich-rechtlichen Rundfunkanstalten existiert, der »freien Meinungsbildung« in höherem Maße dienlich ist als eine Wettbewerbsordnung, ist vor diesem Hintergrund zweifelhaft. Bei denjenigen Gruppen, die in den Rundfunkräten vertreten sind, handelt es sich überwiegend um gesellschaftliche Großorganisationen, von denen man mit Recht sagt, daß sie für die Freiheit unter den gegenwärtigen Bedingungen gefährlicher sein können als der Staat. Die Vorstellung, man sichere eine vom Staat unabhängige, ausgewogene Meinungsbildung, indem man den in Betracht kommenden gesellschaftlichen Kräften Einfluß auf das Gesamtprogramm sichert, verkennt die Eigenart moderner Verbände und Organisationen ebenso wie deren Verhältnis zum Staat[180]. Großen, einflußreichen gesellschaftlichen Organisationen wird mit der Rundfunkkontrolle eine Aufgabe übertragen, deren Erfüllung in den Händen von Staatsorganen Zensur bedeutete[181]. Die Alternative besteht darin, die »Märkte für Rundfunkleistungen durch veränderte Rahmenbedingungen zu wirklichen Märkten zu machen«[182], in welchen der Abnehmer durch seine individuelle Kaufentscheidung das Angebot beeinflußt. Einem - ausschließlich gebührenfinanzierten - öffentlich-rechtlichen Rundfunk käme in einer solchen *offenen Rundfunkordnung* eine *kulturpolitische Komplementärfunktion* für solche publizistischen Leistungen zu, die der Wettbewerb privater Veranstalter nicht erbringen kann. Hierin, - und nicht im *substitutiven* Wettbewerb mit privaten Veranstaltern - liegen die Zukunftschancen des deutschen, öffentlich-rechtlichen Rundfunks[183]. Wenig Gewicht haben in diesem Zusammenhang die Argumente, die auf die schwache Stellung des öffentlichen Fernsehens in den Vereinigten Staaten hinweisen[184]. Im Gegensatz zu den Vereinigten Staaten ist die Position des öffentlich-rechtlichen Rundfunks rechtlich und finanziell gesichert; eine »Redefinition« seines Funktionsbereichs im Sinne eines *kulturpolitischen Auftrags* würde seine Stellung im dualen Rundfunksystem - langfristig gesehen - eher legitimieren als schwächen.

---

179 *Kepplinger*, Der Einfluß der Rundfunkräte, S. 453 (489).

180 *Mestmäcker*, In welcher Weise empfiehlt es sich, die Ordnung des Rundfunks und sein Verhältnis zu anderen Medien - auch unter dem Gesichtspunkt der Harmonisierung - zu regeln ? S. O 18.

181 *Mestmäcker*, aaO. (FN 180).

182 *Monopolkommission*, Hauptgutachten 1988/89: »Wettbewerbspolitik vor neuen Herausforderungen«, Nr. 676.

183 So auch die Vorschläge der *Monopolkommission*, Hauptgutachten 1984/85, Nr. 586.

184 *Hoffmann-Riem*, Kommerzielles Fernsehen - Rundfunkfreiheit zwischen ökonomischer Nutzung und staatlicher Regelungsverantwortung: das Beispiel USA, S. 116 ff.

III. *Privater Rundfunk: Prinzipien der Rundfunkorganisation*

1. *Die paradigmatische Bedeutung der Struktur öffentlich-rechtlicher Anstalten für die Ausgestaltung des Privatrundfunkrechts*

Für die Strukturen des deutschen Privatrundfunkrechts hatte die Struktur öffentlich-rechtlicher Rundfunkanstalten paradigmatische Bedeutung[185]. Das Bundesverfassungsgericht, an dessen Rechtsprechung sich die Ausgestaltung des Privatrundfunkrechts in allen wesentlichen Fragen zu orientieren hatte, entnahm der Struktur öffentlich-rechtlicher Anstalten materielle Ordnungsprinzipien für die Konkretisierung der Rundfunkfreiheit im allgemeinen.

2. *Vielfaltsanforderungen*

Das Gericht war von der »interner Ausgewogenheit und Vielfalt« der Programme der öffentlich-rechtlichen Anstalten ausgegangen, dessen Einhaltung durch die gruppenplurale Aufsichtsorganisation sichergestellt werde. Das »Vielfaltsgebot« hat das Gericht auf den privaten Rundfunk - unter Abmilderung auf einen »Grundstandard gleichgewichtiger Vielfalt« übertragen[186], wobei es den Landesgesetzgebern allerdings die Entscheidung überließ, den privaten Rundfunk - entsprechend der internen Struktur öffentlich-rechtlicher Anstalten »binnenplural« (mit der Verpflichtung zu »interner Ausgewogenheit« privater Programme) zu organisieren oder ein *außenpluralistisches* Modell zu wählen, in dem private Veranstalter ihr Programm eigenverantwortlich gestalten, *ohne* daß der einzelne Anbieter zur ausgewogenen Berichterstattung verpflichtet wäre[187]; die materielle Verpflichtung zur Ausgewogenheit bezieht sich in diesem Falle auf die Gesamtheit der Programme. Die Landesgesetzgeber haben von dieser Wahlmöglichkeit in beiden Richtungen Gebrauch gemacht und darüber hinaus ein »Mischmodell« entwickelt, in dem in der »Anlaufphase« interne Ausgewogenheit gefordert wird, später aber zu externer Vielfalt übergegangen werden soll.
Bei dem Begriff der »Ausgewogenheit« handelt es sich nach der Rechtsprechung des BVerfG um einen »Richt- und Annäherungswert«, der den *Landesmedienanstalten*, die als Aufsichtsinstanzen für privaten Rundfunk in allen deutschen Bundesländern gegründet wurden, als »Leitlinie« dient.

---

185 *Mestmäcker*, aaO. (FN 180).
186 BVerfGE 73, 118 (160); vgl. ferner *Ricker/Müller-Malm*, ZUM 1987, S. 208 ff.
187 BVerfGE 57, 295 (325).

3. *Hoheitliche Programmanforderungen*

Die Landesgesetzgeber haben von der vom BVerfG eingeräumten Gestaltungsfreiheit auch insofern Gebrauch gemacht, als sie auch im Privatrundfunkrecht gleiche oder ähnliche *hoheitliche Programmanforderungen* normiert haben wie in den Gesetzen für den öffentlich-rechtlichen Rundfunk: Ebenso wie dort statuiert eine Gruppe von Privatrundfunkgesetzen einen »Programmauftrag«[188], dessen Erfüllung in der Praxis zum Gegenstand von Zulassungsverfahren und laufender Programmkontrolle gemacht wird[189]. Wie im Recht der öffentlich-rechtlichen Anstalten findet sich daneben auch im Privatrundfunkrecht ein umfassender Katalog von Förderungs-, Schutz- oder jedenfalls Achtungspflichten zugunsten von Rechtsgütern oder politischer Ziele[190], »journalistischen Handwerksregeln«, Jugendschutzbestimmungen, Drittsendungsrechten zugunsten von Parteien und Kirchen sowie Eigenproduktionsquoten[191].

---

188 Vgl. z.B. § 11 LRG Nordrhein-Westfalen; § 17 BremLMG; § 14 II LRG SH.

189 Die Hamburgische Anstalt für Neue Medien (HAM) hat private Hörfunksender unter Hinweis auf den »Programmauftrag« z.B. dazu verpflichtet, den Wortanteil im Programm zu erhöhen: Das Programm habe tagsüber durchschnittlich 10 Minuten in der Stunde, mindestens aber 15 Prozent der Sendezeit »ein redaktionell gestaltetes, informatives Wortangebot (Nachrichten, Berichte, Service-Informationen)« zu enthalten. (Vgl. epd/Kirche und Rundfunk Nr. 77/78-1991, S. 18 sowie HA 25. 9. 1991, »Sprachlose Privatsender. HAM fordert mehr Wortanteile«). Es erscheint fraglich, ob solche *inhaltlichen* Programmfragen zum Gegenstand öffentlicher Aufsicht gemacht werden sollten: Wissen private Rundfunkveranstalter nicht besser als die Aufsichtsbehörde, mit welcher Programmgestaltung sie dem Publikumsgeschmack entsprechen? Vgl. dazu auch S. 92.

190 Vgl. zum Beispiel: *Sachlichkeit* (Art. IV S. 1 MEG; § 9 Abs. I S. 2 HbgMedG; § 11 Abs. II S. 2 HPRG; 3 13 Abs. II S. 2 NdsLRG; § 12 Abs. IV S. 2 LRG NRW; § 10 Abs. II S. 1 LRG RP; § 4 Abs. II S. 3 LRG Saarland; § 13 Abs. II S. 3 LRG SH; Art. 9 Abs. III S. 2 RfStV); *Achtung der sittlichen, religiösen und weltanschaulichen Überzeugungen der Bevölkerung* (§ 50 Abs. V LMG BW; Art. 4 Abs. V MEG; § 43 Abs. II KPPG Berlin; § 9 Abs. III HbgMedG; § 11 Abs. II S. 4 HPRG; § 13 Abs. II S. 3 LRG Nds.; § 12 Abs. IV S. 4 LRG NW; § 10 Abs. II S. 3,4 LRG RP; § 4 Abs. I S. 4 LRG Saarl; § 13 Abs. II S. 3 LRG slH; § 14 Abs. II BremLMG; § 9 Abs. III S. 4 RfStV); *Achtung der Menschenwürde* (§ 48 S. 1 LMG BW, Art. 4 Abs. 1 S. 2 MEG; § 41 Abs. 1 S. 2 KPPG Berlin; § 7 Abs. 2 S. 1 HbgMedG; § 11 Abs. 1 S.2 HPRG § 11 Abs. II Nr. 1 Nds. LRG; § 12 Abs. II S. 1 LRG NW; § 10 Abs. I S. 3 LRG RP; § 3 Abs. I LRG Saarl; § 12 Abs. II LRG SlH.; Art. 9 Abs. I S. 2 RfStV); *Bindung an die verfassungsmäßige Ordnung* (Art. Abs. I S. 1 MEG; § 41 Abs. I S. 1 KPPG Berlin; § 7 Abs. I S. 1 HbgMedG; § 12 Abs. I S. 1 LRG NW; § 10 Abs. I S. 2 LRG RP; § 12 I S. 1 LRG SlH); *Pflicht, die Zusammengehörigkeit im vereinigten Deutschland und den Gedanken der europäischen Verständigung zu fördern* (§ 12 III SächsPRG); *Pflicht, die internationale Verständigung zu fördern* (§ 12 Abs. II LRdfG NRW); *Pflicht, zum Frieden und zur sozialen Gerechtigkeit zu mahnen* (§ 79 Abs. II LRdfG NRW); *Pflicht, zur Verwirklichung der Gleichberechtigung von Männern und Frauen beizutragen* (§ 12 Abs. II LRdfG NRW).

191 Z.B. § 12 Abs. VI LRdfG NRW; § 12 TPRG. Kritisch zur Problematik der Drittsendungsrechte im Privatrundfunkrecht *Gabriel-Bräutigam*, ZUM 1991, 526.

4. *Aufsicht durch »Landesmedienanstalten«*[192]

Die Durchsetzung dieser programmrechtlichen Vorschriften - sowie die Entscheidung über die Zulassung privater Rundfunkveranstalter - ist in allen deutschen Bundesländern den sog. *Landesmedienanstalten* übertragen worden, deren Hauptorgan - als externe Kontrollinstanz - nach dem Muster der »gruppenplural« organisierten, anstaltsinternen »Rundfunkräte« der öffentlich-rechtlichen Anstalten organisiert ist.

Die aufsichtsführenden »Landesmedienanstalten« sind rechtsfähige Anstalten des öffentlichen Rechts. Sie wurden - ebenso wie die öffentlich-rechtlichen Rundfunkanstalten - aus dem staatlichen Verwaltungsaufbau ausgegliedert und mit einem Selbstverwaltungsrecht ausgestattet. Gleich den öffentlich-rechtlichen Rundfunkanstalten unterliegen sie - nicht aber die privaten Rundfunkveranstalter - einer - beschränkten - staatlichen Aufsicht. Der Tätigkeitsbereich der Landesmedienanstalten erstreckt sich auf die *Zulassung und laufende Kontrolle* privater Rundfunkveranstalter sowie auf die Entscheidung über die *Weiterverbreitung von andererorts veranstalteten Programmen in Kabelnetzen*. Keine Kompetenzen besitzen die Landesmedienanstalten gegenüber den öffentlich-rechtlichen Anstalten.

Die Landesmedienanstalten haben im allgemeinen zwei Organe; an der Spitze steht ein Exekutivorgan, das meist monokratisch, in manchen Fällen aber auch kollegial besetzt ist[193]. Das Hauptorgan der Anstalt ist meist als »Versammlungsmodell« nach dem Muster der Rundfunkräte der öffentlich-rechtlichen Anstalten »gruppenplural« zusammengesetzt.

Die Landesmedienanstalten entscheiden über die *Zulassung* privater Rundfunkveranstalter; daneben haben sie die Aufgabe einer *laufenden Programmkontrolle*. Um dieser Überwachungsfunktion gerecht zu werden, beobachten sie die Tätigkeit der privaten Veranstalter, insbesondere ihre Programmgestaltung. Dies geschieht in der Praxis wegen der Vielzahl der Programme durch Stichproben oder oder aus Anlaß von Beschwerden in einem konkreten Fall. Kommen die Landesmedienanstalten bei ihrer Kontrolle zu dem Ergebnis, daß ein Verstoß gegen die Programmnormen vorliegen, so können sie den Verstoß beanstanden und dem Veranstalter androhen, im Wieder-

---

192 Vgl. dazu im einzelnen *Wagner*, Die Landesmedienanstalten - Organisation und Verfahren der Kontrolle privater Rundfunkveranstalter in der Bundesrepublik Deutschland.

193 Die Terminologie ist in den Privatrundfunkgesetzen uneinheitlich: Die Rede ist sowohl vom Direktor (§ 17 Abs. 4 KPPG; § 38 Abs. 3 BremLMG; § 52 Abs.3 LMedG HH; § 38 Abs. 3 HPRG; § 25 LRG R.-P.; § 51 Abs. 3 LRG NRW; § 51 LRG SH), vom Präsidenten (Art. 9 Abs. 2 BayMEG), vom Geschäftsführer (§ 57 Abs. 2 LMedG BW) und auch vom Vorstand (§ 63 Nds. LRG; § 52 Abs. 4 LRG Saarland.

holungsfall die Rundfunkerlaubnis zu entziehen[194]. Daneben steht den Anstalten aber ein abgestuftes Sanktionenverfahren zur Verfügung, das vom *Auskunftsbegehren* über die *Beanstandung* bis zur Möglichkeit *Auflagen* zu erteilen oder *Bußgelder* aufzuerlegen reicht. In der Praxis hat sich *informelles Handeln* indes zum wichtigsten Aufsichtsinstrument entwickelt; mit rechtlichem Zwang ausgestattete Aufsichtsmittel werden nur als ultima ratio eingesetzt[195]. Als eine erheblich Ursache für diese informellen Kontrollpraktiken wird die Unbestimmtheit und Weite der Kontrollmaßstäbe genannt[196], da sich Unsicherheiten bei Auslegung und Subsumtion stets auch auf die Auswahl und den Einsatz von Kontrollinstrumenten auswirkten. Der hohe Anteil informellen Handelns bei der Aufsicht über privaten Rundfunk ist rechtlich nicht unbedenklich, da das BVerfG die Funktion der Landesmedienanstalten ausdrücklich auf Probleme der *Rechtsaufsicht* beschränkt hat: die Repräsentanz gesellschaftlicher Gruppen in den Landesmedienanstalten und ihr Einfluß auf das Rundfunkprogramm sei, so das Gericht, nicht mit dem Einfluß vergleichbar, der bei den öffentlich-rechtlichen Anstalten üblich sei. Den Landesmedienanstalten komme kein positiver Einfluß auf die Programmgestaltung zu. Ihre Funktion beschränke sich auf eine *repressive Programmkontrolle*, die erst jenseits der Grenze der Rechtsverletzung einsetzen könne; konkretisierende »Programmrichtlinien« könnten die Landesmedienanstalten nicht erlassen[197].

5. *Rechtsschutz gegen Entscheidungen der Landesmedienanstalten*[198]

Die Landesmedienanstalten gehören zwar nicht zum Bereich der Staatsverwaltung, sind aber dennoch Träger hoheitlicher Gewalt. Als solche sind sie durch die Landesmediengesetze ermächtigt, verbindliche Feststellungen und Anordnungen gegenüber privaten Rundfunkunternehmen zu treffen. Gegen derartige Verwaltungsakte (in Gestalt von [Nicht-]Zulassungsentscheidungen oder Aufsichtsmaßnahmen) können sich private Rundfunkunternehmen deshalb mit Widerspruch und Anfechtungsklage bei den Verwaltungsgerichten zur Wehr setzen. Dem Widerspruch können die Landesmedienanstalten in

194 § 32 Abs. 2 LMedG BW; § 49 KPPG;§ 12 Abs. 1 BremLMedG; § 9 Abs. 1 HPRG; § 28 Abs. 2 Nds. LRG; § 10 Abs. 1 LRG NRW; § 58 Abs. 2 LRG Saarland.

195 »policy of raised eyebrowes«, im einzelnen dazu *Wagner*, Landesmedienanstalten, S. 220 m.w.N.

196 *Wagner*, Landesmedienanstalten, S. 221 unter Hinweis auf *Hoffmann-Riem*, AÖR 109 (1984), S. 358 (362 ff.).

197 BVerfGE 73, 18 (170).

198 Vgl. dazu *Rüggeberg*, UFITA Bd. 81 (1988), S. 109 ff.

einem »Vorverfahren« selbst abhelfen[199], soweit dies nicht durch die Landesmediengesetze ausgeschlossen ist[200]; in diesem Fall haben die Verwaltungsgerichte sofort zu entscheiden. In der Praxis ist schon jetzt z.B. um Zulassungsentscheidungen[201] und Programmbeanstandungen der Landesmedienanstalten[202] vor den Verwaltungsgerichten gestritten worden.

199 § 73 Abs. 1 Nr. 2 und 3 Verwaltungsgerichtsordnung (VwGO).

200 Vgl. z.B. § 28 Abs. 3 Nds. LRG; § 34 Abs. 3 LRG SH; § 12 Abs. 3 KPPG Berlin.

201 Vgl. z.B. OVG Rheinland-Pfalz, DVBl. 332, vgl. dazu *Ronellenfitsch*, Verwaltungsarchiv 1991, 119, OVG Bremen, DVBl. 1991, 1270; OVG Berlin, DVBl. 1991, 1265.

202 Vgl. zuletzt Beanstandung einer Sendung von RTLplus durch den Niedersächsischen Landesrundfunkausschuß (FUNK-Korrespondenz 2/1992 sowie 5/1992, S. 11 f., ["Das Goldene Fließ und die Catchpenny-Drucke in Blei«]).

D. Meinungsvielfalt und Konzentrationsprozesse als Gegenstand von Rundfunkrecht und allgemeinem Wirtschaftsrecht

I. *Gesetzliche Anforderungen an Veranstalter von Rundfunk*

1. *Öffentlich-rechtliche Anstalten*

Die öffentlich-rechtlichen Veranstalter von Rundfunk in Deutschland sind Anstalten des öffentlichen Rechts und eine Arbeitsgemeinschaft öffentlich-rechtlicher Rundfunkanstalten.[203] Sie haben daher keine Inhaber, sondern lediglich Organe in Form des Intendanten, Rundfunkrates und Verwaltungsrates. Die öffentlich-rechtlichen Anstalten bedürfen einer öffentlich-rechtlichen Schaffung durch Gesetz oder Staatsvertrag zwischen den Länderregierungen.[204]

2. *Private Anbieter*

Private Anbieter bedürfen zur Veranstaltung von Rundfunk einer Zulassung nach Landesrecht, unabhängig davon, ob sie bundesweiten, regionalen oder lokalen Rundfunk veranstalten.[205] In allen Landesmediengesetzen werden die Zulassungsbedingungen näher bestimmt und die Zulassung zeitlich beschränkt, in der Regel auf eine Dauer von mindestens 5 und höchstens 10 Jahren mit Verlängerungsmöglichkeit. Die Rundfunkerlaubnis ist wie andere personengebundene Genehmigungen des Wirtschaftsverwaltungsrecht in allen Ländern nicht übertragbar.[206]

---

203 Vgl. dazu oben C. II. 2.

204 S. die Staatsverträge, die zur Bildung der Rundfunkanstalten in den Bundesländern notwendig sind: Staatsvertrag zur Schaffung des *Mitteldeutschen Rundfunks* (MDR) der Länder Sachsen, Sachsen-Anhalt und Thüringen vom 30.5.1991, der am 1.7.1991 in Kraft trat (abgedr. in FUNK-Korrespondenz Nr. 23 vom 6.6.1991); Staatsvertrag zur Schaffung des *Norddeutschen Rundfunks* (NDR) der Länder Hamburg, Mecklenburg-Vorpommern, Niedersachsen und Schleswig-Holstein vom 17./18.12.1991 (abgedr. in FUNK-Korrespondenz Nr. 7 vom 13.2.1992).

205 § 19 Rundfunkstaatsvertrag vom 31.8.1991, abgedr. in epd/KuR Nr. 69 v. 4.9.1991; auch *Oppermann*, ZUM 1990, 376 ff.

206 § 28 Abs. 3 LMG Bad.-Württ.; § 27 Abs. 3 KPPG Bln; § 16 Abs. 3 HmbMedG; § 6 Abs. 3 HPRG; § 7 Abs. 3 LRG Nieders.; § 8 Abs. 1 LRG NW; § 4 Abs. 1 LRG Rh.-Pf.; § 39 Abs. 4 LRG Saar.; § 7 Abs. 3 PRG Sa.-Anh; § 11 Abs. 3 Sächs.PR ; § 5 Abs.

Der Zulassung vorgeschaltet ist ein Ausschreibungsverfahren, in dem die zur Verfügung stehende Frequenz bezeichnet und die näheren Zulassungsbedingungen bestimmt wird. Der Bewerber um eine Lizenz muß programmbezogene und anbieterbezogene Voraussetzungen erfüllen. Die zulassende Landesmedienanstalt erstellt eine Plausibilitätsprüfung, ob der Bewerber voraussichtlich in der Lage ist, das Programm gemäß seines Antrages und den in der Zulassung festgelegten Angaben für die Dauer der Zulassung zu erfüllen.

a) *Programmbezogene Voraussetzungen*

Aus der mit Antragstellung vorgelegten Programmstruktur muß das jeweilige Sendekonzept hervorgehen. Darin muß gewährleistet sein, daß der Veranstalter im Einklang mit den Vorstellungen des Landesmediengesetzes ein vielfältiges Programm anbietet, insbesondere umfassende Information zur freien, individuellen und öffentlichen Meinungsbildung beiträgt.

b) *Anbieterbezogene Voraussetzungen*

Daneben ist ein Finanzplan erforderlich, aufgrund dessen ein Veranstalter erkennbar in der ihm zugewiesenen Lizenzdauer die Rundfunkausstrahlung gewährleistet.[207] Allerdings ist in keinem Landesmediengesetz ein Mindestkapital eines Veranstalters vorgeschrieben; sofern ein Veranstalter die Rechtsform einer Kapitalgesellschaft hat, setzen die entsprechenden Vorschriften des Gesellschaftsrechts das Mindestkapital fest.
Grundsätzlich kann jede natürliche, rechtsfähige und jede juristische Person Rundfunkveranstalter sein. Die Zulassung wird an Einzelanbieter oder Anbietergemeinschaften erteilt. Ausgeschlossen von einer Anbietergemeinschaft sind in fast allen Gesetzen staatliche Stellen und Parteien. Das sind insbesondere Körperschaften und Gebietskörperschaften (Gemeinden), ihnen unterstellte juristische Personen des öffentlichen Rechts, Unternehmen, an denen Gebietskörperschaften beteiligt sind, sowie Mitglieder gesetzgebender und rechtsprechender Körperschaften.[208]

---

5 LRG SH.; § 7 Abs. 3 TPRG Thür.. Eine Ausnahme bildet nur das RG Meckl.-V., das eine Übertragbarkeit nicht ausdrücklich ausschließt.

207 § 26 Abs. 1 LMG Bad.-Württ.; § 24 Abs. 2, 27 Abs. 2 KPPG Bln; § 18 Abs. 1, 20 HmbgLMedG Hmb.; § 5 Abs.3, 6 LRG Nieders.; § 11 LRG NW; § 5 LRG Rh.-Pf.; § 40 Abs. 4 LRG Saar.; § 6 II, 9 I Sächs. PRG; § 8 Abs.2 LRG Schl-H; § 6 V TPRG.

208 § 25 Abs. 2 LMG Bad.-Württ.; § 5 KPPG Bln; § 6 Brem.LMG; § 17 Abs. 1 HmbgLMedG.; § 5 Abs. 2 HPRG; § 9 Abs. 2 RG Meckl-V.; § 5 LRG Nieders.; § 5

Auch ausländische Personen können Veranstalter sein. Die Landesmediengesetze sehen lediglich vor, daß der Veranstalter seinen Wohnsitz, Sitz oder ständigen Aufenthalt in Deutschland hat.[209] Dieses Erfordernis soll sicherstellen, daß die besonderen rechtlichen Anforderungen an die Veranstalter administrativ und auf dem Verwaltungsrechtsweg durchgesetzt werden können. Ein ausländisches Unternehmen muß also ein Tochterunternehmen in Deutschland gründen, um Veranstalter werden zu können.
Für Veranstalter lokaler oder örtlicher Programme ist in einigen Landesmediengesetzen eine Anbietergemeinschaft erforderlich, die nur gemeinnützige Zwecke verfolgt und in der sogenannte ortsbezogene Interessenten zusammengeschlossen sind.[210]

II. *Transparenz und Publizitätsanforderungen an Rundfunkunternehmen*

In Deutschland gibt es kein spezielles öffentliches Register, in dem kraft Landesrecht Veranstalter von Rundfunk aufgeführt sind. Soweit ein Anbieter oder eine Anbietergemeinschaft eine juristische Person in Form einer AG oder GmbH oder eine Personenhandelsgesellschaft (OHG oder KG) ist, ist sie in das allgemeine Handelsregister einzutragen, wobei auch die einzelnen Gesellschafter aufgeführt werden.[211] Ist eine derartige Gesellschaft Teil einer Anbietergemeinschaft, dann gilt diese Eintragungspflicht für die Gesellschaft.
Auch die Publizitätspflicht der Bilanzen richtet sich nach allgemeinem Handels- und Gesellschaftsrecht. Dies gilt sowohl für Veranstalter von Rundfunk als auch für alle anderen Unternehmen im Medienbereich, soweit sie in der entsprechenden Rechtsform betrieben werden. Veranstalter in der Rechtsform einer Kapitalgesellschaft (GmbH, AG) unterliegen den Offenlegungspflichten, wobei je nach Größe der Gesellschaft der Jahresabschluß sowohl dem Handelsregister eingereicht als auch im Bundesanzeiger bekanntgemacht werden muß.[212]

LRG NW; § 5 LRG Rh.-Pf.; § 40 LRG Saar.; § 5 Abs.1 PRG Sa.-Anh.; § 6 Abs. 3 Sächs. PRG ; § 7 LRG Schl-H; § 6 Abs. 2 TPRG.

209 § 25 Abs. 1 Nr. 5 LMG Bad.-Württ.; Art. 26 Abs. 1 MEG Bay.; § KPPG 24 Abs. 1 Bln; § 6 Abs. 1 Brem.LMG; § 17 Abs. 2 HmbgLMedG; § 5 Abs. 2 HPRG; § 9 I RG Meckl-V.; § 5 LRG Nieders.; § 5 Abs. 1 LRG NW; § 5 Abs. 1 LRG Rh.-Pf.; § 40 Abs. 1 LRG Saar.; § 5 IV PRG Sa.-Anh.; § 6 II Sächs. PRG; § 7 Abs. 1 LRG Schl-H; § 6 I TPRG.

210 § 32 HmbgLMedG oder § 5 LRG NW.

211 § 7 ff. GmbHG; § 36 AktG; §§ 161f, 106 HGB.

212 Die *großen Kapitalgesellschaften* i.S.d. § 267 Abs. 3 HGB (solche, bei denen mindestens zwei der drei Merkmale Bilanzsumme in Höhe von 15,5 Millionen DM, 32 Millionen DM Umsatz oder 250 Arbeitnehmer vorliegen) unterliegen der vollen Publi-

Veranstalter in der Rechtsform von Personengesellschaften (KG, OHG), Einzelkaufleuten sowie die öffentlich-rechtlichen Rundfunkanstalten als juristische Personen des öffentlichen Rechts müssen ihre Bilanzen nur dann offenlegen, wenn es sich um sogenannte Großunternehmer handelt. Dann müssen sie allerdings die Bilanz dem Handelsregister einreichen und im Bundesanzeiger bekanntmachen.[213] Ein Verstoß gegen die Publizitätspflichten führt zur Festsetzung von Buß- oder Zwangsgeldern.

Unabhängig von diesen Registrierungs- und Publizitätspflichten gibt es *keine medienspezifischen Offenlegungspflichten*. Insbesondere erfassen die Mediengesetze keine anderen Unternehmer, wie Werbeanbietende oder Filmlieferanten.

Die Landesmediengesetze schreiben nur eine umfassende Mitteilungspflicht an die zuständige Landesmedienanstalt *vor* Lizenzvergabe vor, insbesondere über die Zusammensetzung der Gesellschafter sowie über Programm- und Finanzstruktur. Sobald die Zulassung einem Anbieter oder einer Anbietergemeinschaft erteilt ist, wird diese im Gesetzblatt des jeweiligen Landes veröffentlicht. Nach der Lizenzvergabe müssen die Veranstalter der zuständigen Landesmedienanstalt »Änderungen, die für die Zulassung von Bedeutung sind« mitteilen. Dazu gehören auch Anteilserwerb oder sonstige Änderungen der Anbieterstruktur.[214] Nach dem neuen Rundfunkstaatsvertrag müssen geplante Veränderungen der Beteiligungsverhältnisse der zuständigen Landesmedienanstalt vor ihrem Vollzug angezeigt werden. Die Anstalt muß nach Prüfung der medienrechtlichen Zulässigkeit der Veränderung eine

---

zität: sie müssen den Jahresabschluß zum Handelsregister einreichen und ihn auch im Bundesanzeiger veröffentlichen, § 325 Abs. 2 HGB.
Die *kleinen Kapitalgesellschaften* i.S.d. § 267 Abs. 1 HGB (solche, die zwei der drei Merkmale Bilanzsumme von 3, 9 Millionen DM, 8 Millionen DM Umsatz und 50 Arbeitnehmer nicht überschreiten) müssen nur die Bilanz und den Anhang zum Handelsregister einreichen, § 326 HGB.
Die *mittelgroßen Kapitalgesellschaften* im Sinn des § 267 Abs. 2 HGB unterliegen einer erleichterten Registerpublizität, da sie Bilanz und Anhang verkürzt einreichen können. Im Bundesanzeiger ist bekanntzumachen, bei welchem Handelsregister die Unterlagen eingereicht wurden, § 325 Abs. 1 HGB.

213 § 1 PublizitätsG vom 15.8.1969 (BGBl. 1969 I S. 1189). Großunternehmer i.S.d. § 1 des Gesetzes sind solche, deren Bilanzsumme 125 Millionen DM oder deren Umsatz 250 Millionen DM überschreitet oder die mehr als 5000 Arbeitnehmer beschäftigen, wobei mindestens zwei dieser drei Merkmale erfüllt sein müssen.

214 § 30 I, 49 KPPG Bln; § 20 Abs. 4 HmbgLMedG; § 7 Abs. 3 HPRG; § 11 IIRG Meckl-V.; § 5 Abs. 9 LRG Nieders.; § 9 Abs. 3 LRG NW; § 9 LRG Rh.-Pf.; § 40 Abs. 5 LRG Saar.; § 5 VIII PRG Sa.-Anh.; § 9 II Sächs. PRG; § 10 Abs. 4,5 LRG SH; § 8 Abs. 3 TPRG. Ausdrücklich ist eine Anzeigepflicht bei Veränderungen in der Zusammensetzung einer Anbietergemeinschaft nur in § 7 Abs. 3 Brem.LMG, § 8 Abs. 4 LRG NW und § 7 Abs. 3 HPRG vorgesehen, doch dürfte dies auch für alle anderen Landesmediengesetze gelten, da die Anbieterstruktur ein Zulassungskriterium ist.

Unbedenklichkeitsbescheinigung ausstellen, wenn eine Zulassung auch unter den veränderten Bedingungen erteilt werden könnte. Ein Vollzug einer Veränderung in der Anbietergemeinschaft ohne diese Unbedenklichkeitsbescheinigung führt beim bundesweiten Rundfunk zum Widerruf der Zulassung.[215] Letzteres ist in den Landesmediengesetzen für landesweiten Rundfunk noch nicht in dieser Form enthalten. Diese schreiben vielmehr vor, daß eine Veränderung der Anbietergemeinschaft zu einem Widerruf der Zulassung führen kann, so daß ein Widerruf im Ermessen der Anstalt steht. Es ist jedoch zu erwarten, daß die Landesgesetzgeber ihre Gesetze dem neuen Rundfunkstaatsvertrag anpassen.

III. *Meinungsvielfalt und Medienwettbewerb*

1. *Gewährleistung von Meinungsvielfalt durch verschiedene Organisationsmodelle*

Das Bundesverfassungsgericht hat wiederholt darauf hingewiesen, daß der Erhalt und die Sicherung der Rundfunkfreiheit eine »positive Ordnung« erfordere. Es seien »materielle, organisatorische und prozedurale Regelungen notwendig, die gewährleisten, daß die Vielfalt der Themen und Meinungen, die auch in der Gesellschaft insgesamt eine Rolle spielten, im Programm aufgenommen und wiedergegeben« würden. Gleichzeitig solle sichergestellt werden, daß der Rundfunk weder dem Staat noch einzelnen gesellschaftlichen Gruppen ausgeliefert werde.[216] Die konkrete Ausgestaltung innerhalb dieser verfassungsrechtlichen Determinanten überläßt das Gericht den zuständigen Landesgesetzgebern: in einem dualen System, in dem wie in Deutschland öffentlich-rechtliche und private Veranstalter nebeneinander stünden, müsse der Gesetzgeber erreichen, daß die von Art. 5 Abs. 1 GG geforderte gleichgewichtige Vielfalt in der Berichterstattung durch das Gesamtangebot aller Veranstalter erfüllt werde.[217] Ein bestimmtes Modell, in dem der Gesetzgeber die Ziele verwirkliche schreibe die Verfassung nicht vor, vielmehr habe der Gesetzgeber insoweit einen Gestaltungsspielraum. Diesen Anforderungen an die Vielfalt unterwirft das Gericht sowohl die öffentlich-rechtlichen als auch die privaten Anbieter.

---

215 § 21 Abs. 4 Rundfunkstaatsvertrag.
216 BVerfGE 83, 238; vgl. dazu *Kohl*, S. 15 ff.; BVerfGE 57, 295, 320.
217 BVerfGE 83, 238.

Den Schwerpunkt der Vielfaltssicherung in der Rundfunkgesetzgebung der Länder bilden die - bereits oben beschriebenen - Modelle der Rundfunkorganisation: Von der öffentlich-rechtlichen Rundfunkanstalten war das Modell *binnenpluralistischer Organisation* bereits bekannt. In Abweichung fast aller übrigen Länder hat der Gesetzgeber in Nordrhein Westfalen eine binnenplurale Organisation auch für den lokalen privaten Rundfunk geschaffen. Danach werden die privaten Programme von einer Veranstaltergemeinschaft veranstaltet, deren Zahl und Zusammensetzung durch das Landesmediengesetz vorgeschrieben ist. Daneben ist die davon unabhängige Betriebsgesellschaft für die wirtschaftlich-technische Seite verantwortlich.[218] Das Hamburger Landesmediengesetz enthält binnenplurale Elemente für die örtlichen Programme. Dort existiert zwar keine Betriebsgesellschaft und es wird keine bestimmte Zusammensetzung der Anbietergemeinschaft örtlicher Programme vorgegeben, doch sollen die Gemeinschaften vorrangig zugelassen werden, die - nicht näher definierte - »unterschiedlich ausgerichtete Kräfte« ortsbezogener Interessenten umfassen.[219]

Nach dem *außenpluralen Organisationsmodell* vergrößert sich durch Zulassung verschiedener (privater) Rundfunkveranstalter das Programmangebot und damit wird programmliche Vielfalt des Gesamtangebotes erreicht. Einer Ausgewogenheit eines einzelnen Programms bedarf es nicht. Dementsprechend unterstellen einige Landesmediengesetze, daß bei 3 oder 4 Vollprogrammen grundsätzlich die Ausgewogenheit und Vielfalt des Gesamtangebotes sichergestellt ist. Gleiches gilt für das Gesamtangebot von drei bundesweit empfangbaren privaten Fernsehprogrammen, so daß das einzelne Programm nicht mehr der Verpflichtung zur Meinungsvielfalt unterfällt.[220]

---

218 §§ 23 ff LRG NW, wobei nach § 26 die Veranstaltergemeinschaft aus mindestens 8 natürlichen Personen bestehen muß, die von den in § 26 Abs. 2 festgelegten Gruppen und Verbänden entsandt werden müssen. Nach Auffassung des BVerfG ist dieses sogenannte »2-Säulen Modell« mit Art. 5 Abs. 2 GG vereinbar und dient dazu »die Zulassung privaten Rundfunks im lokalen Bereich mit ähnlichen Vielfalts- und Programmanforderungen zu verbinden wie im öffentlich-rechtlichen Rundfunk.« BVerfGE 83, 238, 325 f.
Die in diesem Gesetz ebenfalls vorgesehene und vom Bundesverfassungsgericht nicht verworfene *Beteiligung der öffentlich-rechtlichen Anstalt* WDR an der Veranstaltung und Verbreitung insbesondere des Rahmenprogramms (§ 30) hat das Bundeskartellamt allerdings wegen Verstoßes gegen das GWB untersagt (BKartA, Beschl. vom 18.7.1989, WuW/E 2396). Die dagegen gerichtete Beschwerde hat das Kammergericht Berlin zurückgewiesen (KG, Beschl. vom 26.6.1991, WuW/E OLG 4811). Kritisch zu dieser Beteiligung öffentlich-rechtlicher Anstalten am privaten Rundfunk, *Monopolkommission*, Hauptgutachten 1988/89, Rdnr. 623.

219 §§ 32, 35 Hamb.LMG.

220 So etwa § 12 II LRG Rh.-Pf., § 11 Abs. 2 LRG SH sowie § 20 Abs. 2 Rundfunkstaatsvertrag.

Für den privaten Rundfunk ist weder das binnenplurale noch das außenplurale Modell in einem Bundesland oder im Rundfunkstaatsvertrag für den bundesweiten Rundfunk in reiner Form verwirklicht. Vielmehr kommt es nach den von den Landesgesetzgebern gewählten Modellen zu einem *Mischmodell* in Fortführung des binnenpluralen Modells:[221] Solange die Mindestzahl an privaten Vollprogrammen nicht erreicht ist, müssen die einzelnen Programme selbst der Meinungsvielfalt und der Ausgewogenheit durch Berücksichtigung aller gesellschaftlich relevanten Gruppen und Themen entsprechen. Darüber führt die binnenpluralistisch besetzte Landesmedienanstalt die Aufsicht. Dies gilt selbst dann, wenn die Mindestzahl der Vollprogramme erreicht ist: in diesem Fall »achten« die Anstalten darauf, daß das Gesamtangebot dieser Programme den Anforderungen an die Meinungsvielfalt entspricht.[222]

Im einzelnen haben die Bundesländer in ihren jeweiligen Landesmediengesetzen sehr verschiedene Regelungsmodelle verwirklicht. Je nach gesetzlicher Ausgestaltung werden unterschiedliche Anforderungen an die programmliche Ausgestaltung gestellt. Die Mediengesetze von Baden-Württemberg, Bayern und Nordrhein-Westfalen sollen die Entstehung einer Vielfalt lokaler und regionaler Veranstalter fördern. Die übrigen Bundesländer setzen auf die Errichtung landesweiter Senderketten. Grundsätzlich wird die verfassungsrechtlich gebotene Meinungsvielfalt der Programme durch drei unterschiedliche Modelle angestrebt:[223]

— Nordrhein-Westfalen und Hamburg (für überregionale und regionale Programme) schreiben den privaten Veranstaltern eine binnenplurale Programmgestaltung vor: das einzelne Programm muß die Vielfalt der Meinungsrichtungen zum Ausdruck bringen.
— Bayern, Rheinland-Pfalz und Berlin (und zudem noch Hamburg) sehen ein außenplurales Modell vor: die Rundfunkprogramme in ihrer Gesamtheit, die öffentlich-rechtlichen mit eingeschlossen (nicht in Hamburg[224]), müssen die bedeutsamen politischen, weltanschaulichen und gesellschaftlichen Meinungen widerspiegeln.
— Die übrigen Länder (einschließlich Mecklenburg-Vorpommern, Sachsen, Sachsen-Anhalt und Thüringen) kennen ein sogenanntes Mischmodell: man setzt primär auf außenplurale Vielfalt. Solange nicht mindestens 3 oder 4 gleichwertige Programme angeboten werden, muß der einzelne Veranstalter in seinem Programm für »Ausgewogenheit« Sorge tragen.

---

221 Das Bundesverfassungsgericht hat diese Mischform zwischen den beiden Modellen ausdrücklich als mit Art. 5 Abs. 1 GG vereinbar erklärt, BVerfGE 83, 238 ff.
222 § 20 Abs. 2 Rundfunk-Staatsvertrag.
223 *Möschel*, Fusionskontrolle im Rundfunk, S. 628.
224 So § 6 Abs. 3 Hamb. LMG.

Der Rundfunkstaatsvertrag ist mit seiner Regelung für den bundesweiten Rundfunk letzterem Modell zuzuordnen.

2. *Medienspezifische Beschränkungen intramediärer und intermediärer Beteiligungen an Veranstaltern privaten Rundfunks*

Die Länder haben nach der Rechtsprechung des Bundesverfassungsgerichts die Pflicht, Vorkehrungen in ihren Landesmediengesetzen zu schaffen, die eine Bildung vorherrschender Meinungsmacht durch Konzentrationsbildung verhindern können.[225] Durch diese medienspezifischen Beschränkungen soll der publizistische Wettbewerb im Rundfunk gewährleistet werden. Die Vorschriften im Rundfunkstaatsvertrag und in den Landesmediengesetzen setzen bei den Programmträgerschaften an und limitieren deren Verflechtung untereinander und im Verhältnis zu den Printmedien.

Den Kern der landesmedienrechtlichen Konzentrationsregelungen bildet das Verbot mehrfacher Programmträgerschaft. Mit unterschiedlicher Detailausprägung findet es sich in fast allen Landesmediengesetzen.[226] Nach dem ab 1.1.1992 geltenden Rundfunkstaatsvertrag darf ein Veranstalter bundesweit im Hörfunk und im Fernsehen jeweils bis zu zwei Programme, insgesamt also vier Programme verbreiten. Keiner der an einem derartigen Veranstalter Beteiligten darf einen Anteil von mehr als 50 % innehaben (Kapital- oder Stimmrechtsanteile).[227] Wenn ein Unternehmen an einem (bundesweiten) Fernsehprogramm zwischen 25 % und 50 % Anteile (Kapital- oder Stimmrechtsanteile) hält, darf es nur noch an 2 weiteren Veranstaltern entsprechender Programme und auch nur mit weniger als 25 % der Anteile beteiligt sein.[228]

---

225 BVerfGE 57, 259 (323); BVerfGE 73, 118 (173).

226 § 19 Abs. 1,3 LMG Bad.-Württ.; Art. 25 Abs. 5 MEG Bay.; § 19 Abs. 1 HmbgLMedG; § 15 Abs. 1, 2 HPRG; § 10 III RG Meckl-V.; § 5 Abs. 2 LRG Nieders.; § 6 Abs. 3 LRG NW; § 5 Abs. 3 LRG Rh.-Pf.; § 40 Abs. 2 LRG Saar.; § 5 II PRG Sa.-Anh.; § 7 I Sächs. PRG; § 5 Abs. 4 LRG SH; § 17 I TPRG. Das Kabelpilotprojektgesetz Berlin (KPPG) enthält eine entsprechende Regelung nur bei Kapazitätsengpässen.

227 § 21 Abs. 1 S. 1, Abs. 2 Rundfunkstaatsvertrag. Unter den beiden Programmen (im Hörfunk und Fernsehen) darf jeweils nur ein Vollprogramm oder ein Spartenprogramm mit Schwerpunkt Information sein.

228 § 21 Abs. 2 und 3 Rundfunkstaatsvertrag. Ein Veranstalter kann aber ein Spartenprogramm beherrschen. Auf der Grundlage dieser Vorschrift hat die Hamburgische Anstalt für neue Medien (HAM) im Mai 1991 und die Bayerische Landeszentrale für Neue Medien (BLM) die Axel Springer AG am 22. Juni 1992 aufgefordert, die Beteiligung an der KMP GmbH (*Tele 5*) auf unter 25% zu reduzieren. Diese 17,1 % hat eine neugegründete Neue Medien Beteiligungsgesellschaft mbH (NMBG), Hamburg, übernommen. An dieser Gesellschaft sind die der Hamburger

Die Beteiligungsbegrenzungen an den Veranstaltern sollen verhindern, daß ein Unternehmen im Bereich des privaten Fernsehens eine vorherrschende Stellung erreicht, die sich negativ auf die Meinungsbildung auswirken kann. Jedoch hat sich gezeigt, daß das Verbot einer Mehrheitsbeteiligung an einem Veranstalter einen echten Wettbewerb im privaten Fernsehen bisher nicht zugelassen hat. Vielmehr haben die in diesem Bereich engagierten Unternehmen nunmehr Beteiligungen an einer Vielzahl von Verantstaltern erworben, die sich jeweils unter den vorgeschriebenen Beteiligungsgrenzen halten.[229] Diese Tendenz zu mehrfachen Beteiligungen lassen Zweifel an einem Wettbewerb widerstreitender Stimmen im Fernsehen aufkommen. Die damit auftretenden Probleme können vermieden werden, wenn ein Unternehmen (nur) einen Veranstalter vollständig beherrschen könnte. Dann träte eine Wettbewerbsituation zwischen den Veranstaltern ein. Allerdings müßten die übrigen Beteiligungsbegrenzungen bestehen bleiben, wenn ein Unternehmen zwischen 25% und 50% der Anteile an einem Veranstalter hält.
Große Schwierigkeiten bereitet die nähere Bestimmung dessen, was »ein Veranstalter« ist, um Umgehungen des Verbotes mehrfacher Programmträgerschaft durch Schachtelbeteiligungen oder sonstige Einflußnahmen zu verhindern.
Unternehmerische Verflechtungen mehrerer Veranstalter sollen durch die sog. Konzernklauseln berücksichtigt werden: ist der Veranstalter ein abhängiges oder herrschendes Unternehmen oder ein Konzernunternehmen im Sinn der §§ 15 ff. des Aktiengesetzes, so sind die so verbundenen Unternehmen als einheitliches Unternehmen anzusehen. Herrschende Unternehmen sind auch solche, die aufgrund vertraglicher Grundlage bestimmenden Einfluß auf einen Veranstalter ausüben können.[230]

Privatbank Joh. Berenberg, Gossler & Co. gehörende Diligentia Beteiligungs mbH und der Hamburger Notar Beckmann beteiligt. Aufgrund dieser Konstellation werden Treuhandverhältnisse zugunsten der A. Springer AG vermutet. Das Bundeskartellamt hat weitere Unterlagen über die Zusammensetzung der Gesellschafter angefordert, obwohl sich die Anteile der an *Tele 5* beteiligten Unternehmen auf unter 25 % halten. Auskunft des Vorsitzenden der 6. Beschlußkammer des BKartA, Kurt Stockmann, »Konzentration im Privatfernsehen wird doppelt geprüft«, FAZ vom 18.7.1992, S. 9.

229 So ist etwa der Bertelsmann Konzern über seine Tochter UFA an *RTL Plus* beteiligt und ebenfalls an dem neuen Sender *RTL 2* und über Gruner & Jahr an dem sogenannten Westschienenkanal *VOX*. Die luxemburgische CLT ist an *RTL Plus* und an *RTL 2* beteiligt. Die Gründung der Westschienenkanal Film und Fernseh GmbH & Co. KG hat das Bundeskartellamt nicht untersagt (Hinweis in WuW 1992, S. 32f). Neuerdings gibt es erste Hinweise, daß *RTL 2* und *VOX* fusionieren wollen. »Fusion von VOX/RTL 2: sehr weit vorauseilend gedacht«, FUNK-Korrespondenz Nr. 28, 9.7.1992, S. 6 und »VOX will derzeit nicht mit RTL 2 fusionieren«, epd/Kirche und Rundfunk Nr. 54, 11.7.1992, S. 10.

230 § 21 Abs. 5 Rundfunkstaatsvertrag.

Von dieser Grundregelung ausgehend, weisen die Landesmediengesetze und der neue Rundfunkstaatsvertrag noch wichtige Modifizierungen auf. Auf der Grundlage des früheren Rundfunkstaatsvertrages legen die Landesmediengesetze noch Grenzen von Minderheitsbeteiligungen an Veranstaltern fest. Sie definieren eine prozentuale Schwelle, unterhalb derer der Einfluß bei Beteiligungen auf die Gestaltung des Programms als nicht maßgeblich angesehen wird.[231] Es darf jedoch erwartet werden, daß die Landesgesetzgeber nach Verabschiedung des Rundfunkstaatsvertrages diese prozentualen Grenzen der Minderheitsbeteiligungen fallen lassen und ihre Regelungen dem ab 1.1.1992 geltenden Rundfunkstaatsvertrag anpassen. Dieser enthält ein kompliziertes Gefüge von zu untersagenden Einflußnahmen auf Veranstalter.[232] Danach sind neben der Berücksichtigung unternehmerischer Verflechtungen durch die Konzernklausel einem Veranstalter auch solche Unternehmen zuzurechnen, die auf eine Rundfunkveranstaltung »vergleichbaren Einfluß« ausüben. Als Einwirkungspotential auf die Veranstaltung gilt, wenn regelmäßig ein wesentlicher Teil der Sendezeit eines Programms mit zugelieferten Programmteilen gestaltet wird (Zuliefererklausel). Als Abhängigkeitsverhältnisse erfaßt sind daneben vertragliche Vereinbarungen oder sonstige Stellungen, aufgrund deren wesentliche Entscheidungen über Programmeinkauf, Programmgestaltung oder Programmproduktion des Veranstalters beeinflußt werden können.[233] Diese Regelungen können nicht durch Gründung von Tochterunternehmen umgangen werden.

Weiterhin werden *intermediäre Verflechtungen zwischen Rundfunk- und Presseunternehmen* durch die Landesgesetzgeber beschränkt. Ein Presseunternehmen, das in einem Gebiet eine marktbeherrschende Stellung bei Tageszei-

---

231 *Hartstein/Ring/Kreile*, Art. 8 Rundfunkstaatsvertrag, Rdnr. 51 ff. Die Grenze liegt in NRW bei 25 % der Kapital- oder Stimmrechte oder des Programms, in Baden-Württemberg, Hessen, Berlin bei 10 % des Stimmgewichts, in Bremen bei 5 % der Anteils-, Mitglieds- und Stimmrechte sowie 10 % des Programms und im Saarland bei 33 % der Anteile oder des Programms.

232 Das Bundesverfassungsgericht stellte diese Anforderung an die Landesmediengesetze auf, wonach nicht nur (Minderheits-) Beteiligungen, sondern auch sonstiger Einfluß auf Rundfunkveranstaltungen erfaßt werden sollen, BVerfGE 73, 118 (172). Auch *Wagner*, RuF 1990, 165 (174ff.), dessen Vorschläge weitestgehend Aufnahme in die Neufassung des Rundfunkstaatsvertrages fanden.

233 § 21 Abs. 1 S. 4 Nr. 1 und 2 Rundfunkstaatsvertrag. Diese stringenten Regelungen sind auf den Fall des Filmhändlers Leo Kirch zurückzuführen, der maßgebliche Anteile an den Sendern *SAT 1*, *Tele 5* (seit Juli 1992) und *Premiere* direkt oder indirekt hält. Sein Sohn, Thomas Kirch, erwarb 49 % am ebenfalls bundesweit ausstrahlenenden Sender *PRO 7*, der gleichzeitig Mehrheitsgesellschafter des *Kabelkanals* ist. Beide Sender werden von Leo Kirch mit Filmen beliefert. Zu gemeinsamer Beherrschung eines Unternehmens mit Berücksichtigung der Situation im Rundfunk, *Deringer*, Festschrift für v. Gamm, 559, 565ff.

tungen innehat, soll keinen maßgeblichen Einfluß auf ein Rundfunkprogramm des entsprechenden Gebietes erhalten.[234] In entsprechender Implementierung enthalten manche Landesmediengesetze[235] spezielle Konzentrationsregeln, wobei im Grundsatz ein Anteil von 25-33 % an einem Rundfunkunternehmen nicht überschritten werden darf.[236] Zukünftige Probleme intermediärer Verflechtungen sind etwa an dem Vorgehen der A. Springer AG oder des Holtzbrinck Konzerns erkennbar. Nachdem letzterer bereits über die AV Euromedia Mitveranstalter des landesweiten Rundfunks in Niedersachsen (»Antenne Niedersachsen)« und in Sachsen-Anhalt ist, erhielt »Antenne Thüringen« 75% des Lizenzanteils für die landesweite Hörfunkwelle in Thüringen. Zwar hält der Holtzbrinck Konzern nur etwa 15% der Anteile an dem Sender, doch werden auch dort indirekte Beteiligungen über Querverbindungen vermutet, was in Sachsen dazu führte, »Antenne Sachsen« nicht zuzulassen.[237]

Nach den meisten Landesmediengesetzen gelten diese Beschränkungen als Zulassungskriterien,[238] so daß Verstöße lediglich als Widerrufsgrund der Lizenz bei der Ermessensbetätigung der Landesmedienanstalt Berücksichtigung finden. Nach dem neuen Rundfunkstaatsvertrag ist jedenfalls für den bundesweiten Rundfunk vor einer geplanten Veränderung der Struktur eine Unbedenklichkeitsbescheinigung der zuständigen Landesmedienanstalt einzuholen. Ein Vollzug ohne Bestätigung dürfte zwingend zum Widerruf der Zulassung führen.[239]

---

234 Das Bundesverfassungsgericht stellte diese Anforderungen an die Landesmediengesetze auf, da ansonsten eine mit der Verfassung unvereinbare vorherrschende Medienmacht im lokalen Bereich entstehen könnte. BVerfGE 73, 118, (175 ff.); *Roth*, ZHR 152 (1988), 165ff; *Lauff*, AfP 1989, 646ff; *Richter*, S. 5 ff.

235 In Berlin, Rheinland-Pfalz und Saarland bestehen keine vergleichbaren Regelungen. *Wagner* (RuF 1990, 165 (177) Fn. 65) hält dies für unvereinbar mit der Rechtsprechung des Bundesverfassungsgericht (BVerfGE 73, 118).

236 In Hamburg und Bremen gilt ein Limit von 25 %, in Bayern 50 % des Programmanteils. In Thüringen gilt 15% als Obergrenze (§ 16 Abs. 3 S. 2 TRRG). In Baden-Württemberg und NRW bestehen binnenplurale Sicherungen, während in den Flächenstaaten ohne lokale oder regionale Veranstalter (Hessen, Niedersachsen und Schleswig-Holstein) keine Regelungen bestehen. Hier besteht die Konzentrationstendenz ohnehin nicht in gleichem Maße, da es keine marktbeherrschenden Presseunternehmen auf Landesebene gibt. Man konnte sich deshalb auf entsprechende Limits für lokale Fensterprogramme oder Sendungen mit lokalen Bezügen beschränken. Insgesamt dazu *Deringer*, Festschrift für v. Gamm, 559, 564f.

237 »Thüringen: Privatfunklizenz vergeben - Holtzbrinck erfolgreich«, FUNK-Korrespondenz Nr. 28, 9.7.1992, S. 8.

238 *Wagner*, RuF 1990, 165 (176).

239 § 24 Abs. 4 Rundfunkstaatsvertrag.

3. *Bericht über die Konzentration im privaten Rundfunk*

Nach dem neuen Rundfunkstaatsvertrag sollen die Landesmedienanstalten regelmäßig, spätestens alle drei Jahre einen *umfassenden Bericht über die Entwicklung der Meinungsvielfalt und der Konzentration im privaten Rundfunk* veröffentlichen. Diesen Bericht soll ein »unabhängiges Institut« erstellen. Dabei sollen intra- und intermediäre Konzentrationen sowie horizontale Zusammenschlüsse und internationale Verflechtungen erfaßt werden. Der Bericht soll auch Stellung zum Erlaß von Regelungen zur »Verhinderung multimedialer Verflechtungen« nehmen (Art. 21 Abs. 6). Bisher ist nicht sicher, wie dieser Pflicht aus dem Staatsvertrag nachgekommen werden soll. Aufgrund des umfassenden Auftrages dieses Berichts, der die gesamte Spannweite der Medienverflechtung national und international abdecken soll, erscheint zweifelhaft, ob ein einziges Institut diese Aufgabe zufriedenstellend lösen kann.

Eine Orientierung über den Umfang und den Inhalt des Berichts geben die im zweijährigen Turnus erscheinenden Hauptgutachten der Monopolkommission.[240] An deren Arbeit ist ersichtlich, daß die faktische Aufarbeitung der Konzentrationen bereits ein großes Maß an personellem Aufwand darstellt. Im Unterschied zu der Aufgabe der Monopolkommission gebietet es der Auftrag des Rundfunkstaatsvertrages, daß insbesondere medienspezifische Kriterien berücksichtigt werden müssen, die unabhängig von reinen wettbewerbs- oder kartellrechtlichen Überlegungen sind. Diese medienspezifischen Kriterien, die eine eigenständige mediale Bewertung der Konzentrationsentwicklung erst ermöglichen, müssen noch umfassend entwickelt werden. Im übrigen müßte das Institut nicht nur über Erfahrungen auf dem Gebiet des Medienrechts, sondern auch auf dem des Fusionskontrollrechts haben. Es erscheint daher ratsam, den Bericht an eine von den Medienanstalten zu bestimmende Expertengruppe (»Medienkonzentrationskommission«) zu vergeben, die die Aufgabe hat, die bestehenden Konzentrationen zu kommentieren und einen möglichen Regulierungsbedarf festzustellen. Die faktische Aufarbeitung müßte von diesen Kommissionsmitgliedern über ein Sekretariat unter Rückgriff auf die in Deutschland in der Regel an die Univer-

---

240 Der Hinweis der Monopolkommission in ihrem Hauptgutachten 1988/89, die Beteiligungsverhältnisse im Pressewesen könnte die Untersuchung nicht abdecken, deutet das Ausmaß der Schwierigkeiten an. Entwicklungen, die die Freiheit der Presse bedrohen könnten, rechtzeitig zu erkennen und etwaigen Gefahren wirksam zu begegnen, könnten durch das der Kommission vorliegende Material nicht hinreichend Rechnung getragen werden. Deswegen fordert die Monopolkommission wiederholt ein Enquete-Recht, um die Erhebung von Kapitalverflechtungen zu ergänzen. *Monopolkommission*, Hauptgutachten 1988/89, Rdnr. 564.

sitäten angeschlossenen Rundfunkinstitute geleistet werden. Die Expertengruppe muß von den Landesmedienanstalten personell, sachlich und finanziell unabhängig sein.
Auf längere Sicht könnte es zu einer Aufgabenverteilung und Zusammenarbeit bei der Konzentrationskontrolle zwischen dem Bundeskartellamt und den Landesmedienanstalten kommen. Zwar fehlt es den Landesmedienanstalten derzeit noch an umfassenden Informationen, und die beiden Institutionen arbeiten mit unterschiedlichen Instrumenten und verfolgen unterschiedliche Ziele. Ein abgestimmtes Vorgehen bei der Konzentrationserfassung und -kontrolle wäre aber möglich.[241]

4. *Anwendung des Bundeswirtschaftsrechts - Grundsätze -*

Nach Art. 74 Nr. 11 und 16 GG hat der Bundesgesetzgeber zur Verhütung wirtschaftlicher Machtstellungen das Gesetz gegen die Wettbewerbsbeschränkungen (GWB) und das Gesetz gegen den unlauteren Wettberb (UWG) geschaffen. Da die Länder die ausschließliche Gesetzgebungszuständigkeit für Regelungen des Rundfunks einschließlich der Sicherung vor Konzentrationen haben, enthalten diese Gesetze keine speziellen Vorschriften über Medientätigkeiten. Gleichwohl bewegen sich Veranstalter von Rundfunk im wirtschaftlichen Raum, so daß die Anwendbarkeit und Reichweite des Bundeswirtschaftsrechts diskutiert werden muß.

a) *Öffentlich-rechtliche Rundfunkanstalten*

Die öffentlich-rechtlichen Rundfunkanstalten postulierten, daß das Bundeswirtschaftsrecht in Form des GWB auf ihre Tätigkeiten keine Anwendung fände.[242] Während das Bundesverfassungsgericht die Anwendbarkeit des GWB für private Veranstalter ausdrücklich billigte[243], steht eine solche

---

241 Vergleichbar mit der Vorgehensweise der amerikanischen Federal Communications Commission (FCC) hat die *Direktorenkonferenz der Landesmedienanstalten* (DLM) am 26. Juni 1992 einen Fragebogen zu den Besitzverhältnissen an die privaten Fernsehanstalten gesandt (abgedruckt in epd/Kirche und Rundfunk Nr. 50 vom 27. Juni 1992, S. 23 f.).
S. auch die widergegebenen Äußerungen des Vorsitzenden der 6. Beschlußkammer des BKartA Kurt Stockmann, FAZ 18.7.1992, S. 9 »Konzentrationen im Privatfernsehen werden doppelt geprüft«.

242 So die Gemeinsame Stellungnahme von ARD und ZDF zum 7. Hauptgutachten 1986/1987 der Monopolkommission und der Stellungnahme der Bundesregierung, Media Perspektiven Dokumentation II/1989, S. 141 ff; dazu auch *Stock*, in *Hoffmann-Riem*, S. 75, 76,77, dagegen aber zu Recht *Emmerich*, AfP 1989, S. 433, 434.

243 BVerfGE 73, 118 (174).

Stellungnahme für die Tätigkeiten der öffentlich-rechtlichen Anstalten noch aus. Allerdings hat der Bundesgerichtshof an der grundsätzlichen Anwendbarkeit des GWB und des UWG für Tätigkeiten öffentlich-rechtlicher Veranstalter keine Zweifel aufkommen lassen.

In einer Entscheidung aus dem Jahre 1990 hatte sich das Gericht mit der Trennung von Werbung und Programm und einem möglicherweise gegen §§ 1, 3 UWG verstoßende wettbewerbswidrigen Verhalten des öffentlich-rechtlichen ZDF zu beschäftigen, also mit der *Programmtätigkeit* der Anstalt.[244] Das Gericht erkannte an, daß die (vertikale) Beziehung der öffentlich-rechtlichen Anstalt zu seinen Zuschauern sowie der allgemeine Aufgabenbereich öffentlich-rechtlich ausgestaltet und daher dem UWG entzogen sei. Diese öffentlich-rechtliche Natur der Programmtätigkeit hindere aber die Anwendbarkeit des UWG nicht, wenn die Rundfunkanstalt mit einem privaten Unternehmen in einem Wettbewerbsverhältnis stehe. Dies gelte sogar dann, wenn dadurch der öffentlich-rechtliche Tätigkeitsbereich tangiert werde.[245] Bei dem vom ZDF aufgrund eines Medienverbundes und Kooperationsvertrages mit einem Buchverlag geleisteten Hinweis auf ein Buch, sah das Gericht ein solches Wettbewerbsverhältnis zu anderen Verlagen als gegeben an. Die Rundfunkanstalt habe sich auch unter Verstoß gegen §§ 1,3 UWG wettbewerbswidrig verhalten: die Hinweise des Senders auf das Buch seien nicht allein publizistische, vom öffentlich-rechtlichen Rundfunkauftrag gedeckte Programmhinweise gewesen, sondern unzulässigerweise darauf gerichtet, den Verkauf des Buches zu fördern. Insgesamt betonte das Gericht, daß der Wettbewerb und der betroffene Wettbewerber vor Eingriffen mittels Verstößen im Rundfunk geschützt sei. Der Schutz der Gleichrangigkeit im Wettbewerb steht damit zumindest gleichrangig neben dem Schutz der Rundfunkfreiheit und dem Schutz des Zuschauers.

Die im Anschluß ergangene Entscheidung des BGH befaßte sich mit der Anwendung des GWB auf einen Vertrag zwischen den öffentlich-rechtlichen Rundfunkanstalten und dem deutschen Sportbund, also mit der *Programmbeschaffung*.[246] In diesem Globalvertrag hatten die Anstalten die exklusiven

---

244 Urt. v. 22.2.1990, NJW 1990, 3199 »Werbung im Programm«/»Wer erschoß Boro?«. Auch *Emmerich*, AfP 1989, 433, 436 m.w.N. der Rechtsprechung. S. dazu auch unten F.V.2.b.

245 Urt. v. 22.2.1990, NJW 1990, 3199 m. Hw. auf: BGH, Beschl. v. 27.2.1962, Z 37, 1,17; Urt. v. 24.5.1963, Z 39, 352, 356; Urt. v. 25.2.1977, Z 68, 132, 136, Urt. v. 20.12.1967, GRUR 1968, 314, 316; Urt. v. 18.12.1982, Z 82, 375, 384; Beschl. v. 29.10.1987, Z 102, 280, 285ff.; GmS-OBG, Beschl. vom 10.4.1986, Z 97, 312, 317.

246 Urt. v. 14.3.1990, WuW/E BGH 2627 = ZIP 1990, 949 = JZ 1991, 514 m.Anm. Immenga « Globalvertrag«. Dazu *Roth*, AfP 1989, 515ff; *Niewarra*, AfP 1989, 636ff.;

Verwertungsrechte für die Übertragungen der zehn attraktivsten Sportarten erhalten. Der BGH sah darin eine gegen § 18 Abs. 1 GWB verstoßende unbillige Beschränkung anderer, privater Rundfunkveranstalter. Aus der Zuweisung der Rundfunkordnung an die Länder könne nicht geschlossen werden, daß das GWB nicht zur Anwendung gelänge. Vielmehr sei - wie schon das UWG - auch das GWB auf die Wettbewerbsbeziehungen der öffentlichen Hand zu privaten Wettbewerbern anwendbar. Wörtlich heißt es:

> »Programmbeschaffung, Programmgestaltung und Sendetätigkeiten der Rundfunkveranstalter dienen nicht nur dem publizistischen Wettbewerb im Verhältnis zu anderen Rundfunkveranstaltern und anderen Medien, sondern beeinflußen auch den wirtschaftlichen Wettbewerb. [...] Deshalb sind Verfügung der Kartellbehörden zulässig, solange und soweit sie ihrem Wesen nach auf die Verhütung des Mißbrauchs wirtschaftlicher Machtstellung gerichtet sind, auch wenn sie als Nebenfolge zugleich Auswirkungen in dem der ausschließlichen Länderzuständigkeit unterliegenden Bereich der Rundfunkordnung haben«.[247]

Die öffentlich-rechtlichen Rundfunkanstalten hatten nach Ansicht des Gerichts bei dem Abschluß des Vertrages auch als Unternehmer im Sinn des GWB gehandelt, da sie bei der Programmbeschaffung in gleicher Weise wie private Rundfunkunternehmen am allgemeinen geschäftlichen Verkehr teilnähmen. Bei der Programmbeschaffung träten die öffentlich-rechtlichen Anstalten mit den privaten Unternehmen in einen wirtschaftlichen Wettbewerb auf dem Boden des Privatrechts.[248]

Es wird aber vom Gericht gleichzeitig zum Ausdruck gebracht, daß bei der Abwägung im Rahmen des GWB die Rundfunkfreiheit des Art. 5 Abs. 1 S. 2 GG zu berücksichtigen sei. Allerdings seien auch private Veranstalter Teil des Rundfunksystems und damit seien öffentlich-rechtliche und private Veranstalter gleichsam Träger der Rundfunkfreiheit im Sinn des Art. 5 Abs. 1 GG.[249] Eine Verhinderung unbilliger Beschränkung anderer Veranstalter fördere damit den publizistischen Wettbewerb und die Meinungsvielfalt. Eine Berufung auf die Rundfunkfreiheit zur Sperre des GWB ist nach dieser Entscheidung nur dann möglich, wenn wirtschaftliches Verhalten entgegen den Regeln des GWB unerläßliche Voraussetzung für das Funktionieren des Rundfunks ist.[250] Letzteres kann aber nur dann überhaupt in Betracht kommen, wenn eine marktbeherrschende Stellung oder die Ausnutzung einer solchen Stellung

---

Monopolkommission, 7. Hauptgutachten 1986/87, Rdnr. 507 ff. (515); ausführlich *Rahn*, S. 46ff.

247 BGH, aaO., WuW/E BGH 2627, 2630 »Globalvertrag«.

248 BGH, aaO., WuW/E BGH 2627, 2632 »Globalvertrag«.

249 BGH, aaO., WuW/E BGH 2627, 2640, 2641, 2642 »Globalvertrag«.

250 BGH, aaO., WuW/E BGH 2627 2641 »Globalvertrag«, KG, Beschl. vom 26.6.1991, WuW/E OLG 4811, 4823 »WDR - Radio NRW«; schon *Mestmäcker*, GRUR Int. 1983, 553ff; *Emmerich*, AfP 1989, 433, 434f.

zwingend erforderlich ist, um Meinungsfreiheit zu fördern - ein nur theoretischer Fall.[251]

Nach diesen Entscheidungen sind die öffentlich-rechtlichen Anstalten bei folgenden Tätigkeiten Adressaten des Kartellrechts:[252]

— Bei der *Programmbeschaffung* treten die Anstalten mit den privaten Unternehmen in einen wirtschaftlichen Wettbewerb auf dem Boden des Privatrechts und unterfallen so voll dem GWB.[253]
— Die *Programmtätigkeit* der Anstalten ist geprägt vom Rundfunkauftrag des Art. 5 Abs. 1 GG. Nur soweit dieser Auftrag reicht und soweit wettbewerbswidriges Verhalten unerläßliche Voraussetzung für das Funktionieren des Rundfunkauftrages ist, wird die Anwendung des GWB ausgeschlossen.[254]
— Im Bereich der *Werbung* besitzen ausschließlich die Länder die Regelungskompetenz, ob und in welchem Umfang Werbung möglich ist. Bei der Ausstrahlung der Werbung innerhalb dieser Erlaubnis sind die Anstalten an die Bundesgesetze (GWB und UWG) gebunden, da sie als Unternehmen im Sinne des Wettbewerbsrecht auftreten. Dies gilt auch für die Grundsätze der Trennung von Werbung und Programm und für das Sponsoring.[255]
— Die *Programmausstrahlung* außerhalb der Werbung erfolgt im Verhältnis zu den Empfängern der Sendung auf hoheitlicher Grundlage, insoweit kann von einer unternehmerischen Tätigkeit nach Auffassung des Bundesverfassungsgerichts nicht ausgegangen werden.[256]

b) *Private Veranstalter*

Das bundesgesetzliche Wirtschaftsrecht ist auf private Veranstalter bei ihrer gesamten Rundfunkbetätigung anwendbar.[257] Eine Anwendbarkeit des Bundeswirtschaftsrechts kann nicht mit dem Argument ausgeschlossen werden, das Landesrundfunkgesetz regele sowohl die medienrechtliche als

---

251 *Möschel*, Fusionskontrolle im Rundfunk, S. 631.

252 *Roth*, AfP 1991, S. 504, 507.

253 BGH, aaO.,WuW/E BGH 2627, 2630f »Globalvertrag«; *Mestmäcker*, in *Immenga/Mestmäcker*, vor § 23 Rdnr. 71; *Roth*, AfP 1991, S. 504, 507 m.w.N.

254 BGH, aaO., WuW/E BGH 2627, 2630 »Globalvertrag«; *Mestmäcker*, GRUR Int. 1983, 553; *Möschel*, Fusionskontrolle im Rundfunk, S. 631.

255 BGH, Urt. v. 22.2.1990, NJW 1990, 3199 (»Werbung im Programm«/»Wer erschoß Boro«); *Roth*, AfP 1991, S. 507, 508.

256 BVerfG, Urt. v. 27.7.1971, E 31, 314, 329. Kritisch dazu *Hertel*, S. 56 ff. und *Grundmann*, S. 71ff, 100ff; *Roth*, AfP 1991, S. 504, 508.

257 *Stockmann*, AfP 1989, 634ff.

auch die wettbewerbliche Seite des privaten Rundfunks, so daß dessen wirtschaftliche Ordnung in die ausschließliche Kompetenz des Landesgesetzgebers falle. Das Kammergericht stellte klar, daß eine Ausschluß der Anwendbarkeit des GWB durch das Landesrundfunkrecht weder bezweckt noch überhaupt möglich wäre, weil der Landesgesetzgeber das Bundesrecht nicht außer Kraft setzen könne und Bundesrecht nach Art. 31 GG Vorrang genieße.[258]
In diesem Bereich liegt die Schwierigkeit bei der Anwendbarkeit der medienspezifischen Beschränkungen, auf die bereits hingewiesen wurde.

5. *Wettbewerbs- und fusionskontrollrechtliche Probleme des Rundfunks im einzelnen*

Nach § 24 Abs. 1 GWB kann das Bundeskartellamt einen Zusammenschluß untersagen, soweit hierdurch eine marktbeherrschende Stellung entsteht oder verstärkt wird.

a) *Zusammenschluß*

Der wichtigste Fall eines Zusammenschlusses, dessen Vorliegen den Anwendungsbereich der Fusionskontrolle eröffnet, ist der Erwerb von 25 % der Kapitalanteile oder der Stimmrechte an einem anderen Unternehmen (§ 23 Abs. 2 Nr. 2 lit. a GWB). Ein Zusammenschluß kann auch in der Gründung eines Gemeinschaftsunternehmens und gleichermaßen in Beteiligungen an Personengesellschaften bestehen (§ 23 Abs. 2 Nr. 2 S. 4 GWB). Der Umgehungstatbestand des § 23 Abs. 2 Nr. 5 GWB läßt auch jede sonstige Verbindung genügen, aufgrund derer ein oder mehrere Unternehmen unmittelbar oder mittelbar einen beherrschenden Einfluß auf ein anderes Unternehmen ausüben können.[259]
Ein weiterer bei Medienkonzentrationen bisher wenig beachteter Umgehungstatbestand ist das 1990 eingefügte Merkmal der Ausübung eines »wettbewerblich erheblichen Einflußes« auf ein anderes Unternehmen (§ 23 Abs. 2 Nr. 6 GWB). Diese Vorschrift greift ein, wenn die übrigen Umgehungstatbestände des § 23 Abs. 2 GWB etwa aufgrund der quantitativen oder qualitativen Kriterien nicht anwendbar sind. Damit soll unter bestimmten Umständen ein Zusammenschluß auch dann vorliegen, wenn Wettbewerber Minderheitsbeteiligungen erwerben oder wenn eine Beteiligung von weniger

258 KG, Beschl. vom 26.6.1991, WuW/E OLG 4811, 4821f, »WDR - Radio NRW«.
259 *Möschel*, Fusionskontrolle im Rundfunk, S. 631 m.w.N.

als 25% erworben wird, verbunden mit dem parallelen Erwerb von Minderheitsbeteiligungen durch nahestehende Banken oder Versicherungen.[260] Wettbewerblich erheblich im Sinn des § 23 Abs. 2 Nr. 6 GWB ist der Einfluß, der es dem beteiligten Unternehmen ermöglicht, bei der Entscheidung über den Einsatz der Ressourcen des anderen Unternehmens die eigenen Wettbewerbsinteressen zur Geltung zu bringen. Im Vordergrund stehen die Minderheitsbeteiligungen zwischen Unternehmen, die sich auf einem oder mehreren Märkten als Wettbewerber begegnen.[261] Aufgrund dieser Vorschrift dürfte der Anwendungsbereich der Fusionskontrolle bei verschiedenen medialen Verflechtungen, etwa der Kirch Gruppe, des Bertelsmann Konzerns oder der Axel Springer AG eröffnet sein.[262]

b) *Quantitative Aufgreifschwellen*

Liegt ein Zusammenschluß oder ein Umgehungstatbestand vor, ist lediglich der Anwendungsbereich der Fusionskontrolle eröffnet. Davon zu trennen ist die notwendige weitere Prüfung, ob die Umsatzschwellen erreicht sind und ob eine Marktbeherrschung vorliegt.

Die wichtigste quantitativen Schwellen der Fusionskontrolle ist die Umsatzschwelle für die insgesamt am Zusammenschluß beteiligten Unternehmen in Höhe von 500 Millionen DM (§§ 23 Abs. 1, 24 Abs. 8 Nr. 1 GWB). Soweit *Presseunternehmen* beteiligt sind, gilt gemäß § 23 Abs. 1 S. 7 GWB ein Faktor 20, so daß die Schwelle von 500 Millionen DM sich auf 25 Millionen DM reduziert.[263] Die Aufgreifschwelle von 500 Millionen DM und die reduzierte Grenze sind bei landesweiten Veranstaltern großer Flächenländer schnell überschritten.[264] Bei Zusammenschlüssen von Presse- oder anderen Medienunternehmen auf lokaler oder begrenzt regionaler Ebene, die auch nur über einen begrenzten Umsatz verfügen, dürfte dies nur eingeschränkt der

---

260 *Mestmäcker*, in *Immenga/Mestmäcker*, § 23 Rdnr. 239.

261 *Mestmäcker*, in *Immenga/Mestmäcker*, § 23 Rdnr. 242.

262 So hält die Axel Springer AG Beteiligungen an SAT 1 und hat ihre Beteiligung am Wettbewerber Tele 5 zwar auf unter 25 % zurückgenommen, jedoch besteht - wie bereits erörtert - die Vermutung, daß sie auch auf weitere 17 % der Anteile über eine Bank und einen Notar Einfluß ausübt. Das Bundeskartellamt hat jedenfalls weitere Unterlagen über den Verkauf der 17% Anteile angefordert. In gleichem Maße muß geprüft werden, ob der Einfluß der Kirch Gruppe auf die Sender Tele 5, SAT 1 und Premiere und dessen gleichzeitige verwandtschaftliche Beziehung zu dem Halter der Beteiligungen an den Sendern Pro 7 und Kabelkanal unter den Umgehungstatbestand fällt. Ebenso *Heinrich*, Media Perspektiven 1992, 338, 348.

263 Dazu *Mestmäcker*, in *Immenga/Mestmäcker*, § 23 Rdnr. 98ff, 104ff; *Möschel*, Fusionskontrolle im Rundfunk, S. 631

264 Etwa BKartA, Beschl. v. 18.7.1989, WuW/E BKartA 2396 »WDR - Radio NRW«.

Fall sein.[265] Insbesondere wird der intramediäre Zusammenschluß nicht bundesweit operierender Rundfunkveranstalter nur sehr schwer erfaßt, was auch für die Bildung von Sendeketten mit regionaler und überregionaler Reichweite gilt. Auch die Verbindung von Rundfunkunternehmen mit anderen Unternehmen verlagsfremder Branchen - wie Programmproduktions- oder Zulieferunternehmen - fällt mangels Erreichen der Aufgreifschwelle in der Regel nicht unter die Fusionskontrolle.[266]
Schwierigkeiten bereitet die Festlegung der in die Berechnung der Umsatzschwellen einzubeziehenden »Einnahmen« der Rundfunkveranstalter. Bei den öffentlich-rechtlichen Anstalten müssen neben den Werbeeinnahmen auch die Gebühren in das Aufgreifkriterium einbezogen werden, da die Gebühren Ressourcencharakter haben, worauf es im Zusammenhang mit der Anwendung des § 23 Abs. 1 S. 3 GWB entscheidend ankommt.[267] Bei den privaten Veranstaltern werden die Werbeeinnahmen einbezogen.

c) *Marktbestimmung und Marktbeherrschung im Rundfunkbereich*

Erst wenn diese formellen Kriterien erfüllt sind, erfolgt die materielle Fusionskontrolle. Ein Zusammenschluß kann auch intramediär (etwa 2 Hörfunkveranstalter) oder intermediär (Rundfunkveranstalter und Zeitungsverlag) sein. Nach § 24 Abs. 1 GWB muß zu erwarten sein, daß »eine marktbeherrschende Stellung entsteht oder verstärkt wird«. Die Bestimmung des sachlichen relevanten Markte (Produkt- oder Dienstleistungsmarkt) erfolgt nach dem Bedarfsmarktkonzept oder Konzept der funktionellen Austauschbarkeit. Danach umfaßt der relevante Markt alle Erzeugnisse und Dienstleistungen, die vom Verbraucher aufgrund ihrer Eigenschaften, ihrer Preislage und ihres Verwendungszwecks als gleichartig und funktionell austauschbar angesehen werden.[268]
Nach allgemeiner Ansicht besteht kein einheitlicher *Medienmarkt* für die Unterhaltungsleistungen Presse, Film und Rundfunk. Aufgrund der verschiedenen Wahrnehmungsformen und Nutzungsweisen stehen diese Medien vielmehr im Verhältnis der Komplementarität.[269] Sie sind für die Verbraucher

---

265 *Wagner*, RuF 1990, S. 165, 170; *Holznagel*, ZUM 1991, 263, 266.

266 *Spieler*, S. 169f, 293; *Wagner*, RuF 1990, S. 165, 170.

267 KG, Beschl. vom 26.6.1991, WuW/E OLG 4811, 4824 »WDR - Radio NRW«; *Kiecker*, WuW 1990, S. 128, 130 und *Monopolkommission*, 9. Hauptgutachten 1990/1991, erscheint 1992, Rdnr. 697.

268 *Möschel*, in *Immenga/Mestmäcker*, § 22 Rdnr. 24ff und *Mestmäcker*, in *Immenga/Mestmäcker*, § 23 Rdnr. 110ff.

269 *Grundmann*, S. 143; *Monopolkommission*, 6. Hauptgutachten 1984/85, Rdnr. 574 ff. (584).

nicht funktionell austauschbar. So unterscheiden sich Zeitungen und Rundfunk bereits dadurch, daß erstere die Nachrichten und Informationen dauernd aufzeichnen, während letzterer die Nachrichten in völlig anderer Form darstellt und zudem die gefunkten Nachrichten nur vorübergehender Natur sind.[270]

Es besteht aber auch kein einheitlicher *Rundfunk- und Fernsehmarkt*, da die verschiedenen Angebote für die Rezipienten nicht funktionell austauschbar sind.[271] Das Bundeskartellamt begründet dies damit, daß soweit das Angebot werbefinanziert ist, kein Leistungsaustausch erfolge. Soweit eine Gebühr gezahlt werden müsse, sei dies eine Art Pauschale für den Zugang zum Medium, die konkrete Nutzung erfolge kostenlos. Diese Ansicht ist im Hinblick auf den Schutzzweck des GWB und insbesondere des § 22 GWB bedenklich, da eine horizontale Konkurrentenbehinderung auch auf den Rundfunk- und Fernsehmärkten erfüllbar ist. [272]

Die tatsächlich bestehende Rivalität zwischen den verschiedenen Anbietern gilt als Wettbewerbsparameter für einen anderen Markt, nämlich den *Werbemarkt*.[273] Die Angebote in Presse- und Rundfunkleistungen, aber auch in Fernsehen- und Hörfunkprogrammen sind nicht austauschbar, sondern werden als komplementär angesehen.[274] Aus Sicht der Werbetreibenden sind die verschiedenen Medien alleine aufgrund der zur Verfügung stehenden Kapazität nicht austauschbar. In der Fernsehwerbung besteht nur eine begrenzte Werbemöglichkeit, da zum einen Werbezeiten gesetzlich eingeschränkt sind (bei den öffentlich-rechtlichen Anstalten) oder zum andereren nur bestimmte Sendezeiten für die Werbung geeignet sind. Diese Knappheit besteht im Zeitungsgeschäft nicht. Im übrigen belegen die Werbetreibenden die elektronischen Medien und die Printmedien gleichzeitig, um alle Bevölkerungsgruppen zu erreichen. In diesem Sinne lassen sich auch Fernseh- von der Radiowerbung abgrenzen. Insgesamt ist die Komplementarität der verschiedenen Werbemedien in ihrem Verhältnis zueinander ein Kennzeichen des gesamten Werbegeschäfts.[275] Auch für Hörfunk- und Fernsehwerbung besteht kein

---

270 *Mestmäcker*, Medienkonzentration, S. 80.

271 *Kiecker*, WuW 1990, S. 128, 130.

272 *Möschel*, in *Immenga/Mestmäcker*, § 22 Rdnr. 30 m.w.N.

273 *Möschel*, Fusionskontrolle im Rundfunk, S. 633; *Grundmann*, S. 143.

274 KG, Beschl. vom 26.6.1991, WuW/E OLG 4811, 4825ff »WDR - Radio NRW« unter besonderer Berücksichtigung des erheblichen Preisunterschieds zwischen Hörfunk- und Fernsehwerbung. Ebenso *Monopolkommission*, Hauptgutachten 1988/89, Rdnr. 625.

275 *Mestmäcker*, Medienkonzentration, S. 81. In gleichem Maße qualifizieren amerikanische Gerichte im Anzeigengeschäft unterschiedliche Märkte im Rundfunk- und Zeitungsmarkt. Die Federal Communications Commission (FCC) jedoch hat zur Begründung des Erlasses von cross-ownership Begrenzungen im Medienbereich argumentiert, Tageszeitungen und Rundfunkstationen seien im Anzeigengeschäft demselben Produktmarkt

einheitlicher Markt. Die Trennung der Märkte für Hörfunk- und Fernsehwerbung resultiert aus den unterschiedlichen Preishöhen, den verschiedenen Eigenschaften der Medienarten als Werbeträger verbunden mit der unterschiedlichen Wahrnehmungsform der Werbung im jeweiligen Medium.[276] Die räumlichen Grenzen der Märkte richtet sich nach der Senderreichweite der Anbieter.

Auf den so bestehenden Märkten bilden die öffentlich-rechtlichen Anstalten auf überregionaler oder bundesweiter Ebene aufgrund ihrer besseren Frequenzausstattung gegenwärtig und in naher Zukunft ein Oligopol für die ausgestrahlten *Programme* im Sinn des § 22 Abs. 2 GWB. Angesichts der noch geringen Verkabelungsdichte und der sich erst abzeichnenden Nutzung von Satelliten und weiteren terrestischen Frequenzen sind diese Rundfunkanstalten noch keinem wesentlichen Wettbewerb durch private Anbieter ausgesetzt.[277] Zusammenschlüsse von privaten Rundfunkunternehmen können deshalb nicht zu marktbeherrschenden Stellungen führen, sondern wirken sich als Aufholfusionen günstig auf die Wettbewerbsstrukturen aus, da die privaten Anbieter eine gewisse Größe bedürfen, um überhaupt mit den öffentlich-rechtlichen Anstalten konkurrieren zu können.[278] Aufgrund der Programmkoordinierung zwischen den beiden öffentlich-rechtlichen Anstalten ist ein solcher Wettbewerb auch nicht im Innenverhältnis zwischen ihnen anzuneh-

---

zuzurechnen. Beide Medien stünden durchaus in einem Wettbewerbsverhältnis, das durch die cross-ownership Regelungen gegen Konzentration geschützt werden müsse, s. *Spieler*, S. 127/128.

276 BKartA, Beschl. v. 19.7.1989, WuW/E BKartA 2396, 2402; KG, Beschl. vom 26.6.1991, WuW/E OLG 4811, 4825f, »WDR-Radio NRW«; *Mestmäcker*, GRUR Int. 1983, S. 553, 557; *Grundmann*, S. 144; *Möschel*, Fusionskontrolle im Rundfunk, 633f, m.w.N.

277 *Grundmann*, S. 143/144; *Immenga*, AfP 1989, S. 621, 624; *Roth*, AfP 1986, S. 287, 192.

278 Dementsprechend billigte das BKartA die Aufstockung der Anteile der Bertelsmann AG (über die UFA) auf 33,6 % der Stimmrechtsanteile, der A. Springer Verlag AG auf 25 % der Stimmrechtsanteile und der Heinrich Bauer Verlag AG auf 25 % der Stimmrechtsanteile an Radio Hamburg, BKartA TB 85/86, S. 91. Kritisch zu den wettbewerblich günstigen Auswirkungen der Aufholfusion auf die Wettbewerbsstrukturen, *Mestmäcker*, in *Immenga/Mestmäcker*, § 23a Rdnr. 45, vor § 23 Rdnr. 38 f. *Heinrich* (Media Perspektiven 1992, 338, 347) fordert entgegen der Praxis des Bundeskartellamtes und der Gerichte, daß die Wettbewerbspolitik sich nur auf den privaten Sektor ohne Berücksichtigung der öffentlich-rechtlichen Anstalten konzentrieren sollte. Dann »bestünden nämlich bereits marktbeherrschende Stellungen privater Anbieter« und jeder weitere Zusammenschluß müßte untersagt werden. Diese Ansicht vermischt jedoch unzulässigerweise kartellrechtliche und medienrechtliche Überlegungen. Aus Sicht der kartellrechtlichen Fusionskontrolle ist nur die Struktur des jeweiligen relevanten Marktes entscheidend, nicht aber Organisationsformen der Marktteilnehmer. Eine andere, davon zu trennende Frage ist, ob medienspezifische, neutrale Konzentrationsregelungen die wachsende Verflechtung im privaten Fernsehsektor verhindern wollen, wie es im Rundfunkstaatsvertrag geschehen ist.

men.[279] Aufgrund dieser Spruchpraxis des Bundeskartellamts sind Zusammenschlüsse privater Veranstalter in überregionalen oder bundesweiten Rundfunkmärkten derzeit nicht zu untersagen.[280]

Der *Fernsehwerbemarkt* ist geprägt von einer Überlegenheit der öffentlich-rechtlichen Anstalten, begründet durch ihre starke Stellung auf diesem Markt, ihrer Zuschauerzahl und insbesondere der bevorzugten Vergabe der reichweitenstarken Frequenzen. Durch hinzugewonnene Positionen der privaten Veranstalter und aufgrund eines zwischen den beiden Anstalten bestehenden Binnenwettbewerbs kann nicht mehr von einer Oligopolstellung der öffentlich-rechtlichen Anstalten im Sinn des § 22 Abs. 2 GWB ausgegangen werden.[281] Denn Kriterien für die Feststellung einer marktbeherrschenden Stellung im Sinn der §§ 22 Abs. 2 und 4, 26 Abs. 2 S. 1 GWB sind neben dem Marktanteil der Unternehmen ihre Finanzkraft, das technische Know-how im Programmbereich, soweit es auf die Attraktivität der zur Verfügung gestellten Werbezeit durchschlägt, die Marktzutrittsschranken sowie die Ausweichmöglichkeiten der Marktgegenseite. Insoweit kann jedenfalls im Fernsehwerbemarkt - im Gegensatz - zur Situation bis Ende 1989 für die Zeit von 1990 an nicht von einer marktbeherrschenden Oligopolstellung der öffentlich-rechtlichen Anstalten ausgegangen werden. Ende 1989 betrug ihr Marktanteil noch 71%, die Abstände zu den privaten Anbietern waren sehr groß und deren Markteintrittsschranken waren relativ hoch. Diese Situation hat sich mit der zunehmenden Attraktivität der privaten, bundesweiten Anbieter, insbesondere *SAT 1* und *RTL Plus* geändert. Es besteht aber eine relative Marktmacht der öffentlich-rechtlichen Anstalten, die noch immer über einen großen Vorsprung verfügen. Dann gilt das Verbot der unbilliger Behinderungen des § 26 Abs. 4 GWB.[282]

In jüngerer Zeit hat das Bundeskartellamt und die Monopolkommission bestätigt, daß derzeit ein Oligopol aus ARD, ZDF, RTL Plus und SAT 1 besteht, das aber wesentlichen Wettbewerb im Innenverhältnis aufweist. Das Kartellamt befand, daß die Gründung des neuen Veranstalters Westschienenkanal (*VOX*) auf dem Fernsehwerbemarkt keine Verschlechterung der Wettbewerbsstruktur zur Folge hat. Wegen der noch sehr starken Stellung der öffentlich-rechtlichen Anbieter und deren Bestandsgarantie und des Marktzutritts von privaten Veranstaltern bedürfe es eines Wettbewerbs mit den

---

279 Vgl. oben C.II.3.
280 *Wagner*, RuF 1990, S. 165, 172; kritisch dazu *Holznagel*, ZUM 1991, S. 263, 267.
281 So noch *Grundmann*, S. 144. Dagegen aber zu Recht *Roth*, AfP 1991, S. 504, 508.
282 *Roth*, AfP 1991, S. 504, 509.

öffentlich-rechtlichen Anstalten und zwischen den privaten Anbietern untereinander, um die erforderlichen Werbekunden zu gewinnen.[283]
Dasselbe gilt für den *Hörfunkwerbemarkt*. Auch dort ist aufgrund der strukturellen Überlegenheit der öffentlich-rechtlichen Anstalten zumindest von einer überlegenen Machtmacht der Anstalten auszugehen. Ein Ausnutzen einer marktbeherrschenden Stellung im Sinn des § 24 Abs. 2 GWB wurde zudem für den Fall angenommen, daß sich eine auf dem Markt dominierende öffentlich-rechtliche Anstalt an privaten Konkurrenten beteiligt, um von vorneherein den denkbaren Wettbewerb zu kanalisieren.[284] Die marktbeherrschende Stellung des Westdeutschen Rundfunks (WDR) in Nordrhein-Westfalen zeigt sich nach Ansicht des Kammergerichts bereits daran, daß dieser die zulässige Werbezeit nicht ausnutzen wolle.[285] Die Monopolkommission hat die zunehmende Beteiligung der öffentlich-rechtlichen Anstalten insbesondere im Hörfunk scharf kritisiert.[286] Im lokalen und regionalen Bereich in Bayern und Baden-Württemberg, wo es aufgrund der dortigen Landesmediengesetze die öffentlich-rechtlichen Anstalten nicht als Konkurrenten vertreten sind, ist ein ähnlicher Zusammenschluß auch zwischen privaten Anbietern denkbar und würde von § 24 Abs. 1 GWB erfaßt.[287]

---

283 BKartA, Hinweis auf die Entscheidung in Westschienenkanal-Film und Fernseh GmbH & Co KG, WuW 1992, S. 32f. Obwohl zwei Hauptgesellschafter an den beiden Oligopolmitglieder SAT 1 und RTL Plus, die Holtzbrinck-Gruppe und die UFA auch am Westschienenkanal beteiligt sind und es zu einer Verflechtung komme, hielt das Kartellamt den Wettbewerb für nicht ausgeschlossen, da die Hauptgesellschafter entgegengesetzte wettbewerbliche Interessen hätten.

284 Dies war der Fall der Beteiligung des WDR an Radio NRW, (BKartA, Beschl. 18.7.1989, WuW/E BKartA 2396ff), in dem sich der öffentlich-rechtliche Westdeutsche Rundfunk (WDR) mit der Bertelsmann AG und der Pressefunk NRW Beteiligungs-GmbH die Radio NRW gründete. *Radio NRW* sollte insbesondere das landesweite Rahmenprogramm für den lokalen Hörfunk veranstalten und verbreiten. Das Bundeskartellamt stellte fest, daß der WDR auf dem Hörfunkwerbemarkt in Nordrhein-Westfalen keinem wesentlichen Wettbewerb im Sinn des § 22 Abs. 1 GWB ausgesetzt ist. Die Untersagung erfolgte daher maßgeblich aufgrund der durch den Zusammenschluß bewirkten Verstärkung der marktbeherrschenden Stellung (§ 22 Abs. 1 GWB) des WDR im Hörfunkwerbemarkt in Nordrhein-Westfalen, ebda. Das KG bestätigte mit Beschluß vom 26.6.1991 diese Entscheidung (WuW/E OLG 4811). S. auch *Grundmann*, S. 145 und kritisch *Stock*, AfP 1989, S. 627, 632ff.

285 KG, Beschl. vom 26.6.1991, WuW/E OLG 4811, 4827. Wörtlich fährt das Gericht hinsichtlich der Position des WDR fort: »Nur wer bei seinem Verhalten auf dem Markt von der Konkurrenz nicht hinreichend kontrolliert wird, kann es sich leisten, sein Angebot beliebig zu verknappen.«

286 Wörtlich heißt es: »Nach Ansicht der Monopolkommission handelt es sich dabei [den Beteiligungen] um eine die Grundgedanken des dualen Rundfunksystems konterkarierende und ordnungspolitisch höchst bedenkliche Entwicklung.« *Monopolkommission*, Hauptgutachten 1988/89, Rdnr. 622 und 657; wiederholt im 9. Hauptgutachten 1990/91, erscheint 1992, Rdnr. 766.

287 *Möschel*, Fusionskontrolle im Rundfunk, S. 635. In Bayern beabsichtigt eine Gesellschaft, die Vermarktung der überregionalen Werbung im Hörfunk für die bayerischen

Ein zunehmender Wettbewerb zwischen den öffentlich-rechtlichen Anstalten und den privaten Anbietern besteht auch auf dem *Programmbeschaffungsmarkt*. Das Bundeskartellamt beurteilt die Position der öffentlich-rechtlichen Anstalten jeweils bezogen auf den im Einzelfall vorliegenden relevanten Teilmarkt, etwa den Markt für die Nachfrage von Spielfilmen.[288] In diesem Sinne besteht ein sachlicher Markt für Rundfunkrechte an Sportveranstaltungen im Inland.[289] Die Stellung der öffentlich-rechtlichen Anstalten im Programmbeschaffungsmarkt ist wesentlich geprägt durch die - bereits erwähnte - Koordinierungspflicht zwischen ARD und ZDF, so daß ein effektiver Nachfragewettbewerb zwischen ihnen nicht besteht.[290] Die stärker werdende Position privater Anbieter im Bereich publikumswirksamer Sportveranstaltungen und Spielfilmen hat aber zur Folge, daß jedenfalls für diese Märkte keine marktbeherrschende Stellung der öffentlich-rechtlichen Anstalten im Sinn der §§ 22 Abs. 2, 22 Abs. 1 Nr. 1 GWB besteht. Aufgrund der auch in diesem Programmbeschaffungsmarkt bestehenden strukturellen Vorteile der öffentlich-rechtlichen Anstalten besteht allerdings eine überragende Marktstellung im Sinn des § 22 Abs. 1 Nr. 2 GWB verbunden mit dem Verbot unbilliger Behinderung (§§ 26, 18 GWB).[291] Ob im Bereich des Pay-TV ein eigener Markt für Spartenprogramme gegen Entgelt mit Schwerpunkt Spielfilmen besteht, hat das Bundeskartellamt offen gelassen. In jedem Fall sind bei der Beurteilung einer marktbeherrschenden Stellung das (gebühren- und werbefinanzierte) Fernsehen, Kinos und die Videoauswertung von Filmen einzubeziehen, die Substitutionskonkurrenten gegenüber den Pay-TV Veran-

---

Lokalhörfunkstationen durchzuführen (Vgl. § 9 Abs. 4 der Satzung über die Nutzung von Hörfunkfrequenzen in Bayern nach dem MEG vom 13.7.1991 (StAnz. Nr.25) Auch die Verträge dieser Gesellschaft sollen vorsehen, überregionale Werbung nur über sie zu beziehen und nicht von Dritten. Diese Ausschließlichkeitsbindungen, an dem auch die Lokalstationen aufgrund von Ausschüttungen beteiligt sind,ist geeignet, anderen Vermarkten den Zutritt zu diesem lokalen Werbehörfunkmarkt im Sinn des § 18 Abs. 1 Nr. 2 i.V.m. § 18 Abs. 1 S. 1 b) GWB zu versperren. Im einzelnen *v. Wallenberg*, WuW 1991, S. 963, 967 und *Monopolkommission*, 9. Hauptgutachten 1990/91, erscheint 1992, Rdnr. 691.

288 *Grundmann*, S. 145 m.w.N.

289 BGH, aaO., WuW/E BGH 2627, 2636 (»Globalvertrag«) mit näherer Abgrenzung dieses Marktes. Das Bundeskartellamt hatte noch zusätzlich einen eigenen Markt für die rundfunkmäßige Verwertung von Fußballveranstaltungen angenommen. BKartA, Beschl. v. 27.08.1987, WuW/E BKartA 2273, 2277f; dagegen aber KG WuW/E OLG 4267, 4274 und BGH, aaO., WuW/E BGH 2627, 2636 (»Globalvertrag«).

290 Zur Vereinbarkeit der gemeinsamen Programmbeschaffung und Akquisition von Werbung von ARD und ZDF mit § 1 GWB, *Grundmann*, S. 153f.

291 *Grundmann*, S. 146. Der Globalvertrag der öffentlich-rechtlichen Anstalten mit den Spitzenverbänden des Sports, durch den die Verbänden beschränkt werden, für eine Laufzeit von 5 Jahren Rechte für die Verwertung an andere - private - Rundfunkveranstalter zu vergeben, war eine solche unbillige Beschränkung der privaten Veranstalter bei der Programmbeschaffung, BGH, aaO., WuW/E BGH 2627, 2636 (»Globalvertrag«).

staltern sind.[292] Durch diese - berechtigte - Einbeziehung der terrestrischen Ausstrahlung von Spielfilmen in den bundesweiten öffentlich-rechtlichen und privaten Fernsehprogrammen dürfte fusionskontrollrechtlich auf absehbare Zeit ein Zusammenschluß im Pay-TV Bereich nicht zu untersagen sein.
Von besonderer Bedeutung sind Zusammenschlüsse von Rundfunkunternehmen und Presseunternehmen im Hinblick auf die Entstehung oder Verstärkung einer marktbeherrschenden Stellung auf dem *Pressemarkt*. Fälle dieser Art sind die Bildung von Gemeinschaftsunternehmen zwischen Rundfunkanbietern und Zeitungsverlagen, die im lokalen oder regionalen Rundfunkverbreitungsgebiet eine marktbeherrschende Stellung haben. Die Werbung des Senders kann so gesteuert werden, daß das Anzeigengeschäft der (beteiligten) Zeitung nicht leidet und das Programm so gestaltet werden, daß keine Konkurrenz, im Idealfall sogar eine Ergänzung zwischen Rundfunk und Zeitung entsteht. Fusionskontrollrechtlich kann ein derartiges intermediäres Zusammengehen in der Regel nur auf lokalen Märkten angegangen werden. Dort dominieren die öffentlich-rechtlichen Anstalten nicht, so daß das beteiligte Rundfunkunternehmen die Strategie auch auf dem Markt durchsetzen kann. Demgegenüber besteht eine derartige Dominanz auf überregionaler und bundesweiter Ebene, so daß auf diesen Märkten Zusammenschlüsse zwischen überregionalen Medienunternehmen (Presse, Verlage) und Rundfunkanbietern nicht untersagt werden können.[293] Für eine Untersagungsverfügung einer intermediären Verflechtung nach § 24 Abs. 1 GWB müssen folgende Voraussetzungen erfüllt werden:[294]

— Zwischen Rundfunk und Zeitungsmarkt muß Wettbewerb bestehen, mindestens in der Form von Substitutionswettbewerb.
— Das Presseunternehmen muß in der Lage sein, seine Absicherungsstrategie innerhalb des Rundfunkunternehmens durchzusetzen.

---

292 Durch diese Marktabgrenzung hat das BKartA das Zusammenschlußvorhaben der zur Kirch-Gruppe gehörende *Taurus GmbH* (Teleclub) und *Canal+* (100ige Tochter des französischen Pay-TV Veranstalters Canal Plus S.A.) und der Erwerb einer 30igen Beteiligung an der *Sportkanal GmbH* durch die Canal Plus S.A. nicht untersagt, s. *Monopolkommission*, 9. Hauptgutachten 1990/91, erscheint 1992, Rdnr. 692 und 693. Das OLG Stuttgart hat jüngst entschieden, daß die Veranstalter von Pay-TV im Sinn des § 26 Abs. 2 GWB gleichartig mit anderen privaten und öffentlich-rechtlichen Fernsehprogrammveranstaltern sind, Urt. vom 30.11.1990, WuW/E OLG 4719.

293 Dementsprechend ist auch nur ein Zusammenschlußvorhaben, das bereits erwähnte Radio NRW (BKartA, Beschl. 18.7.1989, WuW/E BKartA 2396 ff.), von den in den vergangenen Jahren geprüften, untersagt worden. Vgl. *Monopolkommission* Hauptgutachten 1984/1985, Rdnr. 574ff; Hauptgutachten 1986/1987, Rdnr. 507ff; Hauptgutachten 1988/1989, Rdnr. 587 ff.

294 Vgl. *Möschel*, Fusionskontrolle im Rundfunk, S. 635/636. Auch *v. Wallenberg*, WuW 1991, 694, 698, zur Problematik der Mehrfrequenzstandorte, zu denen sich verschieden Anbieter im lokalen Hörfunk zusammenschließen.

— Das Rundfunkunternehmen muß in der Lage sein, die Absicherung innerhalb des Marktes durchzusetzen.
— Die nachteiligen Wirkungen auf dem Pressemarkt dürfen nicht überwogen werden durch eine Verbesserung der Wettbewerbsbedingungen im Rundfunkmarkt, welche aus dem Zutritt eines neuen Wettbewerbers entstehen kann.

Insgesamt sind intermediären Verflechtungen fusionskontrollrechtlich nur schwer zu begegnen. Beispiele sind die bereits erwähnten Vorgehen der Axel Springer AG beim bundesweiten Fernsehen und des Holtzbrinck Konzerns beim landesweiten Rundfunk und bei den TV Vollprogrammen SAT 1 (15%) und VOX (14,5%). Das gleiche gilt für die zunehmende Beteiligung von Presseunternehmen an regionalen und überregionalen Hörfunkveranstaltern.[295] Lediglich Beteiligungen von öffentlich-rechtlichen Anstalten sind zu erfassen und wurden dementsprechend vom Bundeskartellamt im Fall Radio NRW auch untersagt.

Weiterhin kann fusionskontrollrechtlich nur externem Unternehmenswachstum auf den Medienmärkten begegnet werden. Internes Wachstum ist nicht Gegenstand der Fusionskontrolle. So ist das GWB zwar auf Zusammenschlüsse zu Rundfunkunternehmen anwendbar, nicht dagegen auf die zusätzliche Erteilung einer Rundfunkerlaubnis. Dementsprechend wurde wiederholt vorgeschlagen, die Erteilung einer Rundfunkerlaubnis einem Zusammenschluß gleichzusetzen.[296] Da dieser Vorschlag bisher keinen Niederschlag im GWB gefunden hat, ist es insoweit den medienspezifischen Konzentrationskontrollen vorbehalten, Wettbewerbsbeschränkungen aufgrund von Mehrfachlizenzen zu begegnen.

---

295 Die Beteiligung der *Lübecker Nachrichten GmbH* und der *UFA Film- und Fernseh GmbH* an der *Ostsee Radio Mecklenburg GmbH (Ostsee Radio)*, die sich um die landesweite Hörfunk-Frequenz bewerben will, ist nicht untersagt worden. Die Lübecker Nachrichten GmbH übernahm die Ostsee-Zeitung GmbH, die mit 24,5% an Ostsee Radio beteiligt ist; 2% der Anteile an Ostsee Radio werden von der Mecklenburg-Vorpommern Verlags GmbH gehalten, an der die Lübecker Nachrichten GmbH mit 80% beteiligt ist. Das BKartA entschied, daß aufgrund der künftigen öffentlich-rechtlichen Sendeanstalt in Mecklenburg-Vorpommern ein Wettbewerbsdruck entstehen wird. Daher werde es den Zeitungsverlegern nicht möglich sein, Strategien zum Schutz ihrer Zeitungstitel über relativ hohe Hörfunk- und Werbespotpreise zu entwickeln, s. *Monopolkommission*, 9. Hauptgutachten 1990/1991, erscheint 1992, Rdnr. 740.

296 *Mestmäcker*, in *Immenga/Mestmäcker*, vor § 23 Rdnr. 71 m.w.N. und *Monopolkommission*, 9. Hauptgutachten 1990/1991, erscheint 1992, Rdnr. 808.

IV. *Zuständige Behörden*

Für die Aufsicht und Kontrolle privater Rundfunkveranstalter ist die nach Landesgesetz geschaffene Landesmedienanstalt zuständig.[297] Dies gilt sowohl für die lokalen und regionalen, aber auch für die bundesweiten, länderübergreifend anbietenden Veranstalter. Zur Kontrolle und Durchsetzung des GWB ist das Bundeskartellamt in Berlin zuständig, das mittels Untersagungsverfügung eingreifen kann. Dagegen steht den Betroffenen der ordentliche Rechtsweg offen. Demgegenüber wird das UWG auf dem Klageweg zwischen den im Wettbewerbsverhältnis stehenden Unternehmen vor den Zivilgerichten durchgesetzt.

V. *Kritik und Ausblick*

In Deutschland kommt es aufgrund der grundgesetzlichen Verteilung von rundfunk- und wettbewerbsrechtlichen Kompetenzen zu den aufgezeigten Überschneidungen von landesrechtlichem Rundfunkrecht und bundesrechtlichem Wirtschaftsrecht. Die in den Landesmediengesetzen enthaltenen Fusionsregelungen können für eine Übergangszeit bis zu einem bestehenden funktionierenden Marktgeflecht im Rundfunk aus Gründen des öffentlichen Interesses erforderlich sein. Nicht übersehen werden darf jedoch, daß Kooperationen aufgrund der technischen Entwicklung im Rundfunkwesen durchaus im unternehmerischen Interesse sein können. Es bedarf daher einer politischen Entscheidung, ob den öffentlichen Interessen Vorrang zu geben ist, oder ob nicht vielmehr der Wettbewerb für die tendenzielle Übereinstimmung von unternehmerischen und öffentlichen Interessen sorgt.[298] Derzeit ist die politische Entscheidung unabhängig von bestehenden unternehmerischen Interessen in den Landesmediengesetzen verwirklicht worden. Das Scheitern des baden-württembergischen Modells[299] zeigt aber, daß dies in Zukunft nicht in der jetzigen Form durchzuhalten sein wird. Da insbesondere intermediäre Konzentrationen nach dem GWB nur beschränkt begegnet werden können, bedarf es der medienspezifischen Konzentrationskontrollen. Die Beschränkung, daß ein Unternehmen den Veranstalter eines Vollprogramms nicht mehrheitlich beherrschen kann, sollte jedoch aufgehoben werden.

---

297 Staatsvertrag, Art. 1; §§ 19 ff Rundfunkstaatsvertrag.
298 Schon *Mestmäcker*, ZUM 1986, S. 63, 67; *Immenga*, AfP 1989, S. 621, 625.
299 Vgl. epd/KuR Nr. 98, 14.12.1991, S. 13.

Die ebenfalls in den Landesmediengesetzen enthaltene Vielfaltsanforderung an private Programme kann aber nicht mehr mit einem angeblich bestehenden öffentlichen Interesse begründet werden. Die Landesmedienanstalten führen aufgrund dieser Anforderungen eine laufende Kontrolle der Programmstruktur und mediengesetzlichen Anforderungen der privaten Programme durch. In der Praxis erfolgt die Kontrolle durch Programmbeobachter, die die der jeweiligen Landesmedienanstalt unterliegenden Programme ständig auf deren Vereinbarkeit mit den medienspezifischen Anforderungen überprüfen. Zur Begründung immer noch bestehender inhaltlicher Kontrolle durch ständige öffentliche Aufsicht wird der angebliche Unterschied von publizistischer Vielfalt und wirtschaftlicher Freiheit herangezogen: publizistische Vielfalt, die von der Verfassung gefordert sei, könne nicht unbedingt mit ökonomischem Wettbewerb erreicht werden, sondern sei getrennt davon zu behandeln und durch entsprechende gesetzliche Anforderungen zu sichern. Diese Ansicht negiert erstens den ideengeschichtlich engen Zusammenhang zwischen Meinungsfreiheit und Wirtschaftsfreiheit, der Ausdruck fand in der berühmten Formulierung von Mr. Justice Holmes, wonach die beste Prüfung, ob ein Gedanke wahr ist, in seiner Kraft bestehe, sich im Wettbewerb auf dem Markt durchzusetzen.[300] Dem läuft eine ständige öffentliche Aufsicht über Programme zuwider, wobei die Landesmedienanstalten aufgrund der Zulassung privater Anbieter ohnehin darauf Einfluß haben, welche Anbieter senden können.

In diesem Zusammenhang ist besonders die doppelte Zuständigkeit der Medienanstalten zur Inhalts- und Konzentrationskontrolle bedenklich. Während die Konzentrationskontrolle inhaltlich neutral nicht an der geäußerten Meinung ansetzt, sondern an der wirtschaftlichen Zusammensetzung des Anbieters, beurteilt die Vielfaltskontrolle die Programme an sich. Es ist nicht ersichtlich, wie strukturell und personell die verschiedenen Kontrollen der Anbieter auseinandergehalten werden können. Um so bedenklicher muß der vereinzelt gemachte Vorschlag beurteilt werden, die Landesmedienanstalten über die Mitteilungspflicht der Anbieter hinaus mit einer eigenen Ermittlungsbefugnis nach § 46 GWB auszustatten.[301]

---

300 Abrams v. U.S., 250 U.S. 616, 630 (1919). Wörtlich heißt es: »But when men have realized that time has upset many fighting faiths, they may come to believe even more than they believe the very foundation of their own conduct that the ultimate good desired is better reached by free trade in ideas - that the best test of truth is the power of thought to get itself accepted in the competition of the market, and that truth is the only ground upon which their wishes safely can be carried out.« Ausführlich dazu *Mestmäcker*, ZUM 1986, 63, 64.

301 So aber *Holznagel*, ZUM 1991, S. 263, 271 und *Wagner*, S. 165, 182. Eine Stelle, die die Rundfunkfreiheit sichern soll, kann nicht gleichzeitig mit hoheitlichen Ermittlungs-

Die veränderten technischen und wirtschaftlichen Bedingungen der Kommunikation erfordern langfristig eine Überprüfung der der Ordnung zugrunde liegenden Prinzipien. Dementsprechend kann dem Bundesverfassungsgericht darin nicht mehr gefolgt werden, daß die spezifischen nur im Rundfunk geltenden Anforderungen an den Inhalt der Programme auch dann noch aufrechterhalten bleiben müssen, wenn die physikalisch bedingte Knappheit der Frequenzen »im Zuge moderner Entwicklung entfällt«.[302] Vielmehr ist durch die sich ausweitende Netz- und Sendetechnologie mit direkt strahlenden Satelliten, Kupfer- und Glasfaserverkabelung aber auch durch die zunehmende Internationalisierung des Rundfunks in Europa von einer Konvergenz aller Medien auszugehen, die besondere Anforderungen an *ein* Medium als zunehmend obsolet erscheinen lassen.[303] Die laufende staatliche Aufsicht über die Programme deutscher Rundfunkanbieter durch ständige Programmkontrolle der Landesmedienanstalten entbehrt ohnehin zunehmend ihrer Rechtfertigung dadurch, daß die Rezipienten dazu übergehen, sich auf allen Medienmärkten zu versorgen. Dazu zählen nicht nur Angebote von Videotheken, sondern auch nationale und internationale Programme, die über Satellit zu empfangen sind. Der Beginn dieser Entwicklung läßt sich in den neuen Ländern beobachten, in denen nach deren Beitritt zunächst keine privaten Frequenzen vergeben wurden. Dort wurde dazu übergegangen, die terrestrisch nicht empfangbaren privaten Programme über Satellit dennoch zu erreichen. Für diese privaten Anbieter wird sich daher die Frage stellen, ob der Verbreitungsgrad durch Satellitenempfang so hoch geworden ist, daß sie sich nicht mehr für eine terrestrische Frequenz in den Ländern bewerben werden.

---

befugnissen ausgestattet werden, wobei dann nicht mehr auseinander zu halten ist, ob die jeweilige Ermittlung der »Sicherung der Vielfalt« durch Einsichtnahme in Unterlagen oder der Konzentrationskontrolle dient. Ablehnend auch *v. Wallenberg*, WuW 1991, S. 963, 970, die auch auf die überschneidende Zuständigkeit mit dem Bundeskartellamt hinweist.

302 BVerfGE 57, 295 (322).

303 Dementsprechend hat die amerikanische Federal Communications Commission (FCC) die den deutschen Vielfaltsanforderungen entsprechende Fairness Doctrine als gegen die Verfassung verstoßend aufgegeben. Vgl. 1985 Fairness Report, 102 F.C.C. 2d. 147-48 und die dieser Ansicht folgenden Entscheidungen *Meredith Corp. v. FCC, 809 F.2d 863, 874 (D.C. Cir. 1987), Syracuse Peace Council v. FCC, 867 F. 2d 654 (D.C. Cir. 1989), cert. den. 58 U.S.L.W. 3427 (U.S. Jan. 9, 1990).*

E. Nationales Rundfunkrecht und Europäische Wirtschaftsfreiheit

Die Satellitentechnik hat das bisher streng an den nationalen Grenzen orientierte Rundfunksystem in Europa tiefgreifend verändert. Längst werden Fernseh- und Radioprogramme nicht nur für die Zuschauer nur eines Mitgliedstaats produziert. Werbetreibende konzipieren ihre Werbung für grenzüberschreitende Programme in mehreren Sprachen. Die Internationalisierung des Medienangebotes und des Medienwettbewerbs erfordert insbesondere im Zuge der europäischen Integration und der Schaffung des Gemeinsamen Marktes in Europa die Anpassung der tradierten nationalen Rundfunkordnungen an die veränderten Bedingungen der Kommunikation.[304]
Die Europäische Gemeinschaft hat sich die Aufgabe gestellt, im Bereich der audiovisuellen Dienstleistungen eine einzige gemeinschaftsweite Rundfunkzone zu errichten.[305] Demgegenüber haben die Länder in der Bundesrepublik und die öffentlich-rechtlichen Sendeanstalten der Europäischen Gemeinschaft als einer bloßen Wirtschaftsgemeinschaft die Zuständigkeit für den Rundfunk bestritten. Diese beiden Parameter zeigen bereits das Spannungsverhältnis zwischen dem nationalen Rundfunkrecht und der europäischen Wirtschaftsfreiheit auf, das im folgenden Gegenstand näherer Betrachtung sein wird.

I. *Nationales Rundfunkrecht und Freiheit des Dienstleistungsverkehrs*

1. *Rundfunksendungen und Freiheit des Dienstleistungsverkehrs*

Die Freiheit des Dienstleistungsverkehrs (Art. 59ff EWGV) und die Niederlassungsfreiheit (Art. 52ff EWGV) sind zwei der wesentlichen Freiheiten zur Verwirklichung des gemeinsamen Marktes. Kernstück der Vorschriften ist die Garantie der Inländergleichbehandlung bei grenzüberschreitender Leistungserbringung. Die Begünstigten sollen unter den gleichen Voraussetzungen wie Inländer ihre Dienstleistung erbringen (Art. 52 Abs. 2, 60 Abs. 3 EWGV).[306]

---

304 *Mestmäcker*, ZUM 1986, S. 63, 65, 68.
305 Weißbuch der Kommission an den Europäischen Rat, Vollendung des Binnenmarktes, 14. 6. 1987, KOM (85310) endg., Rdnr. 115.
306 *Oppermann*, Rdnr. 1505.

Die Eigenschaft der Rundfunksendungen als Dienstleistung ist in Deutschland in jüngerer Zeit mit dem Argument in Frage gestellt worden, daß eine Dienstleistung nach Art. 59ff EWGV grundsätzlich entgeltlich erbracht wird. Auf dieser Grundlage wurde der Versuch unternommen, die Anwendbarkeit der Vorschriften auf die Fälle zu beschränken, in denen ein echter schuldrechtlicher Vertrag zwischen Dienstleistungserbringer und Empfänger besteht. Dies wäre bei einer Rundfunksendung nicht der Fall, da kein Entgelt für den Empfang der Sendungen entrichtet wird. Von anderer Seite wurde geltend gemacht, daß nur dann eine grenzüberschreitende Dienstleistung vorliege, wenn die Ausstrahlung der Sendung gezielt an das Publikum eines anderen Mitgliedstaates erfolge und der ausländische Veranstalter von deutschen Rundfunkteilnehmern irgendein Entgelt erhalte oder zumindest deutsche Werbekunden das Programm mitfinanzierten.[307] Im Hinblick auf die deutsche Rundfunkstruktur wurde schließlich vorgebracht, das nationale Rundfunkrecht stufe die Sendetätigkeit jedenfalls der öffentlich-rechtlichen Anstalten als öffentliche Leistung und als kulturelle Darbietung in Erfüllung der öffentlichen Aufgabe der Grundversorgung ein.[308]
Diese Ansichten hat der Gerichtshof jedoch nicht berücksichtigt und bereits frühzeitig in nunmehr ständiger Rechtsprechung entschieden, daß auf Ausstrahlung und Empfang von Rundfunksendungen einschließlich der Weiterverbreitung in Kabelanlagen die Vorschriften über die Freiheit des Dienstleistungsverkehrs Anwendung finden.[309] Er hat eine Grenzüberschreitung einer Rundfunksendung und damit die Anwendung des EWG-Vertrages nur dann verneint, wenn »deren wesentliche Elemente sämtlich nicht über die Grenzen eines Mitgliedstaates hinausweisen«.[310] Daher bedarf es keiner gezielten Orientierung des Programms an das Publikums eines anderen Mitgliedstaates und auch eine Ausstrahlung an eine unbestimmte Anzahl von

---

307 *Börner*, ZUM 1985, S. 577ff; *Jarass*, S. 35 Rdnr. 54; Zusammenfassung der Argumente *Mestmäcker*, in *Mestmäcker/Schulze*, 6. Abschnitt, § 4 II.

308 *Koszuszek*, ZUM 1989, S. 541, 545f.

309 EuGH 30.4.1974, Rs. 155/73, Slg. 1974, 409 - Sacchi; EuGH 18.3.1980, Rs. 52/79, Slg. 1980, 833 - Debauve; EuGH 18.3.1980, Rs. 62/79, Slg. 1980, 881 - Coditel I; EuGH 26.4.1988, Rs. 352/85, Slg. 1988, 2085 - Kabelregeling EuGH 25.7.1991, Rs. C 288/89, EuZW 1991, 699 = AfP 1992, 46 - Mediawet. *Schwartz*, ZUM 1989, S. 381, 382f.
Der grenzüberschreitende Handel mit sämtlichen Materialien, die für eine Ausstrahlung von Fernseh- und Rundfunksendungen benutzt werden, etwa Tonträger oder Filme unterliegen den Bestimmungen des freien Warenverkehrs (Art. 30ff). EuGH 18.6.1991, Rs. C 260/89, EWS 1991, 284 = JZ 1992, 682, Rdnr. 13 - Elliniki Radiophonia Tileorasi; EuGH, 10.12.1991, Rs. 179/90, EuZW 1992, 248 - Merci Convenzionali Porto di Genova.

310 EuGH 18.3.1980, Rs. 52/79, Slg. 1980, 833, Rdnr. 9 - Debauve.

Personen steht der Dienstleistungseigenschaft nicht entgegen.[311] Insbesondere bedarf es auch keines schuldrechtlichen Vertrages zwischen Erbringer und Empfänger der Dienstleistung, da Art. 60 nicht verlangt, daß die Dienstleistung von demjenigen vergütet wird, dem sie zugute kommt.[312] Insgesamt erfaßt der Dienstleistungsbegriff des EG-Vertrages meinungsbildende und kulturelle Tätigkeiten in gleichem Maße wie rechtliche, soziale, medizinische und andere nicht wirtschaftliche Leistungen. Entscheidend ist, daß die in Frage stehende Leistung entgeltlich ist, sie muß nicht notwendigerweise eine wirtschaftliche Leistung sein.[313]

2. *Dienstleistungsfreiheit und nationale Verbreitungsbeschränkungen*

a) *Einschränkbarkeit der Dienstleistungsfreiheit durch nationales Rundfunkrecht - Grundsätze*

Die Freiheit des Dienstleistungsverkehrs verbietet diskriminierende nationale Vorschriften, die einen Dienstleistungserbringer aufgrund seiner Zugehörigkeit zu einem anderen Mitgliedstaat ungleich behandeln. Diese sind nach Art. 66, 56 Abs. 1 EWGV nur aus Gründen der öffentlichen Sicherheit oder Ordnung oder Gesundheit gerechtfertigt. In diesem Sinne verstießen die Landesmediengesetze Hamburgs, Hessen und Bremens gegen die Dienstleistungsfreiheit, als sie die Verbreitung ausländischer Programme in ihren Kabelnetzes untersagten (Hamburg), verhinderten (Hessen) oder erschwerten (Bremen).[314]

Für nicht diskriminierende, also unterschiedslos anwendbare Beschränkungen hat der Gerichtshof in seiner jüngsten Rechtsprechung ausdrücklich vollzogen, was sich in der Sache schon seit längerem angekündigt hatte: zwischen der Warenverkehrs- und der Dienstleistungsfreiheit besteht kein Unterschied mehr. Damit sind auch bei der Dienstleistungsfreiheit unterschiedslose Beschränkungen des zwischenstaatlichen Handels verboten, wenn sie nicht durch ein zwingendes Allgemeinwohlinteresse geboten sind, die der enumerativen Anerkennung durch den Gerichtshof bedürfen.[315] Damit unterwirft der

---

311 *Deringer*, ZUM 1986, S. 627 ; *Mestmäcker*, in *Mestmäcker/Schulze*, 6. Abschnitt § 4, 1.

312 EuGH 26.4.1988, Rs. 352/85, Slg. 1988, 2085, Rdnr. 16 Kabelregeling.

313 *Schwartz*, ZUM 1989, S. 381, 382ff; *ders.*, ZUM 1991, S. 155, 164.

314 Nachweise bei *Schwartz*, ZUM 1991, S. 155, 162.

315 EuGH 25.7.1991, Rs. C 288/89, EuZW 1991, 699 = AfP 1992, 46, Rdnr. 13 und 14 - Mediawet, unter Hinweis auf die st. Respr.; *Engel*, Kommunikation und Medien, Rdnr. 44.

Gerichtshof die nationalen Gesetze, die die Ausübung des zwischenstaatlichen Rundfunks einschränken, einer strengen Verhältnismäßigkeitsprüfung. Insbesondere müssen die nationalen Gesetze zur Erreichung etwa des Schutzes nationaler Kulturpolitik zwingend notwendig und objektiv erforderlich sein.[316]

b) *Das Spannungsverhältnis zwischen Dienstleistungsfreiheit und nationalen Verbreitungsbeschränkungen*

In jüngerer Zeit hatte der Gerichtshof in zwei Verfahren über Beschränkungen der Weiterverbreitung von Rundfunksendungen in Kabelanlagen zu entscheiden, die nicht in dem Mitgliedsaat terrestrisch ausgestrahlt wurden, in dem sie weiterverbreitet wurden. Der Gerichtshof hielt das niederländische Verbot ausländische Programme im Kabelnetz weiterzuverbreiten, die speziell für das niederländische Publikum bestimmte Werbung oder Untertitelung in niederländischer Sprache enthielten, für diskriminierend. Sendern mit Sitz in anderen Mitgliedstaaten werde die Möglichkeit entsprechender Werbung und Untertitelung genommen, während inländischen Sendern die Möglichkeit offenstehe, derartige Werbesendungen auszustrahlen.[317] Der Gerichtshof stellte klar, daß die Verbreitung von Programmen in Kabelnetzen eine eigenständige Dienstleistung ist.[318] Damit widersprach er insbesondere der Ansicht der niederländischen Regierung, die eine Grenzüberschreitung verneint hatte. Ihrer Ansicht nach war der Kabelbetreiber einem Rundfunkveranstalter vergleichbar, der die Sendung einschließlich der Werbung den angeschlossenen Teilnehmern zum ersten Male zugänglich machte. Da das Programm ohne diese Einspeisung in den Niederlanden nicht empfangbar sei, bedeute die erstmalige Verbreitung die eigentliche Leistung, die nicht grenzüberschreitend

---

316 EuGH 25.7.1991, Rs. C 288/89, EuZW 1991, 699 = AfP 1992, 46, Rdnr. 23 und 24 - Mediawet.

317 EuGH 26.4.1988, Rs. 352/85, Slg. 1988, 2085, Rdnr. 32 und 33 - Kabelregeling. Der Gerichtshof hatte bereits früher festgestellt, daß die Übertragung des Rundfunkprogramms im Kabelnetz aus EG-vertraglicher Sicht kein Unterschied zur terrestrischen Verbreitung bedeute, EuGH 18.3.1980, Rs. 52/79, Slg. 1980, 833, Rdnr. 8 - Debauve.

318 Der Gerichtshof unterschied folgende Leistungsbeziehung bei der (terrestrischen) Ausstrahlung und Weiterverbreitung von Rundfunkprogrammen:

> »Zum einen erbringen die in einem Mitgliedstaat ansässigen Betreiber der Kabelnetze eine Leistung zugunsten der Sendeanstalten in anderen Mitgliedstaaten, indem sie die von die Sendern ausgestrahlten Fernsehprogramme an ihre eigene Teilnehmer weiterleiten.
>
> Zum zweiten erbringen die Sendeanstalten eine Leistung zugunsten der im Empfangsstaat ansässigen Werbefirmen, indem sie die Werbemitteilung verbreiten, die diese Firmen speziell für das Publikum des Empfangsstaates erstellt haben.«

EuGH 26.4.1988, Rs. 352/85, Slg. 1988, 2085, Rdnr. 14 - Kabelregeling.

sei. Der Gerichtshof folgte auch nicht der Ansicht der EG-Kommission, die die Leistung des Kabelbetreibers als bloße Verlängerung der grenzüberschreitenden Sendung des Rundfunkveranstalters zum angeschlossenen Teilnehmer eingestuft hatte.
Die Kabelbetreiber sind damit Erbringer von Dienstleistungen, die nicht lediglich zur Verbesserung der terrestrischen Reichweite der Fernsehanstalten beitragen. Die Zusammenstellung der im Netz an die angeschlossenen Teilnehmer weiterverbreitenden Programme ist die von ihnen unabhängig von den Sendeanstalten angebotene Dienstleistung, die damit, soweit sie grenzüberschreitend ist, von der Dienstleistungsfreiheit des EG-Vertrages geschützt ist. Damit koppelte der Gerichtshof die Dienstleistung der Kabelbetreiber von der Tätigkeit der Rundfunkanstalten ab.[319]
Die Struktur des nationalen Mediensystems und die nationalen Anforderungen an die Programme behandelte der Gerichtshof in seinem jüngsten Verfahren, in dem er über nicht diskriminierende Beschränkungen der Weiterverbreitung von Programmen in niederländischen Kabelnetzen zu befinden hatte. Konkret sah er eine indirekte Beschränkung der Dienstleistungsfreiheit in Fortschreibung seiner Konzeption zur differenzierten Betrachtung der Leistungsbeziehungen zwischen Rundfunkanbieter, Kabelbetreiber und Werbetreibenden darin, daß die Sender Sky Channel und Super Channel in der Übertragung von speziell für das niederländische Publikum erarbeiteter Werbung behindert würden.[320]
Die Bedeutung dieser Entscheidung für nationales Rundfunkrecht liegt in ihrer Auseinandersetzung mit der Rechtfertigung nationaler Beschränkungen der zwischenstaatlichen Rundfunkausübung.
Der Gerichtshof befand, daß die Erhaltung eines pluralistischen Rundfunkwesens und der Vielfaltsanforderungen an die Rundfunkprogramme auf die innerstaatliche Tätigkeit beschränkt bleiben muß. Damit hat er bestätigt, daß es den nationalen Gesetzgebern überlassen bleibt, die nationalen Rundfunksender an pluralistische Strukturen und die nationalen Programme an Viel-

---

319 Dies hatte zwar im vorliegenden Verfahren keine weitergehende Bedeutung als die Annahme einer grenzüberschreitenden Leistungsbeziehung zur Anwendung des Vertrages, doch dürfte die Anerkennung des Kabelbetreibers als Dienstleistender im Hinblick auf zukünftige gemeinschaftsweite Entwicklungen im Kabelbereich eine bedeutende Stellung einnehmen. In den USA war die Beurteilung durch die Gerichte, die Kabelnetze dienten nicht lediglich zur Verbesserung des terrestrischen Empfangs ein erster Schritt zur weitgehenden Liberalisierung des Mediums Kabelfernsehen.

320 EuGH 25.7.1991, Rs. C 288/89, EuZW 1991, 699 = AfP 1992, 46, Rdnr. 17 - Mediawet. Ebenso die in den Entscheidungsgründen gleichlautende Entscheidung vom selben Tag, Rs. C 353/89, EuZW 1992, 56 - Kommission ./. Königreich der Niederlande.

faltsanforderungen zu binden. Der EWG-Vertrag leistet zur Überwindung dieser von den privaten Sendern heftig kritisierten Beschränkungen keine primäre Hilfestellung, sie muß späterer Harmonisierung vorbehalten bleiben. Damit erkennt der Gerichtshof im Grundsatz die Kompetenz der Mitgliedstaaten zur Regelung ihres Mediensystems an.
Er betont jedoch einschränkend, daß die innerstaatlichen Beschränkungen ihre Grenze an der Dienstleistungsfreiheit in ihrer rundfunkspezifischen Ausprägung finden. Diese Ausprägung wird von dem gemeinschaftlichen Grundrecht der Freiheit der Meinungsäußerung mitgestaltet, das als allgemeiner Rechtsgrundsatz aus Art. 10 EMRK folgt.[321] Daher darf nationales Rundfunkrecht keinesfalls »den in andereren Mitgliedstaaten niedergelassenen Rundfunkanstalten [vorschreiben], sich dem niederländischen Modell anzupassen, wenn sie Programme ausstrahlen wollen, die für niederländisches Publikum bestimmte Werbemitteilungen enthalten.«[322] Denn es seien nur solche Beschränkungen zu rechtfertigen, die »objektiv dafür erforderlich anzusehen [sind], das allgemeine Interesse der Erhaltung eines pluralistischen nationalen Rundfunkwesens zu wahren.«[323] Damit wies der Gerichtshof ausdrücklich Anforderungen an die Struktur ausländischer Sendeanstalten zur Erhaltung der Programmvielfalt (binnenplurales Modell) zurück. Dazu dürften auch Vielfaltsanforderungen an die national weiterverbreiteten Programme der privaten, nicht pluralistisch besetzten Sendeanstalten gehören. Auch diese Anforderungen an ausländische Programme sind nicht zu Erhaltung eines nationalen Rundfunkwesens erforderlich. Den Programmen, die in anderen Mitgliedstaaten ausgestrahlt und in nationalen Kabelnetzen weiterverbreitet werden, dürfen damit keine besonderen innerstaatlichen Vielfaltsanforderungen oder andere inlandsbezogene, von einem ausländischen Veranstalter nicht oder nur unter großen Schwierigkeiten zu erfüllende Anforderungen an den Programminhalt auferlegt werden.[324] Damit gilt das *Ursprungslandprinzip im Rundfunkwesen*: ein Programm, das nach den Vorschriften seines Ursprungslandes

321 *Kugelmann*, AfP 1992, S. 49, 50; ausführlich *Hoffmann-Riem*, Rundfunkrecht neben Wirtschaftsrecht, S. 184ff; *Mestmäcker/Engel/Gabriel-Bräutigam/Hoffmann*, S. 75ff; Umfassend zur Ordnung des Rundfunks nach der EMRK, *Engel*, Privater Rundfunk vor der Europäischen Menschenrechtskonvention, S. 14ff.

322 EuGH 25.7.1991, Rs. C 288/89, EuZW 1991, 699 = AfP 1992, 46, Rdnr. 24 - Mediawet.

323 EuGH 25.7.1991, Rs. C 288/89, EuZW 1991, 699 = AfP 1992, 46, Rdnr. 25 - Mediawet.

324 Letztendlich werden damit die Programme aus anderen Mitgliedstaaten bei der Einspeisung in die deutschen Kabelnetze den Programmen aus anderen Bundesländern gleichzusetzen sein.

innerhalb der Gemeinschaft rechtmäßig ausgestrahlt wurde, kann ungehindert in der gesamten Gemeinschaft verbreitet werden.

3. *Schlußfolgerungen*

1. Rundfunksendungen sind Dienstleistungen und unterfallen den Vorschriften der Art. 59 ff EWGV. Direkte Beschränkungen in den nationalen Rundfunkordnungen sind nur aus Gründen der öffentlichen Sicherheit oder Ordnung oder Gesundheit gerechtfertigt. Indirekte Beschränkungen können nur durch ein zwingendes Allgemeinwohlinteresse rechtfertigt werden, die der enumerativen Anerkennung durch den Gerichtshof bedürfen. Daraus ergibt sich eine strenge Kontrolle der Verhältnismäßigkeit nationaler Rundfunkgesetze durch den Gerichtshof, wenn sie grenzüberschreitenden Rundfunk erfassen.

2. Mitgliedstaaten können ihren Rundfunksendern pluralistische Strukturen auferlegen und nationale Programme Vielfaltsanforderungen unterwerfen. Aufgrund des im Rundfunkrecht geltenden Ursprungslandprinzip können nicht diskriminierende Beschränkungen über das primäre Gemeinschaftsrecht bekämpft werden. Konkret wären Regelungen in den Landesmediengesetzen oder darunter erlassenen Kabelsatzungen der Landesmedienanstalten unzulässig, die die Einspeisung von Programmen aus andereren Mitgliedstaaten davon abhängig machen, daß diese Programme die Vielfalt bestehender Meinungen in möglichster Breite zum Ausdruck bringen. Die noch zu behandelnden Fernsehrichtlinie ist daher ein nützliches, aber nicht nicht mehr ein unentbehrliches Hilfsmittel zur Marktöffnung für Rundfunkanstalter aus anderen Mitgliedstaaten.[325]

3. Die Anwendung des Ursprunglandprinzips und die grundsätzliche aber an der Dienstleistungsfreiheit zu messende Kompetenz der Mitgliedstaaten zur Gestaltung ihres eigenen Mediensystems führt zu einem außenpluralen Mediensystem auf europäischer Ebene.[326] Der nationale Gesetzgeber schützt den Pluralismus durch nationale Rundfunkgesetze für die inländischen Sender. Darüber hinaus kann er jedoch keinen Einfluß auf die grenzüberschreitend ausgestrahlten oder verbreiteten Programme, etwa im Sinne nationaler Vielfaltsanforderungen ausüben. Diese Vielfalt wird erreicht über die ungehin-

---

325 *Engel*, Kommunikation und Medien, Rdnr. 45.
326 Ebenso *Kugelmann*, AfP 1992, S. 49, 50.

derte Verbreitung der in anderen Mitgliedstaaten rechtmäßig ausgestrahlten Programme.

II. *Die Fernsehrichtlinie*

Die Einschränkbarkeit des freien Dienstleistungsverkehrs durch nationales Rundfunkrecht findet ihre Grenze nicht nur an den primären Vertragsvorschriften, sondern ein Mitgliedstaat kann sich dann nicht mehr auf ein Allgemeininteresse zur Rechtfertigung seiner nationalen Rundfunkgesetze berufen, wenn für den Belang gemeinschaftsweit harmonisierte Regelungen vorliegen.[327]

Für einen Teil der Rundfunktätigkeiten sind harmonisierte Regelungen in der EG-Fernsehrichtlinie festgelegt worden.[328] Aufgrund der Richtlinie werden die Bereiche Verbreitung von Sendungen aus andereren Mitgliedstaaten (Art. 2 und 3), Fernsehwerbung und Sponsoring (Art. 10 bis 21), Jugendschutz (Art. 22), Gegendarstellungsrecht (Art. 23) und Quoten für europäische Werke und Förderung bestimmter Programme (Art. 4 bis 9) gemeinschaftsweit harmonisiert.[329] Diese Vorschriften sind für die Mitgliedstaaten verbindlich und die deutschen Länder haben insbesondere die Werbe-, Sponsoring- und Gegendarstellungsvorschriften in die Neufassung des Rundfunkstaatsvertrages aufgenommen.

Auch der Richtlinie liegt das Ursprungslandprinzip zugrunde und Programme von ausländischen Rundfunkanbietern müssen in Kabelnetzen ohne weitere Prüfung eingespeist werden, wenn sie am Sendeort rechtmäßig ausgestrahlt wurden. Die Gestaltungsmöglichkeiten der Länder werden daher insoweit eingeschränkt, daß bei Kapazitätsengpässen keine Auswahlkriterien in den Einspeisungsregelungen enthalten sein dürfen, die auf der Ausgewogenheit, Vielfalt oder Qualität der Programme basieren.[330] Die zuständigen Landesmedienanstalten dürfen daher im Einspeisungsverfahren des Programms nur

327 EuGH 18.3.1980, Rs. 52/79, Slg. 1980, 833, Rdnr. 13 - Debauve.

328 Richtlinie des Rates 89/552 vom 03.10.1989 zur Koordinierung bestimmter Rechts- und Verwaltungsvorschriften der Mitgliedstaaten über die Ausübung der Fernsehtätigkeit, ABl. L 298, 17. Oktober 1989, S. 23. Die Richtlinie geht zurück auf das Grünbuch »Fernsehen ohne Grenzen« von 1984. Einzelheiten zur kontroversen Entstehungsgeschichte der Richtlinie, *Engel*, ZRP 1988, S. 240ff und *ders.*, RuF 1989, S. 203 ff.

329 Ausführlich zur Richtlinie *Mestmäcker/Engel/Gabriel-Bräutigam/Hoffmann*, S. 14ff; *Kreile/Straßer*, ZUM 1990, S. 174ff; zum Verhältnis der EG-Fernsehrichtlinie zur Konvention des Europarats über grenzüberschreitendes Fernsehen, *Möwes/Schmitt-Vockhausen*, EuGRZ 1990, S. 121ff und *Delbrück*, ZUM 1989, s. 373ff.

330 *Dörr*, EWS 1991, 259, 260.

eine Bescheinigung der nationalen Zulassungsbehörde verlangen, nicht aber eine inhaltliche Kontrolle ausüben. Insbesondere ist es ihnen verwehrt, die jeweiligen Programme auf ihre Vereinbarkeit mit einschlägigen nationalen Rundfunkrecht des andereren Mitgliedstaates zu prüfen oder etwa die Vereinbarkeit dieses Rechts mit den EWG-Vertragsvorschriften.[331]
Auswirkungen auf die gesetzgeberische Gestaltungsmöglichkeit hat weiterhin die - wenn auch nunmehr abgeschwächte[332] - Quotenregelung zugunsten europäischer Filmwerke.[333] Diese Regelung ist ein Eingriff in die Programmfreiheit der Rundfunkanbieter und bedeutet faktisch eine zusätzlich staatliche Aufsicht über die Inhalte der Fernsehprogramme.[334]

III. *Nationales Urheberrecht und Rundfunkfreiheit*

Obwohl die Kommission ursprünglich auch eine Vereinheitlichung der urheberrechtlichen Bestimmungen in Bezug auf die Verbreitung von Fernseh- und Rundfunksendungen in die Richtlinie aufnehmen wollte, sind diese Fragen dort nicht geregelt.

---

331 Vor diesem Hintergrund ist es verfehlt, darauf hinzuweisen, die Angaben des Sponsors »Braun« und die Werbung für die Zeitschrift »freundin« im Programm des englischen Senders Music Television (MTV), der in deutschen Kabelnetzen weiterverbreitet wird, könnten die »engen Werbegrenzen des Rundfunkstaatsvertrages (...) unterlaufen« und daß diese Art der Werbung auch nach der Rundfunkrichtlinie (Art. 17 Abs. 3) unzulässig sei, »Sponsoring bei Music Television komplett mit Werbespotts«, epd, Kirche und Rundfunk, Nr. 51 vom 1. Juli 1992 S. 11. Nach Inkrafttreten der Richtlinie und vor dem Hintergrund der Rechtssprechung des EuGH ist nur noch relevant, ob das Programm in England zugelassen ist. Wenn dies der Fall ist, müssen es die Landesmedienanstalten - sofern Kapazität besteht - einspeisen. Im Ergebnis ebenso *Monopolkommission*, Hauptgutachten 1988/89, Ts. 641.

332 Dazu *Engel*, Kommunikation und Medien, Rdnr. 41.

333 Art. 4 der Richtlinie. Dazu *Mestmäcker*, in *Mestmäcker/Schulze*, 6. Abschnitt, § 4 II. 4; *v. Bogdandy*, EuZW 1992, S. 9 ff. Jeder Mitgliedstaat muß der Kommission ab 1993 Angaben über das Erreichen der Quote machen. Die Kommission wird diese Berichte an die Mitgliedstaaten und das Europäische Parlament weiterleiten, s. Antwort der Kommission auf die Anfrage des Abgeordneten *Banotti*, ABl. C 160, 4.7.1992, S. 34.

334 Das Land Bayern hat die Zustimmung des Bundes zu der Richtlinie im Rat wegen Verstoßes gegen das Grundgesetz beim Bundesverfassungsgericht angegriffen. Den Antrag auf Erlaß einer einstweiligen Verfügung hat der zweite Senat mit Urteil vom 11. April 1989 abgelehnt (2 BvG 1/89, EuGRZ 1989, 337ff); dazu *Memminger*, DÖV 1989, S. 846.
Die Monopolkommission, Hauptgutachten 1988/89, Ts. 644 hält die Quotenregelung für unvereinbar mit Art. 10 EMRK. Auf internationaler Ebene ist die Richtlinie von den Vereinigten Staaten scharf angegriffen worden, die ihrerseits Gegenmaßnahmen erwogen und androhten, die Richtlinie in einem GATT-Verfahren zu überprüfen. S. auch zuletzt die Äußerungen des Chairman der Paramount Communications, Inc., Handelsblatt 10/11.7.1992, S. 6: »An der Schwelle zu einer neuen Wirtschaftsordnung«.

Der Gerichtshof hat bereits frühzeitig entschieden, daß die Einspeisung ausländischer Programme zum Schutz der Urheber untersagt werden kann, da das Gebot des freien Verkehrs aller Dienstleistungen der vertraglichen Ausnutzung unterschiedslos geltender Vorschriften des Urheberrechts nicht entgegensteht.[335] Die durch unterschiedliches Urheberrecht ermöglichte Spaltung in territorial abgegrenzte Märkte kann auch nicht mit Hilfe der Wettbewerbsregeln verhindert werden.[336] Damit räumte der Gerichtshof dem freien Sendeverkehr erst dann Vorrang ein, wenn die aus Gründen des Allgemeininteresses und des geistigen Eigentums erlassenen und gerechtfertigten nationalen Vorschriften nicht nur des Rundfunk- sondern auch des Urheberrechts angeglichen sind.[337]

Diesem Harmonisierungsdruck folgend hat die Kommission Ende 1991 ihren Richtlinienvorschlag zur Koordinierung der innerstaatlichen Vorschriften des Urheberrechts im Bereich des Kabel- und Satellitenfunks dem Rat unterbreitet.[338] Im Bereich des Satellitendirektempfangs (sowohl über Rundfunk- wie Fernmeldesatelliten) wird nur das Urheberrecht des Sendestaates auf den einheitlichen Sendeakt angewendet und es kommt nicht zu einer kumulativen Anwendung der Rechte aller Empfangsstaaten (Erwägungsgrund 14).[339] Auf der Grundlage des so anwendbaren nationalen Urheberrechts muß der Veranstalter die Senderrechte für die jeweiligen Zielländer vertraglich erwerben (Art. 2), wobei für die Vergütung »die tatsächlichen oder potentiellen Zuschauerzahlen im gesamten Empfangsgebiet« (Erwägungsgrund 15) einbezogen werden können. Diese Regelung gilt unterschiedslos für private und öffentlich-rechtliche Rundfunkanstalten. Insbesondere die deutschen öffentlich-rechtlichen Anstalten könnten so zu höheren Vergütungen herangezogen werden. Aus diesem Grund ist der Richtlinienvorschlag in Deutschland auf Kritik gestoßen. Die öffentlich-rechtlichen Anstalten dürften aufgrund ihrer unterschiedlichen Finanzierung und ihres Versorgungsauftrages, nach dem sie sich auch der Satelittentechnik zu bedienen haben, nicht mit unvergleichlich höheren Urheberrechtsvergütungen belastet werden. Den Mehr-

---

335 EuGH 18.3.1980, Rs. 62/79, Slg. 1980, 881, Rdnr. 15f - Coditel I.

336 EuGH 6.10.1982, Rs. 262/81, Slg. 1982, 3381 - Coditel II.

337 *Schwartz*, ZUM 1991, S. 155, 156.

338 Vorschlag vom 22. Juli 1991 für eine Richtlinie des Rates zur Koordinierung bestimmter urheber- und leistungsschutzrechtlicher Vorschriften betreffend Satellitenrundfunk und Kabelweiterverbreitung, ABl. C 255, 1.10.1991, S.3, abgedr. EWS 1991 S. 350ff. Am 10. Februar 1992 verabschiedete der Rat eine Common Position zum Richtlinienvorschlag der Kommission vom 25.7.1991 (ABl. C 194, S. 20) über die Einführung des D2-Mac Standards für Satellitenfernsehsignale.

339 Dazu *Dreier*, 1991 EIPR Nr.2, S. 42, 43.

ausgaben stünden keine gesteigerten Einnahmen zur Verfügung, so daß gesetzgeberische Ausgleichsmaßnahmen erforderlich seien.[340]
Im Bereich der *Kabelweiterverbreitung* hat die Kommission ihren ursprünglichen Vorschlag, zugunsten der Netzbetreiber eine Zwangslizenz anstelle des individuellen Erwerbs der Weiterverbreitungsrechte einzuführen, nicht weiterverfolgt. Nach dem derzeitigen Richtlinienvorschlag der Kommission müssen die Rechte an allen Programmen vor deren Weiterverbreitung im Kabelnetz erworben werden. Diese Rechte werden ausschließlich von den Verwertungsgesellschaften wahrgenommen, die alle zur Kabelweiterverbreitung erforderlichen Rechte in einem Gesamtvertrag vergeben (Art. 10 ff.).[341]

IV. *Europäisches Wettbewerbsrecht und seine Auswirkungen auf die nationale Rundfunkordnung*

1. *Die Wettbewerbsvorschriften in ihrer medienspezifischen Ausprägung*

Art. 3 lit. f EWGV bestimmmt als Ziel der Tätigkeit der Gemeinschaft die Errichtung eines Systems, das den Wettbewerb innerhalb des Gemeinsamen Marktes vor Verfälschungen schützt. Die Grundlagen des gemeinschaftsrechtlichen Wettbewerbsrechts bilden das Kartellverbot des Art. 85, das Mißbrauchsverbot für marktbeherrschende Unternehmen des Art. 86 und seit dem 21. September 1990 die Fusionskontrollverordnung. Diese Vorschriften sind unmittelbar geltendes Gemeinschaftsrecht, die auf betreffende Vereinbarungen oder Handlungen der Fernsehanbieter anwendbar sind.

a) *Das Kartellverbot des Art. 85 und das Mißbrauchsverbot des Art. 86 EWGV*

Nach Art. 85 Abs. 1 sind alle Vereinbarungen zwischen Unternehmen, Beschlüsse von Unternehmensvereinigungen und aufeinander abgestimmte

---

340 *Dürr*, EWS 1991, 259, 264f.

341 Die Erfahrungen in den Vereinigten Staaten zeigen, daß diese Entscheidung richtig war, da die Einführung einer gesetzlichen Lizenz ohne entsprechende flankierende Beschränkungen der Kabelbetreiber zu Wettbewerbsvorteilen der Netzbetreiber führt. Dementsprechend hat die Federal Communications Commission 1989 empfohlen, die 1976 eingeführte gesetzliche Lizenz zugunsten der Kabelbetreiber aufzuheben, In the Matter of Compulsory Copyright License for Cable Retransmission, 4 F.C.C. Rec. 6562 (Aug. 3, 1989).

Verhaltensweisen verboten und nichtig (Abs. 2), wenn diese den Handel zwischen den Mitgliedstaaten zu beeinträchtigen geeignet sind und eine Verhinderung, Einschränkung oder Verfälschung des Wettbewerbs innerhalb des Gemeinsamen Marktes bezwecken oder bewirken. Für Vereinbarungen, die gegen das Kartellverbot verstoßen würden, kann die Kommission aufgrund der Ermächtigung des Art. 85 Abs. 3 eine Einzelfreistellung erlassen, wie dies in einem Verfahren gegen die ARD geschehen ist. Demgegenüber sind im Bereich des Medienrechts keine Gruppenfreistellungsverordnungen, wie etwa für Franchising-, Patent- oder Know-how-Lizenzverträge erlassen worden.
Art. 86 verbietet die mißbräuchliche Ausnutzung einer marktbeherrschenden Stellung im Gemeinsamen Markt oder in einem seiner wesentlichen Teile. Dies gilt auch dann, wenn durch den Zusammenschluß eine so beherrschende Stellung entstanden ist, daß der Wettbewerb praktisch ausgeschlossen ist.[342] Demgegenüber stellen solche Zusammenschlüsse keinen Mißbrauch im Sinn des Art. 86 dar, die erst zu einer beherrschenden Stellung führen.

b) *Die Fusionskontrollverordnung*

Mit der am 21. September 1990 in Kraft getretenen Fusionskontrollverordnung steht der Kommission erstmals ein Instrumentarium zur Verfügung, präventiv Konzentrationen zu kontrollieren.[343] Grundsätzlich können Zusammenschlüsse von gemeinschaftsweiter Bedeutung, die die quantitativen Aufgreifschwellen erreichen und die eine beherrschende Stellung begründen oder verstärken, untersagt werden, wenn dadurch ein wirksamer Wettbewerb im Gemeinsamen Markt erheblich behindert würde. Oberhalb der Aufgreifkriterien besteht aufgrund des Prinzips der ausschließlichen Geltung der gemeinschaftsrechtlichen Regelung allein die Fusionskontrollverordnung unter Ausschluß der Doppelkontrolle durch nationale Kartellbehörden.[344] Nach den hohen Aufgreifschwellen (Art. 1 Abs. 2 der VO) hat ein Zusammenschluß gemeinschaftsweite Bedeutung, wenn kumulativ (1.) der weltweite Gesamtumsatz der beteiligten Unternehmen zusammen mehr als 5 Milliarden ECU

---

342 EuGH 21.3.1973, Rs. 6/72, Slg. 1973, 215, 244f - Europemballage Corporation und Continental Can Corporation ./. Kommission. Ausführlich zu der Problematik der Anwendung des Art. 85 oder 86 auf Unternehmenszusammenschlüsse, *Mestmäcker* in *Immenga/Mestmäcker*,vor § 23 Rdnr. 80 ff.

343 Verordnung (EWG) Nr. 4064/89 des Rats vom 21. Dezember 1989 über die Kontrolle von Unternehmenszusammenschlüssen [im folgenden: Fusionskontrollverordnung]. Zum Verhältnis der Art. 85 und 86 EWGV und der Verordnung, *Staudenmayer*, WuW 1992, S. 474 ff.

344 Im einzelnen *Mestmäcker*, in *Immenga/Mestmäcker*, vor § 23 Rdnr. 87, 88.

beträgt; (2.) ein gemeinschaftsweiter Umsatz von mindestens zwei beteiligten Unternehmen von jeweils mehr als 250 Millionen ECU vorliegt; und (3.) die beteiligten Unternehmen nicht mehr als zwei Drittel ihres gemeinschaftsweiten Umsatzes in ein und demselben Mitgliedstaat erzielen. Art. 5 der Fusionskontrollverordnung hält keine brachenspezifischen Besonderheiten vergleichbar mit den Regelungungen im deutschen Kartellgesetzes für das Pressewesen bereit. Ein Vergleich mit den deutschen Regelungen zeigt, wie hoch die Eingriffsschwellen der Fusionskontrollverordnung bei Konzentrationen im Medienbereich, an denen ein Unternehmen des Pressebereichs beteiligt ist, sind. Im deutschen Recht besteht die Besonderheit im Pressewesen, daß sich die Umsatzschwelle für alle an dem Zusammenschluß beteiligten Unternehmen auf 25 Millionen DM verringert (§§ 23 Abs. 1 S. 7, 24 Abs. 8 Nr. 1 GWB).[345] Infolge dieser hohen quantitativen Aufgreifkriterien dürfte die Fusionskontrollverordnung nur beschränkt zur Kontrolle im Medienwesen einsetzbar sein. Bei europäischen Medienunternehmen dürfte zur Zeit lediglich der deutsche Bertelsmann Konzern diesen Grenzwert erreichen. Andere Großfusionen im Medienbereich wie Springer-Maxwell oder CLT-Hersant blieben deutlich unter dieser Schwelle, so daß lediglich die nationalen Kartellbehörden eingreifen konnten.[346]

Ein Zusammenschluß ist nach der Fusionskontrollverordnung (Art. 3) eine Fusion zwischen zwei oder mehr bisher voneinander unabhängigen Unternehmen oder der Erwerb der Kontrolle durch ein oder mehrere Unternehmen oder Person(en) über die Gesamtheit oder über Teile eines oder mehrerer Unternehmen. Der Zusammenschluß kann durch Erwerb von Anteilsrechten oder Vermögenswerten oder durch Vertrag herbeigeführt werden. Solche Personen sind Adressaten der Fusionskontrolle, die bereits ein Unternehmen kontrollieren. Damit werden auch natürliche Personen erfaßt, wie der deutsche Filmhändler Kirch.[347] Die Verordnung gilt auch für öffentliche Unternehmen.[348] Kontrolle wird durch die Möglichkeit begründet, einen bestimmenden Einfluß auf die Tätigkeit eines Unternehmens auszuüben; es genügt also die Innehabung der Macht, bestimmenden Einfluß auszuüben (Leitungsmacht).[349] Ein Zusammenschluß wird auch dann bewirkt, wenn

---

345 S. im einzelnen oben D. III. 4.

346 *Wagner*, AfP 1992, 1, 6.

347 In diesem Sinne war Herr K.J. Jacobs von der Fusionskontrollverordnung in dem Verfahren *Asko/Jacobs/Adia*, Case IV/M 082, erfaßt, s. die Anmeldung ABl. C 100, 17.4.1991, S. 18 und die Entscheidung der Kommission vom 16.5.1991, ABl. C 132, 23.5. 1991, S. 13.

348 *Mestmäcker*, in *Immenga/Mestmäcker*, vor § 23 Rdnr. 119.

349 *Koch*, EWS 1990, S. 65, 67.

mehere Unternehmen die Kontrolle über ein Unternehmen begründen. Die Gründung eines solchen Gemeinschaftsunternehmens ist kein Zusammenschluß, wenn es das Wettbewerbsverhältnis unabhängig bleibender Unternehmen koordiniert (Art. 3 Abs. 1 S. 1 der VO). Handelt sich es jedoch um ein konzentratives (fusionsgleiches) Gemeinschaftsunternehmen, das selbständig wirtschaftet und nicht zwischen ihren Gründungsunternehmen kooperiert, dann gilt dies als Zusammenschluß (Art. 3 Abs. 2 S. 2 der VO).[350] Demgegenüber fallen Minderheitsbeteiligungen regelmäßig nicht in den Anwendungsbereich der Verordnung, da sie dem Inhaber nicht die erforderliche Kontrolle über ein anderes Unternehmen verschaffen. Die Existenz einer bloßen Sperrminorität ohne zusätzliche Befugnisse für den Anteilseigner stellt dementsprechend keinen Zusammenschluß im Sinne der Verordnung dar. Diese Situation ändert sich bei Vorliegen zusätzlicher Vereinbarungen zugunsten des Minderheitsgesellschafters, so daß der rein qualitative Zusammenschlußbegriff der Verordnung weite Spielräume für die Beurteilung der individuellen Besonderheiten eines Sachverhalts läßt.[351]

Die Fusionskontrollverordnung durchbricht die ausschließliche Zuständigkeit der Kommission für Zusammenschlüsse mit gemeinschaftsweiter Bedeutung für den Bereich der Medien. Die Mitgliedstaaten können zur Sicherung der Medienvielfalt zusätzliche »geeignete Maßnahmen zum Schutz berechtigter Interessen« erlassen (Art. 21 Abs. 3 der VO). Bisher sind noch keine derartigen nationalen (medienspezifischen) Entscheidungen erlassen worden. Es dürfte jedoch den Mitgliedstaaten auf diesem Weg möglich sein, sowohl unterhalb als auch oberhalb der Aufgreifschwellen inter- und intramediäre Verflechtungen zu erfassen, solange nicht damit gegen andere Grundprinzipien des Gemeinsamen Marktes verstoßen wird.[352] Diese Regelungen müssen nicht notwendig in Kartellgesetzen kodifiziert sein, sondern medienspezifische Regelungen wie die des deutschen Rundfunkstaatsvertrages sind ebenfalls zulässig. Dieses Ergebnis findet Bestätigung in der Erklärung des für Wettbewerb zuständige EG-Kommissar, Sir Leon Brittan:

> »The [...] exeption to the Commission's exclusive jurisdiction above the thresholds concerns the legitimate interests of Member States in matters other than competition.[...]: security, media plurality and prudential rules. [...] This exeption is a reasonable recognition of the fact that States may sometimes have the right to take action on grounds which

350 *Koch*, EWS 1990, S. 65, 68.

351 *Monopolkommission*, 9. Hauptgutachten, 1990/1991, erscheint 1992, Rdnr. 600, 601 unter Hinweis auf die Fälle *Renault/Volvo*, Case IV/M 004, Entscheidung der Kommission vom 6.11.1990, Hinweis ABl. C 281, 9.11.1990, S. 2 und *Conagra/Idea*, Case IV/M 010, Entscheidung der Kommission vom 3.5.1991, ABl. C 175, 6.7.1991, S. 18.

352 *Brittan*, 1990 European L.Rev. S. 351, 356; *Bright*, 1991 Europ.Comp. L.Rev. S. 189f.

have nothing to do with competition and that in those circumstances a Regulation dealing with competition issues should not necessarily restrain them.«[353]

c) *Relevante sachliche und geographische Märkte*

Obwohl die Fusionskontrollverordnung ein junges Instrument ist, hat die für die Umsetzung der Verordnung zuständige Merger Task Force der Kommission bereits eine Reihe von Entscheidung getroffen, die eine erste Zusammenfassung zulassen.[354] Grundsätzlich werden beide Tatbestände der Marktabgrenzung und der Marktbeherrschung bei der Fusionskontrollverordnung nach den gleichen Kriterien beurteilt wie im Rahmen des Art. 86. Der Zusammenschluß muß auf einem gesonderten Markt zu einer beherrschenden Stellung führen, ohne daß die Kommission an die Voraussetzung gebunden ist, daß es sich um einen wesentlichen Teil des Gemeinsamen Marktes handelt (Art. 9 Abs. 2 der VO).[355] Ein betroffener Markt ist der sachlich relevante Produktmarkt im Gemeinsamen Markt oder in einem Mitgliedstaat oder, falls abweichend, in einem geographisch relevanten Markt.[356] Während der erhebliche räumliche Markt in Art. 9 S. 7 der Fusionskontrollverordnung definiert wird, bereitet die Bestimmung des betroffenen Produktmarktes inbesondere im Medienbereich erhebliche Schwierigkeiten. Nach den grundlegenden Entscheidungen des Gerichtshofs wird der Produktmarkt, ähnlich der Marktabgrenzung im deutschen Recht, grundsätzlich durch das Bedarfsmarktkonzept oder Konzept der funktionalen Austauschbarkeit (reasonable interchangeability test) bestimmt: der relevante Markt umfaßt alle Erzeugnisse und Dienstleistungen, die vom Verbraucher aufgrund ihrer Eigenschaften, ihrer Preislage und ihres Verwendungszwecks als gleichartig und funktionell austauschbar angesehen werden.[357]

Im Medienbereich gibt es bisher noch keine Entscheidungspraxis der Kommission zur Marktabgrenzung. Dazu kann aber hilfsweise auf die

---

353 *Brittan*, The Law and Policy of Merger Control in the EEC, 1990 European L.Rev. S. 351-357, 356.

354 Ausführlich unter Besprechung aller bis zum 21. September 1991 eingereichten Anmeldungen, *Siragusa/Subiotto*, C.M.L.Rev 1991, S. 877 ff.

355 *Mestmäcker*, in *Immenga/Mestmäcker*, vor § 23 Rdnr. 100; *Niederleithinger*, EWS 1990, S. 73, 79.

356 Siehe Abschnitt 5 des Formblatt CO zur Anmeldung eines Zusammenschlusses nach der Fusionskontrollverordnung, abgedr. bei *Immenga/Mestmäcker*, Textanhang 10, Anhang I.

357 EuGH 14. 2. 1978, Rs. 27/76, Slg. 1978, 207 - United Brands. Das Formblatt CO zur Anmeldung eines Zusammenschlusses nach der Fusionskontrollverordnung enthält diese Definition in Abschnitt 5, abgedr. bei *Immenga/Mestmäcker*, Textanhang 10, Anhang I. Ausführlich *Siragusa/Subiotto*, C.M.L.Rev 1991, 877, 912ff.

Entscheidungen im Dienstleistungsbereich zurückgegriffen werden. Bei diesen Entscheidungen hat die Kommission nationale Regulierungen, etwa im Versicherungsbereich, als Marktzutrittsschranken gewertet. Technische oder gesetzliche Marktzutrittsschranken, etwa verschiedene nationale Regulierungen in Bezug auf bestimmte Dienstleistungen können daher nationale geographische Märkte begründen.[358] In gleichem Maße kann eine Marktabgrenzung auf der Grundlage der Sprachunterschiede vorgenommen werden.[359] Vor diesem Hintergrund können im Rundfunkbereich aufgrund der durch die nationalen Rundfunkgesetze bestehenden Unterschiede in den Medienordnungen und die hinzutretenden Sprachbarrieren jeweils verschiedene nationale Märkte für national ausstrahlenden Rundfunk und Fernsehen abgegrenzt werden. Im Hinblick auf den überwiegend landesweit ausstrahlenden Rundfunk, der aufgrund der Landesmediengesetze nur für das Gebiet eines Bundeslandes zugelassen wird, besteht demgegenüber nur ein regionaler (landesweiter) oder lokaler Markt (etwa in Baden-Württemberg). Sofern nicht die einheitliche Sprache zur Marktabgrenzung überwiegt, läßt sich ein räumlicher nationaler Referenzmarkt abgrenzen (Art. 9 Abs. 7 der VO). Gemeinschaftsweit bedeutsame Zusammenschlüsse auf diesen Märkten kann die Kommission selbst behandeln oder an den Mitgliedstaat verweisen (Art. 9 Abs. 2 und 3 der VO).[360] Dadurch kann sich eine Zuständigkeit des Bundeskartellamtes bei Zusammenschlüssen im Medienbereich ergeben.

In sachlicher Hinsicht hat die Kommission jüngst den Fernsehwerbemarkt in Großbritanien als relevanten Markt angenommen.[361] Daneben scheint sie auch spezialisierte Fernsehprogramme, etwa für Sportübertragungen als eige-

358 *AG/Amev*, Case IV/M 018, Entscheidung vom 21.11.1990, Hinweis in ABl. C 304, 4.12.1990, S. 27, s. *Siragusa/Subiotto*, C.M.L.Rev 1991, S. 877, 912.

359 *Otto/Grattan*, Case IV/M 070, Entscheidung vom 21.3.1991, Hinweis ABl. C 93, 11.4.1991, S. 6 und *La Redoute/Empire*, Case IV M/080, Entscheidung vom 25.4.1991, Hinweis in ABl. C 156, 14.6.1991, S. 10, die jeweils Katalogbestellservice betrafen, s. *Siragusa/Subiotto*, C.M.L.Rev 1991, S. 877, 912.

360 Die Kommission lehnte in dem Verfahren *Alcatel/AEG* , Case IV/M 165, Entscheidung vom 17.12.1991, abgedr. in WuW/EV 1740, einen gesonderten Referenzmarkt mit der Begründung ab, daß der Hauptabnehmer dieser Kabel, die deutsche Telekom, bereits zu einem internationalen Beschaffungsverhalten übergegangen sei. Diese Entscheidung ist vom Bundeskartellamt und von der Monopolkommission kritisiert worden, da sie nicht die tatsächlichen Wettbewerbsverhältnisse zum Zeitpunkt der Entscheidung berücksichtigt habe, s. *Monopolkommission*, 9. Hauptgutachten 1990/1991, erscheint 1992, Rdnr. 608-610. Die Bundesregierung wird trotz dieser Bedenken keine Klage vor dem EuGH erheben, WuW 1992, S. 292.

361 *Sunrise Television*, Case IV/M.176, ABl. C 18, 24. Januar 1992, S. 15, zusammgef. C.M.L.R. April 1992, S. 344f und WuW 1992, S. 325f.

nen Produktmarkt anzunehmen.[362] Wie im deutschen Wettbewerbsrecht besteht auch unter der Fusionskontrollverordnung kein einheitlicher sachlicher »Medienmarkt« für die Leistungen Presse, Film und Rundfunk, ebensowenig wie ein einheitlicher Rundfunk- oder Hörfunkmarkt. Es können die gleichen sachlichen Einzelmärkte abgegrenzt werden wie im deutschen Recht.[363]

d) *Zwischenergebnis*

1. Durch die Marktabgrenzung auf der Grundlage der funktionellen Austauschbarkeit bestehen die gleichen sachlichen Märkte wie im deutschen Kartellrecht. Mit Hilfe der Fusionskontrollverordnung ist es damit ebenso schwierig, intermediären Verflechtungen zu begegnen wie etwa mit Hilfe des deutschen Kartellrechts.[364]

2. Wie an einigen Entscheidungen bereits erkennbar, können die nationale Rundfunkregulierungen und die noch bestehenden Sprachbarrieren innerhalb der Gemeinschaft als Marktzutrittsschranken qualifiziert werden, so daß im Rundfunkbereich die relevanten geographischen Märkte die jeweiligen nationalen Märkte sind. Es bleibt abzuwarten, ob die Kommission die landesspezifischen Regelungen in den Landesmediengesetzen zur Abgrenzung lokaler Referenzmärkte heranzieht, sofern diese Frage bei den in der Verordnung enthaltenen Aufgreifschwellen überhaupt aktuell wird.

3. Aufgrund der hohen quantitativen Eingriffsschwellen und mangels einer branchenspezifischen Besonderheit im Pressewesen ist die Fusionskontrollverordnung ein nur sehr begrenzt wirksames Mittel zur Konzentrationsbekämpfung im Rundfunk. Die Zusammenschlußtatbestände erfassen nur externes Wachstum der Unternehmen. Damit bleibt das im Rundfunkbereich nicht minder wichtige interne Wachstum der Unternehmen von der Fusionskontrollverordnung unbeachtet. So können Tocherunternehmen gegründet und eine Vielzahl von Frequenzen oder Lizenzen für Rundfunk- oder Fernsehprogramme erworben werden.[365] Auch hier muß gefordert werden, die Erteilung

362 S. *ABC/Compagnie Générale des Eaux/Canal+/W.H. Smith TV*, ABl. C 209, 10.8.1991, S. 17 und den Hinweis auf die positive Entscheidung der Kommission vom 10.9.1991, ABl. C 244, 19.9. 1991, S. 5.

363 S. oben D. III. 4 und 5.

364 *Wagner*, AfP 1992, S. 1, 7. und oben D. III.

365 *Wagner*, AfP 1992, S. 1, 6, der zudem noch darauf hinweist, daß auch keine publizistischen Beherrschungen, etwa die gemeinsame Nutzung derselben Nachrichtenagentur oder die Mehrfachverwendung von Programmteilen von der Fusionskontrollverordnung erfaßt.

einer Rundfunkerlaubnis einem Zusammenschluß gleichzustellen.[366] Erst dann, wenn eine marktbeherrschende Stellung schon besteht, kann der Mißbrauchstatbestand des Art. 86 eingreifen. In jüngster Zeit hat die Kommission im *Sunrise Television Verfahren* eine gemeinsame Beteiligung der Unternehmen Walt Disney, The Guardian and Manchester Evening News, Scottish Television, London Weekend Television und Carlton Communications an dem neu zugelassenen Frühstücksfernsehen Sunrise Television nicht als Zusammenschluß im Sinn des Art. 3 der Verordnung qualifiziert, da die beteiligten Fernsehunternehmen Wettbewerber im britischen Fernsehwerbemarkt seien.[367]

4. Das nationale Rundfunkrecht der Mitgliedstaaten bleibt berufen, entsprechende Vorkehrungen zu treffen, die vergleichbar den amerikanischen cross-ownership Regelungen aus medienspezifischen Gründen Verflechtungen erfassen. Aufgrund der Durchbrechung der ausschließlichen Zuständigkeit der Kommission dürfte es den Mitgliedstaaten möglich sein, inter- und intramediäre Verflechtungen sowohl oberhalb als auch unterhalb der Aufgreifschwellen zu erlassen, sofern diese nicht gegen andere Grundprinzipien des Gemeinsamen Marktes verstoßen.

2. *Die Auswirkungen auf die nationale Medienordnung im einzelnen*

Die Kommission hat erklärt, daß sie verstärkt den Konzentrationsprozessen im Medien- und insbesondere im Rundfunkbereich begegnen will.[368] Vor diesem

366 *Mestmäcker*, Medienkonzentration, S. 217ff; *ders.*, in *Immenga/Mestmäcker*, vor § 23 Rdnr. 74 m.w.N. und auch erneut *Monopolkommission*, 9. Hauptgutachten 1990/1991, erscheint 1992, Rdnr. 608.

367 *Sunrise Television*, Case IV/M.176, ABl. C 18, 24. Januar 1992, S. 15, zusammgef. C.M.L.R. April 1992, S. 344f und WuW 1992, S. 225f. Sie hat darin kein konzentratives Gemeinschaftsunternehmen im Sinn des Art. 3 Abs. 2 Unterabs. 2 der VO gesehen, sondern stufte die Neugründung als kooperatives Gemeinschaftsunternehmen ein.. Die Einleitung eines Verfahrens nach Art. 85 EWGV bleibt durch diese Entscheidung unberührt, das aber - soweit ersichtlich - nicht eingeleitet wurde.

368 *Kommission der EG*, 19. Bericht über die Wettbewerbspolitik 1989, Brüssel 1990, S. 51. Wörtlich heißt es:

> »Im Zuge der Deregulierung des Rundfunk- und Fernsehwesens in den meisten Mitgliedstaaten, und bedingt durch die neuen technischen Möglichkeiten des Satelliten- und Kabelfernsehens, sind eine Vielzahl neuer, meist kommerzieller Veranstalter am Markt aufgetreten, die in Wettbewerb zu den etablierten öffentlich-rechtlichen Anstalten treten. Satelliten und Kabelfernsehanlagen haben [...] das Auftreten neuer transnationaler oder paneuropäischer Satellitensender bewirkt, deren Programme von vorneherein für mehrere Mitgliedstaaten bestimmt sind und teilweise bereits in meherer Sprachen ausgestrahlt werden. Diese Entwicklung [...] hat zu verstärkten Aktivitäten von Presseunternehmen im Bereich der audiovisuellen Medien

Hintergrund sind Entscheidungen des Gerichtshofs und der Kommission von Bedeutung, die erste Umrisse einer europäischen Medienordnung in wirtschaftsrechtlicher Sicht erkennen lassen.

a) *Möglichkeiten und Grenzen nationaler Rundfunkmonopole*

Der Gerichtshof hat in einem kürzlich verkündeten Urteil seine bisherige Rechtsprechung zur grundsätzlichen Zulässigkeit von Rundfunkmonopolen bestätigt. Die Mitgliedstaaten können ihr Rundfunksystem in der Weise strukturieren, daß ein Monopolanbieter für Rundfunk und Fernsehen aufgrund des nationalen öffentlichen Interesses nichtwirtschaftlicher Art gebildet wird. Ein Monopol ist auch die Verbreitung der Fernsehsendung durch eine oder mehrere Anstalten.[369]
Von Bedeutung sind die vom Gerichtshof aufgezeigten Grenzen, denen der nationale Gesetzgeber bei der Strukturierung seines Rundfunksystems unterworfen ist. Aus Art. 90 Abs. 1 leitet der Gerichtshof ab, daß die Ausübung des nationalen Fernsehmonopols an die Grundsätze des EWG-Vertrages gebunden ist. Demgemäß stellt es einen Mißbrauch der Monopolstellung dar, wenn das Fernsehmonopol mit solchen Rechten ausgestattet ist, daß es den freien Dienstleistungsverkehr beeinträchtigt, wenn also die aus anderen Mitgliedstaaten stammende Fernsehsendungen gegenüber inländischen diskriminiert werden. Diese Möglichkeit besteht bereits, wenn der Rundfunkanstalt die Entscheidung über die Einspeisung ausländischer Programme in den Kabelnetzen vorbehalten wird.[370]

---

und damit zu einer zunehmenden multimedialen Verflechtung geführt und fördert auch das Entstehen mutinationaler Medienkonzerne. (...) Vor dem Hintergrund dieser Entwicklungen hat sich die Wettbewerbspolitik der Kommission in den letzten Jahren in zunehmenden Maße den audiovisuellen Medien zugewandt. Hauptanliegen ist dabei die Offenhaltung der Märkte und die Verhinderung oder der Abbau von Marktzutrittsschranken.«

369 EuGH 18.6.1991, Rs. C 260/89, EWS 1991, 284 = JZ 1992, 682 - Elliniki Radiophonia Tileorasi. In diesem Vorlageverfahren hatte der Gerichtshof über die Zulässigkeit des griechischen staatlichen Rundfunk- und Fernsehmonopols sowohl über Radio- und Fernsehen als auch über die Einspeisung der Programme in das Kabelnetz zu befinden.
Bereits in dem *Sacchi*-Urteil hatte der Gerichtshof entschieden, daß der EWG-Vertrag die Mitgliedstaaten in keiner Weise daran hindert, aus im öffentlichen Interesse liegenden Gründen nichtwirtschaftlicher Art, Fernsehsendungen dem Wettbewerb zu entziehen, indem sie einer oder mehreren Anstalten das ausschließliche Recht zu deren Verbreitung verleihen, EuGH 30.4.1974, Rs. 155/73, Slg. 1974, 409, Rdnr. 14 - Sacchi.
Ausführlich *Müller*, S. 58ff, 167ff.

370 EuGH 18.6.1991, Rs. C 260/89, EWS 1991, 284 = JZ 1992, 682, Rn 19-26 - Elliniki Radiophonia Tileorasi.

Die Ausübung des Fernsehmonopols wird auch von Art. 86 erfaßt, da das Monopolunternehmen eine beherrschende Stellung besitzt und der relevante räumliche Markt durch das Monopolgebiet definiert werden kann.[371] Zuvor schon hatte der Gerichtshof entschieden, daß eine marktbeherrschende Stellung im Sinn des Art. 86 auch dann anzunehmen ist, wenn diese nicht auf die wirtschaftliche Tätigkeit des Unternehmens, sondern auf gesetzliche Marktzutrittsschranken zurückzuführen ist.[372] Es verstößt also auch gegen Art. 86 EWGV, wenn das Monopolunternehmen mit Rechten ausgestattet wird, die einen Mißbrauch der beherrschenden Stellung ermöglichen.[373]
Dies wird vom Gerichtshof aber gleichzeitig insoweit eingeschränkt, daß die dem Fernsehmonopol übertragenen Aufgaben nicht verhindert werden dürfen (Art. 90 Abs. 2). Mit dieser Einschränkung der Reichweite der Wettbewerbsvorschriften deutet sich eine Öffnung des Gemeinschaftsrechts für die Besonderheiten der nationalen Rundfunkordnungen an, denen Freiräume zur Ausgestaltung bleiben. Allerdings ist - wie Art. 90 Abs. 2 S. 3 vorschreibt - die nationale Ausgestaltung einer strengen Verhältnismäßigkeitsprüfung durch den Gerichtshof unterworfen. Dem Gerichtshof steht also ein intensiver Kontrollanspruch gegenüber der nationalen Rundfunkordnung zu.[374] Ob die bevorzugte Vergabe von leistungsstarken und daher attraktiven Frequenzen an die Rundfunkanstalten kartellrechtlich angreifbar ist, ist Gegenstand eines anhängigen Verfahrens.[375]

b) *Marktverhalten öffentlich-rechtlicher Anstalten*

Die nach dem Gemeinschaftsrecht zulässige starke Stellung von wenigen öffentlich-rechtlichen Anstalten erfährt eine Beschränkung nicht nur in dem Diskriminierungsverbot gegenüber ausländischen Programmen, sondern auch in dem Verbot Marktzutrittsschranken gegenüber privaten Anbietern zu errichten. Die Kommission hat den Erwerb eines umfangreichen Filmpakets

---

371 EuGH, 10.12.1991, Rs. C 179/90, EuZW 1992, 248 - Merci Convenzionali Porto di Genova; EuGH 23.4.1991, Rs. C 41/90, EuZW 1991, 349 - Höfner u. Elser/Macotron; 11.7.1985, Rs. 311/84, Slg. 1985, 3261, Rdnr. 16 - CBEM; 9.11.1983, Rs.322/81, Slg. 1983, 3461, Rdnr. 28 - Michelin.

372 EuGH, 3.10.1985, Rs. 311/84, Slg. 1985, 3261 Rdnr. 18 - Télémarketing.

373 EuGH 18.6.1991, Rs. C 260/89, EWS 1991, 284 = JZ 1992, 682, Rdnr. 37 - Elliniki Radiophonia Tileorasi; EuGH 10.12.1991, Rs. C 179/90, EuZW 1992, 248, Rdnr. 17 - Merci Convenzionali Porto di Genova.

374 So auch schon angedeutet in der *Kabelregeling-Entscheidung*, EuGH 26.4.1988, Rs. 352/85, Slg. 1988, 2085 - Kabelregeling. S. *Degenhart*, JZ 1992, 685, 686; i. Ergb. *Hailbronner*, NJW 1991, S. 593, 599.

375 Rs. C 320-322/90 - Telemarsiabruzzo, s. Hinweis in EuZW 1991, 190; *Engel*, Kommunikation und Medien, Rdnr. 48.

durch die ARD, bei der diese für das Lizenzgebiet des deutschsprachigen Raumes ausschließliche Rechte für eine Lizenzzeit von 15 und mehr Jahren erhielt, beanstandet.[376] Nachdem sich die ARD bereit erklärt hatte, privaten Anbietern Zugang zu diesen Filmen durch eine Lizenzierung der Rechte (»Fenster«) zu ermöglichen, stellte die Kommission die Verträge gemäß Art. 85 Abs. 3 vom Kartellverbot frei.[377] Eine Kartellisierung zu Lasten privater Anbieter von Nachrichtensendungen ist ebenfalls unzulässig.[378] Auch das Urheberrecht an der Zusammenstellung des Rundfunkprogramms erlaubt nicht, die Veröffentlichung der wöchentlichen Programmvorschauen nur den Rundfunkanstalten vorzubehalten. Die Kommission begründete den Mißbrauch der marktbeherrschenden Stellung der öffentlich-rechtlichen Rundfunkanstalten damit, daß diese bei der zukünftigen Zusammenstellung des Rundfunkprogramms ein faktisches Monopol hätten. Diese Stellung sei ausgenutzt, wenn die eigenen Programmzeitschriften vor dem Wettbewerb durch ein neues Produkt geschützt würden.[379]

---

376 Die ARD hatte 1984 die Senderechte von den amerikanischen Filmherstellern Metro-Goldwyn-Mayer/United Artists für 1364 vorhandene und alle von 1984 bis 1989 produzierten neuen Spielfilme, dazu Zeichentrickfilme und Fernsehproduktionen erworben.

377 Entscheidung vom 15.9.1989, ABl. L 284, 3.10.1989, S. 32-44. Gegen diese Entscheidung sind zwei Verfahren vor dem Gerichtshof Erster Instanz anhängig, ABl. C 14, 20.1.1990, S. 9 und Hinweis in EuZW 1990, S. 46.
Eine Beschwerde aufgrund eines entgegengesetzten Sachverhalts, die drei damaligen französischen öffentlich-rechtlichen Rundfunksender (TF 1, A 2, FR 3) erzwängen zu niedrige Einkaufspreise, hat die Kommission zurückgewiesen. Sie hielt zwar einen Verstoß gegen Art. 86 für möglich, jedoch müsse ein von der Beschwerdeführerin nicht erbrachter spezifizierter Nachweis für jeden Film beigebracht werden. Diese Entscheidung bestätigte der Gerichtshof. EuGH 28.3.1985, Rs. 198/83, Slg. 1985, 1105 - CICCE.

378 Die Kommission beanstandete in diesem Verfahren den Versuch einer der European Broadcasting Union (EBU) angehörenden Gruppe von Fernsehveranstalter, Preise und Nutzung bei der Abtretung von Nachrichtensendungen gemeinsam festzulegen. *Kommission der EG*, 16. Bericht über die Wettbewerbspolitik 1986, Brüssel 1987, S. 71. Zuletzt hob der Gerichtshof Erster Instanz eine Entscheidung der Kommission zugunsten der EBU auf, da ein Verstoß gegen Art. 85 und 86 nicht ausgeschlossen werden könne, EuGH, 24.1.1992, Rs. T 44/90, WuW 1992, 325 - La Cinq. Zu weiteren Verfahren gegen die EBU, *Schwartz*, ZUM 1991, 155, 160 und *Engel*, Kommunikation und Medien, Rdnr. 49. Am 14.7.1992 kündigte die Kommission an, daß sie einstweilige Maßnahmen nach Art. 85 Abs. 1 EWGV gegen die EBU ergreifen könnte, wenn diese sich weiterhin weigere, Sendern Zugang zu den Senderechten über die Olympischen Sommerspiele 1992 zu ermöglichen. Inhaber dieser Rechte ist *Eurosport*, der zu 50% von 17 EBU Mitgliedern beherrscht wird. Ag. Europe, 14.7.1992, S. 15.

379 Diese Entscheidung erging gegen die britischen und irischen Fernsehanstalten Radio Telefis Eireann (RTE), British Broadcasting Corporation (BBC) und Independent Television Publications (ITP). Diese verhinderten die Veröffentlichung und den Verkauf umfassender wöchentlicher Fernsehprogrammzeitschriften in Irland und Nordirland durch einen potentiellen Wettbewerber, der daraufhin ein Beschwerdeverfahren bei der Kommission anstrengte. Ihre Entscheidung vom 21.12.1988 (ABl. L 78, 21.3.1989, S. 43), die Rundfunkanstalten mißbrauchten ihre Stellung durch die Verhinderung der

Aus deutscher Sicht ist insbesondere die Entscheidung gegen die ARD bedeutsam. Der Kommission ist in getreuer Widergabe des Spannungsverhältnisses zwischen nationalem Rundfunkrecht und europäischem Wirtschaftsrecht vorgeworfen worden, sie habe die nach deutschem Verfassungsrecht bestehende besondere Stellung und Aufgabe (»Programmauftrag«) des öffentlich-rechtlichen Rundfunks und dessen Pflicht zur Grundversorgung in keiner Weise berücksichtigt.[380] Die Kommission will mit dieser Entscheidung jedoch den Programmarkt offenhalten und verhindern, daß durch eine Konzentration der Filmrechte bei den öffentlich-rechtlichen Anstalten, Marktzutrittsschranken für private Anbieter geschaffen werden.[381] Gleiches gilt für den Markt für Programmzeitschriften. Den Anstalten, denen vom EWG-Vertrag unangetastet eine Monopolstellung für die Ausstrahlung der Programme eingeräumt werden kann, soll es nicht möglich sein, auf diesem Wege unter Zuhilfenahme des Urheberrechts auch den Markt für Programmzeitschriften zu beherrschen.

c) *Wettbewerbsrechtliche Kontrolle privater Veranstalter*

Die Vorgehensweise der Kommission droht jedenfalls auf dem deutschen Markt konterkariert zu werden, da dort in großem Umfang Konzentrationen auf privater Ebene stattfinden, gegen die zu konkurrieren selbst den öffentlich-rechtlichen Anstalten schwerfällt. . In nur wenigen Verfahren war es Kommission und Gerichtshof möglich, Strukturen zur Kontrolle privater Rundfunkanbieter herauszuarbeiten.

Die »erste Bewährungsprobe der Fusionskontrollverordnung«, Konzentrationen im Rundfunkbereich zu erfassen, bestand durch das Eingreifen der Merger Task Force in der Fusion *BSB/Sky International* im Januar 1991.[382] Die Kommission hielt die quantitativen Aufgreifkriterien der Verordnung für nicht gegeben. Sie befand, daß die Umsätze der Unternehmen, die an der Holdigung-Gesellschaft von BSB beteiligt sind, nicht in die Berechnung der

---

Veröffentlichung zu Lasten der Verbraucher wurde vom Gerichtshof Erster Instanz bestätigt, Urteil vom 10.7.1991, CMLRep. 1991/4, 586 - *Magill TV Guide*. Gegen diese Entscheidung haben RTE und ITV am 19.9.1991 Rechtsmittel beim Gerichtshof eingelegt, Hinweis in GRUR Int. 1992, 71. Kritisch zur Kommissionsentscheidung, *Hoffmann-Riem*, Rundfunkrecht neben Wettbewerbsrecht, S. 201.

Die Kommission hat vergleichbare Praktiken der niederländischen Fernsehanstalten mehrfach untersucht, s. Anfrage des Abgeordneten Vandemeulebrouke an die Kommission, ABl. C 28, 4.2.1991, S. 11.

380 *Dörr*, EWS 1991, 259, 261.

381 *Wagner*, AfP 1992, S. 1, 4.

382 *Wagner*, AfP 1992, 1, 9f, mit ausführlicher Beschreibung des Sachverhalts.

Umsatzschwellen einbezogen werden könnten, da keine dieser Unternehmen ausreichende Kontrolle über die Entscheidungen von BSB habe.[383] Ohnehin wäre es selbst bei Überwindung der Aufgreifschwelle schwierig geworden, die Fusion zu untersagen, da es auf dem relevanten Produktmarkt für Satellitenfernsehen eine Reihe von Wettbewerbern gibt, so daß keine beherrschende Stellung eingetreten wäre. Eine andere Sachlage hätte nur dann bestanden, wenn bei der geographischen Marktabgrenzung nicht die Reichweite der Satelliten, sondern die Sprachbarriere herangezogen worden wäre. Dann hätte sich die Prüfung des relevanten Marktes auf den englischsprachigen Raum des Satellitenfernsehens beschränkt und eine Marktbeherrschung wäre zu bejahen gewesen.

Im September 1991 entschied die Kommission, keine Einwände gegen die Übernahme des englischen Fernsehsenders *W.H. Smith Ltd.* durch drei internationale Medienunternehmen geltend zu machen. Die drei Unternehmen sind die amerikanische *ESPN, Inc.*, die französischen *Générale d'Image* und *Canal+*. *ESPN*, ein reiner Sportkanal, ist in den USA das erfolgreichste Kabelfernsehprogramm mit über 55 Millionen angeschlossenen Haushalten (1990) und wird von einem der drei großen Networks, Capital Cities/ABC beherrscht. Die Générale d'Image (beherrscht von der Compagnie Générale des Eaux) ist im wesentlichen in den Bereichen Investitionen in Fernsehkanäle, audiovisuelle Kataloge und Filmproduktionen, Canal+ in Ausstrahlung von Fernsehprogrammen tätig.[384] Die Kommission könnte in der Übernahme von W.H. Smith ein konzentratives Gemeinschaftsunternehmen im Sinn der Fusionskontrollverordnung gesehen haben, jedoch die Märkte so abgegrenzt haben, daß die Muttergesellschaften auf anderen Märkten tätig sind, als das neue Gemeinschaftsunternehmen. In geographischer Hinsicht könnte der Fernsehmarkt in Großbritannien allein durch W.H. Smith betroffen sein. Andererseits deutet die Bekanntgabe der Geschäftsbereiche der beteiligten Muttergesellschaften darauf hin, daß in sachlicher Hinsicht diese Geschäftsbereiche jeweils eigenständigen Märkten zugeordnet wurden. Dann wäre das W.H. Smith TV auf einem anderen Markt tätig, als die Muttergesellschaften.

In einem anderen Verfahren hat die Kommission demgegenüber ein konzentratives Gemeinschaftsunternehmen nicht angenommen, sondern die Neugründung der *Sunrise Television* als kooperatives Gemeinschaftsunternehmen

383 Die somit zuständigen britischen Behörden haben die Fusion nicht untersagt, *Wagner*, ebda.

384 *ABC/Compagnie Générale des Eaux/Canal+/W.H. Smith TV*, ABl. C 209, 10.8.1991, S. 17 und den Hinweis auf die positive Entscheidung der Kommission vom 10.9.1991, ABl. C 244, 19.9. 1991, S. 5.

eingestuft. Die beteiligten Muttergesellschaften waren in diesem Fall auf dem gleichen relevanten Markt für Fernsehwerbung in Großbritannien tätig und dort fest verankert. Bei Sendebeginn 1993 soll Sunrise ebenfalls in diesen Markt eintreten, ohne daß sich die Muttergesellschaften daraus zurückziehen.[385] Damit liegt nach Ansicht der Kommission eine Koordinierung des Wettbewerbsverhaltens vor.[386]

In einem frühen Verfahren (1979) beanstandete die Kommission die exklusive Vereinbarung für die Aufzeichnung und Übertragung von Fußballspielen zwischen dem privaten Veranstalter London Weekend Television (LWT) und dem englischen Fußballverband. Nach dem Einschreiten der Kommission gegen die Schaffung dieser marktbeherrschenden Stellung, die die öffentlich-rechtliche BBC von diesem Markt ausschloß, wurde die Vereinbarung wieder aufgelöst. Im Anschluß daran erhielten die BBC und anderer unabhängige Fernsehgesellschaften Ausstrahlungsrechte für die Übertragung in andere Mitgliedstaaten eingeräumt.[387]

In einem Vorlageverfahren war der Gerichtshof angerufen zu entscheiden, wann eine marktbeherrschende Stellung auf einem Fernsehmarkt vorliegt und ob private und öffentliche Anbieter einen einheitlichen Markt bilden. Die Fernsehgesellschaft der italienischen *Fininvest-Berlusconi* Gruppe soll unabhängige lokale Fernsehstationen unter Bruch bestehender Verträge zu einem Konsortium zusammengebracht haben, um ein landesweites Programm auszustrahlen. Die beklagte Berlusconi Gruppe wehrte sich gegen die Vorwürfe des Mißbrauchs einer marktbeherrschenden Stellung mit dem Argument, daß eine starke private Gruppe den Wettbewerb zum öffentlich-rechtlichen Fernsehen, insbesondere auf dem Werbemarkt, verbessere.[388] Diese Position muß aber schon deswegen in Zweifel gezogen werden, da sich Berlusconi den Markt inzwischen zu fast gleichen Teilen mit dem Staatssender RAI teilt.[389] Das italienische Vorlageverfahren und das Verfahren vor dem Gerichtshof ist

---

385 *Sunrise Television*, Case IV/M.176, ABl. C 18, 24. Januar 1992, S. 15, zusammgef. C.M.L.R. April 1992, S. 344f und WuW 1992, S. 225f.

386 S. *Mestmäcker*, in *Immenga/Mestmäcker*, vor § 23 Rdnr. 158.

387 *Kommission der EG*, 9. Bericht über die Wettbewerbspolitik 1979, Brüssel 1980, S. 87. Der deutsche Sender SAT 1 hat die Rechte für die Aufzeichnung und Übertragung vom Deutschen Sportbund erworben. Hier besteht jedoch kein Anlaß zur Beanstandung, da die gemeinschaftsweite Ausstrahlung - soweit erkennbar - nicht eingeschränkt ist und jedenfalls die übrigen privaten und öffentlich-rechtlichen Wettbewerber gesetzliche Zugangsrechte über die Rechte zur Kurzberichterstattung haben.

388 Rs. 170/90; Zusammenfassung des Sachverhalts in EuZW 1990, 397; dazu *Engel*, Kommunikation und Medien, Rdnr. 51. Nachdem Berlusconi die Verlagsgruppe *Mandadori* in die Holding Fininvest eingegliedert hatte (dazu *Wagner*, AfP 1992, S. 1, 3) mußte sie aufgrund des italienischen Mediengesetzes die Tageszeitung »Il Giornale« verkaufen, Handelsblatt, 17.7.1992, S. 18.

389 *Engel*, ZUM 1992, S. 279, 284.

inzwischen aufgrund eines Vergleiches der beteiligten Parteien in Italien eingestellt.

d) *Schlußfolgerungen*

1. Die Mitgliedstaaten können ihr Rundfunksystem in der Weise strukturieren, daß Monopolanbieter von einer oder mehreren Anstalten gebildet werden. Die Ausübung dieses Monopols darf nicht zu Diskriminierungen gegenüber Rundfunksendungen aus anderen Mitgliedstaaten führen. Die Monopolunternehmen besitzen eine marktbeherrschende Stellung im Sinn des Art. 86 EWGV, die mißbraucht wird, wenn die Anstalten mit Rechten ausgestattet werden, die eine diskriminierende Sendepolitik erlauben.

2. Den nationalen Rundfunkordnungen bleibt die Ausgestaltung der dem Monopol übertragenen Aufgaben vorbehalten. Damit können national rundfunkspezifische Besonderheiten ohne Konflikt mit dem EWG-Vertrag verfolgt werden, die aber einer Verhältnismäßigkeitsprüfung durch den Gerichtshof standhalten müssen.

3. Die Entscheidung gegen die ARD verdeutlicht, daß Verträge über ausschließliche Rechte im Hinblick auf Anzahl und Dauer der betroffenen Rechte und auf die Größe des Marktes gegen die EG-Wettbewerbsregeln verstoßen können, sofern nicht angemessene Zugangsmöglichkeiten für Dritte bestehen.[390] Dies gilt unabhängig davon, ob private oder öffentlich-rechtliche Veranstalter die Vereinbarungen abschließen.

4. Die Kommission will den Programmarkt offenhalten und verhindern, daß durch eine Konzentration der Filmrechte bei den öffentlich-rechtlichen Anstalten, Marktzutrittsschranken für private Anbieter geschaffen werden. Gleiches gilt für den Markt für Programmzeitschriften. Den Anstalten, denen vom EWG-Vertrag unangetastet eine Monopolstellung für die Ausstrahlung der Programme eingeräumt werden kann, soll es nicht möglich sein, auf diesem Wege unter Zuhilfenahme des Urheberrechts, auch den Markt für Programmzeitschriften zu beherrschen.

5. Die Entscheidungspraxis gegenüber den öffentlich-rechtlichen Anstalten verdeutlicht die Zielrichtung der Kommission und die zukünftige Stellung des

390 *Schwartz*, ZUM 1991, 155, 161; *Kommission der EG*, 18. Bericht über die Wettbewerbspolitik 1989, Brüssel 1990, S. 69-70.

nationalen Rundfunkrechts im Rahmen der europäischen Gemeinschaft. Der Kommission ist es aufgrund der eindeutigen Rechtsprechung des Gerichtshofs und des Vertrages nicht möglich, die Rundfunkmonopole aufzulösen oder die Vormachtstellung der öffentlich-rechtlichen Anstalten, die das nationale Recht ihnen einräumt, anzugreifen. Daher geht sie den Weg, die relevanten Märkte für den Zugang durch private Rundfunkanbieter freizuhalten, indem sie die technischen, vertraglichen oder rechtlichen Marktzutrittsschranken angreift. Die Marktkräfte werden so über das »Schicksal« des öffentlich-rechtlichen Rundfunks entscheiden. Eine Marktstruktur wird sich in den nationalen Rundfunkordnungen aufgrund des freien Zugangs für grenzüberschreitende Programme herausbilden.[391] Den Mitgliedstaaten wird es auf diesem Weg erschwert, ihre verfassungsrechtlichen Grundsätze, wie etwa Pluralismus, Programmauftrag oder Grundversorgung geltend zu machen, da es sich um klare wirtschaftliche Betätigungen handelt.

391 Im Gegensatz dazu hat sie beim Fernmeldewesen in die Marktstruktur eingegriffen, *Engel*, ZUM 1992, S. 279, 281.

F. Rundfunkfinanzierung

I. *Grundlagen*

1. *Der öffentlich-rechtliche Rundfunk*

Die *öffentlich-rechtlichen* Hörfunk- und Fernsehanstalten in Deutschland finanzieren sich aus *Gebühren*[392] auf der Grundlage des Rundfunkgebührenstaatsvertrages, Einnahmen aus der *Rundfunkwerbung* sowie - zugunsten der finanzschwächeren Rundfunkanstalten Radio Bremen, Sender Freies Berlin und Saarländischer Rundfunk- aus dem *Finanzausgleich*. Daneben erzielen die Rundfunkanstalten weitere Einkünfte durch *wirtschaftliche Betätigung* außerhalb ihrer reinen Sendetätigkeit, wie z.B. durch Verwertung der Programme, Zinsen und Vermietung[393]. Unmittelbare Dotationen aus dem allgemeinen Staatshaushalt fließen den Landesrundfunkanstalten nicht zu. Vorrangige Finanzierungsquelle ist die Rundfunkgebühr[394]. Sie bildet die in der Nachkriegsentwicklung gewachsene, traditionelle Finanzierungsform des öffentlich-rechtlichen Rundfunks in der Bundesrepublik Deutschland[395].

2. *Die Finanzierung des privaten Rundfunks*

Als Finanzierungsquellen des privaten Rundfunks sieht der Rundfunkstaatsvertrag Einnahmen aus *Werbung, sonstige Einnahmen*, - insbesondere durch

---

392 Die Rechtsnatur der Rundfunkgebühr war lange umstritten. Die Rundfunkgebühr wurde z.B. als Anstaltsnutzungsgebühr, als Anstaltsnutzungsgebühr in Form einer Konzessionsabgabe, als Anstaltsnutzungsgebühr mit Beitragselementen, als laufende Verwaltungsgebühr, als Zwecksteuer oder als Beitrag beurteilt. Vgl. die Nachweise bei *Grupp*, Grundfragen des Rundfunkgebührenrechts, S. 41 f.; *Schmidt*, Die Rundfunkgebühr in der dualen Rundfunkordnung, S. 27 ff.. Nach heute überwiegender Ansicht stellt die Rundfunkgebühr eine *Abgabe sui generis* mit beitragsartigen Elementen das Mittel zur Finanzierung der Gesamtveranstaltung Rundfunk dar; BVerfGE 31, 314; *Hartstein/Ring/Kreile*, Rundfunkstaatsvertrag, Art. 3, Rdnr. 14.

393 Die Gesamterträge beziffern sich fürdas Jahr 1988 wie folgt: *ARD* - Einnahmen aus Rundfunkgebühren 70,4 %, Werbung 19,2 % und sonstige Erträge 10,4 %. *ZDF* - Rundfunkgebühren 5,2 %, Werbung 38,5 % und sonstige Einnahmen 6,3 %. Angaben nach ARD Jahrbuch 1989, S. 74; ZDF Jahrbuch 1986, 1987 S. 208. Zur rechtlichen Zulässigkeit vgl. *Maunz*, DVBl. 1974, S. 1.

394 Die Rundfunkgebühr teilt sich auf in die Grundgebühr (Hörfunkgebühr), die nur an die ARD-Anstalten geht und die Fernsehgebühr.

395 *Oppermann/Kilian*, Rechtsgrundsätze der Finanzierung öffentlich-rechtlichen Rundfunks in der dualen Rundfunkverfassung der Bundesrepublik Deutschland, S. 88.

Entgelte der Teilnehmer - sowie *eigene Mittel* der Veranstalter vor. Eine Finanzierung aus der Rundfunkgebühr ist unzulässig[396]. Für die Erzielung von Werbeeinnahmen haben die privaten Rundfunkveranstalter in der Regel selbständige Werbegesellschaften gegründet, an denen sie häufig mittelbar oder unmittelbar beteiligt sind[397]. Als mögliche Entgeltformen kommen in Betracht:

— Entgelte für einzelne Kanäle (sog. *Pay-TV*).

Derzeit gibt es in Deutschland einen bundesweit operierenden Pay-TV Anbieter. Ein Konsortium unter Beteiligung der Bertelsmann-Tochtergesellschaft UFA Film- und Fernseh-GmbH., der französischen Canal Plus sowie der Teleclub Gesellschaft der Kirch-Gruppe betreibt den Sender »Premiere«[398].

— Entgelte für Einzelsendungen (sog. *Pay per view*).

Eine Einführung ist in Deutschland, wohl aus Gründen des hohen technischen Aufwandes, bisher nicht in nennenswertem Umfang geschehen[399].

— Entgelt für mehrere Kanäle.

Bei dieser nur in Bayern erprobten Finanzierungsform werden die Entgelte pauschal von den Kabelgesellschaften für alle Kabelprogramme zusammen mit den sonstigen Kabelgebühren bei den Teilnehmern erhoben[400]. Die Entgeltpflicht erfaßt nur solche aus dem Breitbandkabel beziehbare Programme, die im Bereich der Kabelanlage nicht mit durchschnittlichem Antennenaufwand allgemein empfangen werden können[401]. Der Bayerische Verfassungsgerichtshof hat diese Entgeltregelungen als mit dem in Art. 112 Abs. 2 der Bayerischen Verfassung verankerten Grundrecht der Rundfunkempfangsfreiheit für vereinbar angesehen[402]. Dieses Grundrecht gewährleiste als Abwehr-

---

396 Staatsvertrag, Art. 1 (Rundfunkstaatsvertrag), § 25.

397 *Hartstein/Ring/Kreile*, Rundfunkstaatsvertrag, Kommentar, Art. 7 Rdnr. 6. Die Werbefernsehumsätze der privaten Fernsehveranstalter haben sich in den letzten drei Jahren stark gesteigert. So erzielte RTL plus 1989 294,4 Mio. DM, 1990 690,9 Mio. DM und 1991 1010,8 Mio. DM. SAT 1 steigerte die Werbefernsehumsätze von 307,4 Mio. DM im Jahre 1989 über 546,4 Mio. DM 1990 auf 802,2 Mio. DM im Jahre 1991. Im Vergleich dazu waren die Werbeumsätze der ARD rückläufig von 934,4 Mio. DM 1989 auf 761,2 Mio. DM 1991; beim ZDF konnten sie nur unwesentlich von 679,1 Mio. DM 1989 auf 718,8 Mio. DM 1991 gesteigert werden; Angaben bei *Heinrich*, Media Perspektiven 1992, 338, 344.

398 *Frankfurter Allgemeine Zeitung*, 29. 10. 1990, S. 22; zur Problematik des Pay TV vgl. *Ory*, ZUM 1988, 225.

399 Lediglich das sogenannte »Hotelfernsehen«, d.h. das Angebot von Spielfilmen im Hotelzimmer außerhalb des allgemeinen Programmangebotes, wird nach dem »Pay-per-view-System« abgewickelt.

400 Art. 28 BayMEG.

401 Artt. 23 Abs. 3, 28 Abs. 1, 34 BayMEG.

402 BayVerfGH ZUM 1992, 370 ff.

recht Schutz vor hoheitlichen Eingriffen, die die Information aus allgemein zugänglichen Quellen erschweren oder verhindern. Es gebe aber keinen Anspruch auf kostenlose Heranführung von Informationen. Da über das Breitbandkabel auch solche Programme herangeführt werden, die nicht ortsüblich mit durchschnittlichem Antennenaufwand empfangen werden können, sei es verfassungsrechtlich nicht zu beanstanden, für das vergrößerte Angebot zuvor eine Entgeltvereinbarung zu schließen[403]. Dem dabei zu schließenden Vertrag zwischen den örtlichen Kabelgesellschaften und dem Inhaber des Kabelanschlusses sind unter Berücksichtigung der Ausstrahlungswirkung der Rundfunkfreiheit nach Ansicht des Gerichts Grenzen gesetzt. Unzumutbare Belastungen seien unzulässig[404]. Eine Verletzung des Gleichheitssatzes unter dem Gesichtspunkt, daß nur die Besitzer von Kabelanlagen zur Entgeltzahlung verpflichtet sind, nicht aber diejenigen, die dieselben Rundfunkprogramme ohne Kabel empfangen, verneinte das Gericht mit eben diesen Argumenten. Es sei nicht sachwidrig, wenn für die Nutzung des größeren Breitbandkabelangebots ein Entgelt bezahlt werden müsse. Dem ist zuzustimmen. Aus dem Grundrecht der Rundfunkfreiheit ist nicht das Recht zur unentgeltlichen Unterrichtung abzuleiten. Informationsfreiheit ist nicht auch Freiheit von der Verpflichtung zur Entgeltzahlung[405].
Als sonstige Einnahmen können die privaten Rundfunkveranstalter Erträge aus Neben- oder Hilfstätigkeiten erzielen. Beispielhaft zu nennen sind der Verkauf und Vertrieb von Programmen, Lizenzerlöse, Einnahmen aus Medienverbundaktivitäten[406] sowie der Bereich des Merchandising[407].

II. *Ermittlung und Festlegung der Gebührenhöhe*

1. *Gebührenfinanzierung des öffentlich-rechtlichen Rundfunks*

Die Legitimation der Gebührenfinanzierung gründet sich auf die besonderen Aufgaben und Funktionen des öffentlich-rechtlichen Rundfunks, wie sie durch

---

403 BayVerfGH ZUM 1992, 370, 376.
404 BayVerfGH ZUM 1992, 370, 377.
405 Vergleich die Nachweise bei *Grupp*, Grundfragen des Rundfunkgebührenrechts, S. 45.
406 Der Begriff umfaßt verschiedene Formen der Kooperation, der gemeinschaftlichen Rechteverwertung und wechselseitiger kommerzieller Betätigungen von mindestens zwei Medien; vgl. *Schardt*, ZUM 1991, S. 61; dort mit der Hypothese, daß in 5 Jahren ca. 5 % der Gesamt-Nettoeinnahmen in einem Privatsender aus dieser Vermarktungsform erzielt werden können (S. 63).
407 Der Merchandising-Umsatz belief sich bei RTL-plus im Jahre 1990 auf 80 Millionen DM; (Medien-Bulletin 1991, S. 28).

das Bundesverfassungsgericht konkretisiert worden sind. Nach seiner Judikatur findet der öffentlich-rechtliche Rundfunk, namentlich die Finanzierung durch Gebühren, seine Rechtfertigung in den essentiellen Funktionen des Rundfunks für die Meinungs- und Willensbildung in der demokratischen Ordnung, in seiner Bedeutung für das kulturelle Leben und in der Gewährleistung der Grundversorgung für alle. Diese Aufgaben, die ihm insoweit gestellt sind, machen es notwendig, die technischen, organisatorischen, personellen und finanziellen Vorbedingungen ihrer Erfüllung sicherzustellen[408]. Aus der besonderen Stellung der öffentlich-rechtlichen Rundfunkanstalten hat das Gericht die Verpflichtung zu einer funktionsadäquaten Finanzierung ihrer Programme abgeleitet[409]. Aus dieser öffentlichen Aufgabe resultiert auch die Verpflichtung, daß das Finanz- und Wirtschaftsverhalten nicht die Umsatz- oder Gewinnmaximierung zum Ziel haben darf.

In Anwendung dieser Grundsätze auf die Gebührenhöhe gilt daher, daß sie den Zugang zum Rundfunk nicht über das sachlich bedingte Maß hinaus erschweren oder potentielle Rundfunkteilnehmer abhalten darf[410]. Maßstab für die Höhe der Rundfunkgebühr kann darüber hinaus nur der den Programmauftrag der öffentlich-rechtlichen Rundfunkanstalten konkretisierende Staatsvertrag und damit der zur funktionsgerechten Aufgabenerfüllung erforderliche Finanzbedarf sein.

Die *Regelungskompetenz* im Bereich der Rundfunkgebühr steht den Ländern zu, die seit 1970 die Höhe der Rundfunkgebühr durch Staatsverträge festlegen[411]. Dabei schließen zunächst die Ministerpräsidenten aller Bundesländer den Vertrag ab, der dann in Kraft tritt, wenn er in allen Landesparlamenten ratifiziert worden ist[412]. Der Staatsvertrag regelt in Art. 1 (Rundfunk-staats-

---

408 BVerfGE 73, 118 (158); BVerfGE 74, 297 (342); BVerfGE 83, 238, 298.

409 BVerfGE 74, 297 (342): Wenn dies nicht der Fall sei, könne der Gesetzgeber das Verbot der unmittelbaren Einflußnahme auf das Programm durch eine Beschränkung der Finanzierung umgehen; vgl. dazu auch *Bethge*, DÖV 1988, 97 ff; *Hesse*, Rundfunkrecht, S. 109. Die normative Umsetzung dieser Anforderungen enthält der Staatsvertrag in Art. 1 (Rundfunkstaatsvertrag), § 10 Abs. 1: »Die Finanzausstattung hat den öffentlich-rechtlichen Rundfunk in die Lage zu versetzen, seine verfassungsmäßigen und gesetzlichen Aufgaben zu erfüllen; sie hat insbesondere den Bestand und die Entwicklung des öffentlich-rechtlichen Rundfunks zu gewährleisten.«

410 *Grupp*, Grundfragen des Rundfunkgebührenrechts, S. 45; *Schneider/Radeck*, Verfassungsprobleme der Rundfunkfinanzierung aus Werbeeinnahmen, S. 42.

411 BVerwGE 29, 214 ff.: Die Finanzierung des (öffentlich-rechtlichen) Rundfunks ist eine Frage der Organisation. Die Länder sind daher für die Regelung der Rundfunkgebühr zuständig. Damit war die frühere Praxis obsolet, die die Gebührenpflicht durch die Verleihung der fernmeldetechnischen Betriebserlaubnis für ein Rundfunkempfangsgerät (§§ 1, 2 Fernmeldeanlagengesetz [FAG]) als begründet ansah.

412 Zu erwägen ist auch eine Gebührenfestsetzung durch die Rundfunkanstalten selbst, etwa durch Erlaß von Gebührensatzungen als Anstaltssatzungen im Rahmen der Anstaltsautonomie; BayVGH Media-Perspektiven Dok. II/1988, S. 89 ff. Die Richter *Geiger*, *Rinck*

vertrag) die Grundnormen für die Gebührenfinanzierung der öffentlich-rechtlichen Rundfunkanstalten in den §§ 10-12.

Die Kriterien, die für die Ermittlung des Finanzbedarfes und somit für die Festsetzung der Gebührenhöhe maßgeblich sind, finden sich in Art. 1 § 12 Abs. 2 des Staatsvertrags. Danach sind zu berücksichtigen:

1. die wettbewerbsfähige Fortführung der bestehenden Hörfunk- und Fernsehprogramme, die durch Staatsvertrag aller Länder zugelassenen Fernsehprogramme sowie die nach Landesgesetz jeweils zulässigen neuen Hörfunkprogramme,
2. die Teilhabe an den neuen rundfunktechnischen Möglichkeiten,
3. die allgemeine Kostenentwicklung und die besondere Kostenentwicklung im Medienbereich,
4. die Entwicklung der Werbeeinnahmen und der sonstigen Einnahmen.

Die Gebührenzahlungspflicht wird durch das Bereithalten eine Rundfunkempfangsgerätes begründet[413]. Dies bedeutet, daß die Zuschauer, die die Programme der öffentlich-rechtlichen Rundfunkanstalten nicht sehen wollen und auch tatsächlich nicht sehen, dennoch die Rundfunkgebühr zu entrichten haben. Nach der Rechtsprechung ist dies so lange gerechtfertigt, als es technisch nicht möglich ist, ausschließlich private Programme zu empfangen und der öffentlich-rechtliche Rundfunk seine Pflicht zur »Grundversorgung« tatsächlich erfüllt[414].

Das Gebührenaufkommen einer einzelnen ARD-Anstalt richtet sich nach ihrem jeweiligen Empfangsbereich[415], die Verteilung aus der Grund- und der Fernsehgebühr ergibt sich aus einem Verteilungsschlüssel, der sich an den Teilnehmerzahlen der einzelnen Sendebereiche der Rundfunkanstalten orientiert. Für das ZDF ist eine Pauschale aus der in den Ländern anfallenden Fernsehgebühr festgelegt[416]. Den Einzug der Gebühren im Namen und auf Rechnung der jeweiligen Landesrundfunkanstalt hat im Jahre 1976 die durch eine Verwaltungsvereinbarung der Rundfunkanstalten gegründete »Gebühreneinzugszentrale« (GEZ) übernommen.

---

und *Wand* haben in ihrem Sondervotum zum 2. Fernsehurteil (BVerfGE 31, 334, 345) angedeutet, daß es dem Grundsatz der Freiheit und Unabhängigkeit der Anstalten vom Staat entsprechen könnte, die Anstaltsorgane die Gebührenhöhe feststellen zu lassen. Vgl. hierzu schon *Herrmann*, UFITA 1967, 147 ff.

413 Staatsvertrag, Art. 1 (Rundfunkstaatsvertrag), § 10 Abs. 2, 11; Art. 4 (Rundfunkgebührenstaatsvertrag), § 2. Der Staatsvertrag ist am 1. Januar 1992 in Kraft getreten.

414 HessVGH ZUM 1991, 213; OVG Berlin ZUM 1991, 212.

415 Staatsvertrag, Art. 4 (Rundfunkgebührenstaatsvertrag), § 7 Abs. 2.

416 Staatsvertrag, Art. 3 (ZDF-Staatsvertrag), § 29 Abs. 2. Er beträgt 30 % der Fernsehgebühr. Die Zulässigkeit dieser Finanzierung hat das Bundesverwaltungsgericht bejaht (BVerwGE 22, 299).

Die Höhe der Rundfunkgebühr ist im Rundfunkfinanzierungsstaatsvertrag festgelegt[417]. Dieser sieht weiter vor, daß ein Anteil an der Rundfunkgebühr für den Aufbau des Rundfunks in den neuen Bundesländern bis einschließlich 1994 zu verwenden ist[418]. Auch die Detailregelungen des Finanzausgleichs zwischen den ARD-Anstalten sind in diesem Vertrag festgelegt[419].

2. *Das Verfahren zur Festsetzung der Gebührenhöhe*

Der Staatsvertrag enthält keine detailliertes Verfahren zur Anpassung und Festsetzung der Gebührenhöhe. Die entsprechenden Bestimmungen in Art. 1 § 12 lauten:

»(3) Unter Berücksichtigung des bisherigen Verfahrens soll bei der Ermittlung des Finanzbedarfs ein hoher Grad der Objektivität erreicht werden.
(4) Über eine Anpassung der Rundfunkgebühr wird jeweils anschließend an die Feststellung des Finanzbedarfes entschieden...«

Die zur Prüfung des Finanzbedarfs zuständige Institution findet sich in dieser Regelung nicht. Einen Hinweis liefert Abs. 3 mit der Formulierung »unter Berücksichtigung des bisherigen Verfahrens«. Zieht man die amtliche Begründung zum gleichlautenden Art. 4 Abs. 3 des Rundfunkstaatsvertrags von 1987 heran, ergibt sich, daß auf die Kommission zur Ermittlung des Finanzbedarfes der Rundfunkanstalten - *KEF* - Bezug genommen wird. Die Ministerpräsidenten hatten diese Kommission 1975 mit dem Ziel eingesetzt, das Gebührenfestsetzungsverfahren zu objektivieren, nachdem die ersten Gebührenerhöhungen in einzelnen Landtagen und in der Öffentlichkeit Diskussionen über ihre Angemessenheit ausgelöst hatten[420]. Ihre Gründung sollte auch dazu dienen, dem Ziel einer die Unabhängigkeit der Rundfunkanstalten gewährleistenden Verfahren der Gebührenanpassung weitgehend zu entsprechen.
Aufgabe der KEF ist es, das Wirtschaftsverhalten der Rundfunkanstalten zu prüfen und zu bewerten und damit eine Entscheidung der Länderparlamente

---

417 Seit 1. Januar 1992 beträgt die Höhe der Rundfunkgebühr für die alten Bundesländer Deutschlands einschließlich Berlin (West) monatlich DM 23,80, für die fünf neuen Bundesländer sowie Berlin (Ost) bleibt es bei der bisherigen Regelung von DM 13,-. Bis zum 1. Januar 1995 ist eine schrittweise Anpassung vorgesehen.

418 Insgesamt DM 1,- (0,30 DM aus der Grundgebühr und 0,70 DM aus der Fernsehgebühr); Staatsvertrag, Art. 5 (Rundfunkfinanzierungsstaatsvertrag), § 2 Abs. 1. Für den Aufbau eines bundesweiten Hörfunks sind aus der Grundgebühr 0,75 DM vorgesehen, Art. 5 § 3.

419 Staatsvertrag, Art. 5 (Rundfunkfinanzierungsstaatsvertrag), § 8. Danach beträgt die Finanzausgleichsmasse jährlich mindestens DM 155 Mio., die sich zu DM 84,149 Mio. auf den Saarländischen Rundfunk, mindestens DM 71,338 Mio. auf Radio Bremen und auf den Sender Freies Berlin in Höhe von maximal DM 45 Mio. verteilen.

420 *Hesse*, Rundfunkrecht, S. 139; zur KEF: *Schneider/Radeck*, Verfassungsprobleme der Rundfunkfinanzierung, S. 44 ff.

über eine Gebührenerhöhung vorzubereiten. Ausgehend von den Bedarfsanmeldungen der Rundfunkanstalten ermittelt die Kommission fortlaufend deren Finanzbedarf gemäß den dafür geltenden rundfunkrechtlichen Bestimmungen nach den Grundsätzen von Wirtschaftlichkeit und Sparsamkeit. Sie nimmt die Prüfung unter Wahrung der Programmautonomie vor[421]. Gegenstand der Prüfung sind insbesondere die Entwicklung der Personalkosten, des Tarifgefüges und der Versorgungsregelung sowie die Auslastung, Effektivität und Wirtschaftlichkeit des Produktionsbereiches[422]. In dem Prüfbericht, den die KEF alle zwei Jahre erstellt, macht die Kommission einen rechnerisch begründeten Vorschlag für eine etwaige Gebührenanpassung. Bis zum Beitritt der neuen Bundesländer bestand die KEF aus jeweils 4 beamteten Mitgliedern der Länderstaatskanzleien und der Landesrechnungshöfe, sowie sechs unabhängigen, wirtschaftserfahrenen Privatpersonen als Sachverständige. Der zusätzliche Vorsitzende hat kein Stimmrecht. Die KEF entscheidet mit 2/3 Mehrheit[423]. Aus der Zusammensetzung der KEF, in der die Rundfunkanstalten nicht vertreten sind, ergibt sich, daß sie eine Antipodenfunktion zu den Anstalten wahrnimmt[424]. ARD und ZDF nehmen daher regelmäßig offiziell zu den Berichten der KEF Stellung[425].

Ein Problem der KEF-Tätigkeit wird darin gesehen, daß es schwierig ist, die Kriterien der Wirtschaftlichkeit und Sparsamkeit deutlich von Programmfragen zu trennen, über die die »rundfunkfreie« KEF keine Beurteilungsbefugnis besitzt. Einer direkten oder indirekten Programmbeurteilung hat sich die Kommission jedenfalls zu entziehen[426].

Über eine Anpassung der Rundfunkgebühr wird nach der Feststellung des Finanzbedarfes entschieden[427]. Diese Entscheidung ist zunächst durch die Ministerpräsidenten herbeizuführen. Im Falle einer Erhöhung muß ihre Entscheidung durch die Landesparlamente gebilligt werden. Einigen die Länder sich nicht oder ist nur ein Teil der Länder der Ansicht, daß die Rund-

---

421 Beschluß der Ministerpräsidenten vom 19. Mai 1988: »Überprüfung des Verfahrens und der Zusammensetzung der Kommission zur Ermittlung des Finanzbedarfs der Rundfunkanstalten (KEF) - einschließlich Zuordnung der Länder für einzelne Bereiche sowie personelle Benennung der Sachverständigen -« abgedruckt in *Hartstein/Ring/Kreile*, Rundfunkstaatsvertrag, Kommentar, Art. 4 Rdnr. 13, II (1.).

422 *Hartstein/Ring/Kreile*, Rundfunkstaatsvertrag, Art. 4, Rdnr. 11.

423 Über eine Erweiterung der Zusammensetzung der KEF angesichts der mittlerweile errichteten Rundfunkanstalten in den neuen Bundesländern liegt noch keine Vereinbarung vor.

424 *Oppermann/Kilian*, Rechtsgrundsätze der Finanzierung, S. 44.

425 Vgl. die Stellungnahmen zum 6. KEF-Bericht in Media-Perspektiven 1987, S. 782 ff. (ARD) und 784 (ZDF).

426 *Oppermann/Kilian*, Rechtsgrundsätze der Finanzierung, S. 44; *Hartstein/Ring/Kreile*, Rundfunkstaatsvertrag, Art. 4, Rdnr. 22.

427 Staatsvertrag, Art. 1 (Rundfunkstaatsvertrag) § 12 Abs. 4.

funkgebühr erhöht werden muß, so bleibt diesen die Möglichkeit, den Rundfunkfinanzierungsstaatsvertrag sowie die Bestimmungen des Rundfunkstaatsvertrages über die Werbegrenzen zu kündigen[428].

III. *Werbezeiten*

1. *Werbezeitbegrenzungen im öffentlich-rechtlichen Rundfunk*

Bei der Neuberatung des Rundfunkstaatsvertrages war die Frage der Ausweitung der Werbezeiten im öffentlich-rechtlichen Rundfunk höchst umstritten. Im Mittelpunkt der Diskussion stand die Forderung der ARD-Anstalten und des ZDF nach einem Wegfall der 20-Uhr-Grenze sowie eine Erhöhung der täglichen Werbezeit von 20 auf 25 Minuten[429]. Auch über eine Einführung der Werbung in die »Dritten Programme« wurde diskutiert[430]. Alle diese Neuvorschläge haben im Staatsvertrag jedoch keinen Niederschlag gefunden. Allerdings beschloß im Juli 1992 die Hauptversammlung der ARD - ihr gehören die Intendanten und die Gremienvorsitzenden an - einstimmig erneut eine Initiative bei den Ministerpräsidenten für eine Lockerung der Werbegrenze. Nur mit einer Öffnung der 20 Uhr Werbegrenze, werde es möglich, die »dramatischen Rückgänge der Werbeeinnahmen« der ARD auszugleichen.[431]
Geblieben ist es bei den bisherigen Bestimmungen:
Im ersten Fernsehprogramm der ARD und im ZDF darf werktäglich höchstens 20 Minuten im Jahresdurchschnitt Werbung ausgestrahlt werden. Nicht vollständig ausgenutzte Werbezeit darf bis zu 5 Minuten an Werktagen nachgeholt werden. Nach 20 Uhr sowie an Sonn- und Feiertagen darf keine Werbung gesendet werden. Die Dauer der Spotwerbung innerhalb einer Stunde darf 20 % nicht überschreiten. Unzulässig ist Werbung in den dritten Programmen der ARD[432]. Tele-Shopping ist im öffentlich-rechtlichen Rundfunk nicht gestattet[433]. Die Fernsehwerbung ist in Blöcken und zwischen den einzelnen Sendungen auszustrahlen. Fernsehsendungen von mehr als 45 minütiger Dauer dürfen einmal durch Werbung unterbrochen werden. Etwas

428 Staatsvertrag, Art. 5 (Rundfunkfinanzierungsstaatsvertrag) § 11; Art. 1 (Rundfunkstaatsvertrag) § 37 Abs. 3.
429 Nachweise bei *Ricker*, AfP 1991, 173.
430 Die »dritten« Fernsehprogramme werden von den Landesrundfunkanstalten der Länder veranstaltet und decken - soweit sie nicht über Satellit ausgestrahlt werden - als Empfangsgebiet das jeweilige Bundesland ab.
431 FR, 8. Juli 1992, S. 15.
432 Staatsvertrag, Art. 1 (Rundfunkstaatsvertrag), § 15 Abs. 1-3.
433 Staatsvertrag, aaO., § 17.

anderes gilt für die Übertragung von Sportereignissen, bei denen in den natürlichen Pausen Werbung ausgestrahlt werden darf[434]. Die Übertragungen von Gottesdiensten sowie Kindersendungen dürfen nicht durch Werbung unterbrochen werden.
Für den öffentlich-rechtlichen *Hörfunk* sieht der Staatsvertrag eine werktägliche Begrenzung der Werbung auf 90 Minuten vor. Ein am 1. Januar 1987 in den Ländern abweichender zeitlicher Umfang der Werbung und ihre tageszeitliche Begrenzung kann beibehalten werden[435].

2. *Werbezeitbegrenzungen im privaten Rundfunk*

Für die privaten Rundfunkveranstalter gilt, daß die Dauer der Werbung insgesamt 20 %, die der Spotwerbung 15 % der täglichen Sendezeit nicht überschreiten darf. Innerhalb einer Stunde ist die Spotwerbung auf 20 % begrenzt. Für das sog. Tele-Shopping ist eine Begrenzung auf eine Stunde am Tag festgelegt[436]. Detailliert geregelt sind die Fragen der Unterbrecherwerbung. Ebenso wie im öffentlich-rechtlichen Rundfunk dürfen Gottesdienste sowie Sendungen für Kinder nicht unterbrochen werden. Es gilt der Grundsatz der Blockwerbung, zwischen zwei aufeinanderfolgenden Unterbrechungen innerhalb einer Sendung müssen mindestens 20 Minuten liegen. Spielfilme, die länger als 45 Minuten dauern, dürfen nur einmal je vollständigem 45-Minuten-Zeitraum unterbrochen werden[437]. Ein Spielfilm von 90 Minuten Dauer darf somit zweimal Werbeeinblendungen enthalten, dauert er 110 Minuten, darf er dreimal für Werbung unterbrochen werden. Nachrichtensendungen, Sendungen zum politischen Zeitgeschehen, Dokumentar- und religiöse Sendungen, die kürzer als 30 Minuten sind, dürfen nicht unterbrochen werden. Die Regelungen in den Landesmediengesetzen entsprechen überwiegend den Bestimmungen des Rundfunkstaatsvertrages'87. Es gilt die Begrenzung auf 20 % der täglichen Sendezeit für die Werbung[438].

---

434 Staatsvertrag, aaO., § 13 Abs. 3, 4.

435 Staatsvertrag, aaO., § 15 Abs. 4; die am 1. Januar 1987 geltenden Beschränkungen der Hörfunkwerbung variieren für die einzelnen Landesrundfunkanstalten. Sie reichen von 42 Minuten (NDR) bis zu 177 Minuten (SWF); vgl. die Übersicht bei *Hartstein/Ring/Kreile*, Rundfunkstaatsvertrag, Art. 3, Rdnr. 116, dort auch mit einer Aufstellung über die 1986 tatsächlich genutzte Werbezeit und die tageszeitlichen Begrenzungen.

436 Staatsvertrag, Art. 1 (Rundfunkstaatsvertrag), § 27 Abs. 1-3.

437 Staatsvertrag, Art. 1 (Rundfunkstaatsvertrag), § 13 Abs. 2, § 26 Abs. 1-4.

438 Art. 7 Abs. 3 Rundfunkstaatsvertrag'87. § 30 Abs.1 Nr. 4 LMG BadWürtt.; Art. 30 BayMEG; § 51 Abs. 3 KPPG Berlin (höchstens 9 Minuten je Stunde Sendezeit in Verteildiensten); § 22 Abs. 1 BremLMG; § 28 Abs. 1 HmbMedG; § 26 Abs. 1 HPRG; § 26 Abs. 1 LRG Nieders.; § 22 Abs. 3 LRG NRW; § 21 Abs. 2 LRG RhPf.; § 44 Abs. 3 LRG Saarl; § 24 Abs. 1 LRG SH.

3. *Lokaler Rundfunk und offene Kanäle*

Einzelne Mediengesetze oder Gesetzesentwürfe sehen abweichende Regelungen für den lokalen Rundfunk vor. Dieser soll das örtliche Geschehen im Verbreitungsgebiet darstellen, kulturelle Aktivitäten fördern sowie zur Meinungsbildung beitragen[439]. Regelungen über den lokalen Rundfunk enthalten u.a. die Mediengesetze in Bayern, Berlin, Bremen, Hamburg und Nordrhein-Westfalen[440]. Die Bestimmungen über die Zulässigkeit und den Umfang der Werbung sind nicht einheitlich. Infolge der Festschreibung des nichtkommerziellen Charkters des lokalen Rundfunks, der nicht zur Erzielung wirtschaftlicher Vorteile dienen darf, wird eine Werbefinanzierung nicht grundsätzlich ausgeschlossen, aber eine überwiegende Finanzierung aus Mitgliedsbeiträgen und Spenden vorgeschlagen[441]. In Bremen und Hamburg können die lokalen Programme auch durch Werbung (neben Eigenmitteln der Veranstalter, Spenden oder Teilnehmerentgelte) finanziert werden, die auf 20 % der Sendezeit begrenzt ist[442]. Diese Limitierung gilt auch für den örtlichen Rundfunk in Nordrhein-Westfalen[443]. Im Hinblick auf das Verbreitungsgebiet lokaler Werbung enthalten einige Landesmediengesetze Sonderbestimmungen zum Schutz der Presse[444]. Danach besteht für überregional verbreitete Hörfunk- und Fernsehprogramme das Verbot, durch eine technisch mögliche regionale Auseinanderschaltung des Programms Lokalwerbemöglichkeiten ohne Streuverluste anzubieten. Zur Verbesserung der Finanzierungsbedingungen der privaten Anbieter sollten diese Wettbewersbeschränkungen abgebaut werden. Der Einwand, dies sei zum Schutz der Tagespresse erforderlich, geht fehl. Die Bedeutung des Rundfunks für die lokalen Werbetreibenden geht nicht so weit, daß die Existenz der Presse dadurch in Frage gestellt wird[445].

Besondere Regelungen finden sich in einigen Landesmediengesetzen auch über die Errichtung eines »Offenen Kanals«. Hier hat jedermann die Möglich-

---

439 Vgl. § 23 Abs. 1 BremLMG.

440 Art. 22 MEG, §§ 17-17 b EntwBerliner PrivatfunkG, § 23 BremLMG, § 31 Hmb MedG, §§ 23 ff. LRG NRW.

441 §§ 17, 17b Entwurf Berliner PrivatfunkG.

442 §§ 26, 22 BremLMG; §§ 376, 28 HmbMedG.

443 § 23 Abs. 2 iVm. § 22 LRG NRW.

444 § 51 KPPG Bln, § 21 Abs. 7 LRG RhPf: lokale Werbung ist nur in lokalen Programmen zulässig. § 26 Abs. 6 HPRG, § 26 Abs. 6 LRG Nieders., § 23 Abs. 2 LRG SH: Die Werbung muß im gesamten Verbreitungsgebiet des Programms gesendet werden.

445 Monopolkommission, Hauptgutachten 1990/91, erscheint 1992, Nr. 803.

keit, selbst gestaltete und produzierte Beiträge über den Rundfunk zu verbreiten[446]. Sie sind werbungsfrei zu erbringen[447].
Wegen ihrer geringen Reichweite und kaum ausreichender Zuschauerakzeptanz aufgrund einer fehlenden einheitlichen Programmstruktur sind ausreichende Einnahmen aus der Werbung ohnehin nicht zu erwarten. Die Finanzierung des »offenen Kanals« erfolgt durch Rückgriff auf öffentliche Mittel. In der Praxis wird der studio- und übertragungstechnische Aufwand von den Landesmedienanstalten übernommen, für die sonstigen Aufwendungen hat derjenige aufzukommen, der den Beitrag senden will.

IV. *Finanzierungsalternativen*

1. *Gestaltungsspielraum des Gesetzgebers*

In seinem jüngsten Rundfunkurteil hat das Bundesverfassungsgericht die Mischfinanzierung des öffentlich-rechtlichen Rundfunks aus Gebühren und Werbeeinnahmen nicht beanstandet[448]. Die Gewährleistung der Rundfunkfreiheit in Art. 5 Abs. 1 S. 2 GG umfasse auch die Sicherstellung einer ausreichenden Finanzierung des verfassungsrechtliche geschützten Programmangebots, damit der öffentlich-rechtliche Rundfunk die ihm nach der Verfassung obliegenden Aufgaben erfüllen könne[449]. Der grundrechtliche Schutz erstrecke sich nicht auf einzelne Finanzierungsarten. Der Gesetzgeber besitzt demnach einen politischen Gestaltungsspielraum in der Wahl der Finanzierungsmodalitäten. Nach einer Entscheidung für eine duale Rundfunkordnung liegen die Grenzen seiner Gestaltungsfreiheit dort, wo entweder der öffentlich-rechtliche Rundfunk an der Erfüllung seiner Grundversorgungsaufgabe gehindert oder der private Rundfunk Bedingungen unterworfen wäre, die seine Veranstaltung erheblich erschweren oder unmöglich machen würden[450]. Mit der Grundversorgungsaufgabe des öffentlich-rechtlichen Rundfunks unvereinbar sieht das Verfassungsgericht eine überwiegende Werbefinanzierung an, denn die damit einhergehende Abhängigkeit von Einschaltquoten

---

446 *Hesse*, Rundfunkrecht, S. 197.
447 § 30 Abs. 2 HmbMedG; § 30 Abs. 2 HPRG; § 34, 24 Abs.4 S. 5 LRG NRW; § 18 Abs. 2 LRG RhPf.; § 52c Abs. 3 LRG Saar; § 28 Abs. 2 LRG SH, dort mit der Besonderheit, daß der lokale Rundfunk als »offener Kanal« ausgestrahlt wird.
448 BVerfGE 83, 238, 310.
449 BVerfGE 73, 118 (158); BVerfGE 74, 297 (342); BVerfGE 83, 238, 310.
450 BVerfGE 83, 238, 311; vgl. auch *Bethge*, DÖV 1988, 97 (100): Kein Anspruch der Rundfunkanstalten auf eine bestimmte Finanzierungsform ihrer Programme.

gefährde jene Anforderungen an die Programmgestaltung, die sich aus der Grundversorgungsaufgabe ergäben[451]. Werbung kann danach immer nur ein sekundäres Finanzierungsmittel sein. Das Nebeneinander von Gebühren- und Werbefinanzierung bei den öffentlich-rechtlichen Anstalten ist von der *Monopolkommission* mehrfach mit Nachdruck kritisiert worden. Sie fordert, den öffentlich-rechtlichen Rundfunk auf Gebührenfinanzierung zu beschränken und die Werbung den Privaten zu überlassen[452]. Politisch war das bisher nicht mehrheitsfähig.

Die Dispositionsbefugnis des Staates bei der Festlegung der einzelnen Finanzierungsmöglichkeiten steht unter dem Vorbehalt, dem Prinzip der Staatsfreiheit des Rundfunks gerecht zu werden[453]. Das Recht des Staates, die Grundlinien und Rahmenbedingungen der Finanzierung der öffentlich-rechtlichen Rundfunkanstalten selbst zu regeln, findet seine Grenze an dem Verbot, mit Hilfe der Finanzierungskompetenz Einfluß auf die programmliche Gestaltung zu nehmen. Desweiteren ist als Konsequenz aus der Rechtsprechung des Verfassungsgerichts die Verpflichtung des Staates abzuleiten, bei Entziehung einer notwendigen Einnahmequelle den eintretenden Finanzverlust durch Zuweisung anderer Finanzierungsmöglichkeiten auszugleichen. Nach dieser Konzeption ist es somit möglich, den öffentlich-rechtlichen Rundfunk auch aus Haushaltsmitteln der Landesparlamente zu finanzieren. Aufgrund des Prinzips der Staatsfreiheit des Rundfunks erscheint diese Möglichkeit allerdings als »ultima ratio«[454]. Dabei ist der Gefahr zu begegnen, daß die Einflußnahme auf die Finanzlage Abhängigkeiten begründet, die Zweifel an der sachlichen Unabhängigkeit der Sender hervorrufen. Unzureichend wäre es, die Mittelzuweisung lediglich auf das Haushaltsgesetz zu stützen, das als jährlich zu verabschiedendes Gesetz der Gefahr wechselnder politischer Mehrheiten besonders ausgesetzt ist. Das Gesetz müßte vielmehr detailliert und abschließend die Voraussetzungen festschreiben, nach denen die staatlichen Mittel geleistet werden[455].

2. *Veranstaltung von Pay-TV*

Vor Abschluß des Rundfunkstaatsvertrages '87 war umstritten, ob es den öffentlich-rechtlichen Rundfunkanstalten gestattet ist, Pay-TV in seinen

---

451 BVerfGE 83, 238, 311.

452 Monopolkommission, Hauptgutachten 1990/91, erscheint 1992, Nr. 802.

453 *Bethge*, DÖV 1988, 97 (100).

454 *Stern/Bethge*, Funktionsgerechte Finanzierung der Rundfunkanstalten durch den Staat, S. 38 f.; *Bethge*, DÖV 1988, 100 m.w.N.

455 *Kollek*, Rechtsfragen der Rundfunkfinanzierung, S. 61 f.

verschiedenen Erscheinungsformen zu veranstalten[456]. Mit seinem Abschluß ist dieser Streit obsolet. Aus einem Vergleich der Bestimmungen über die Einnahmequellen des öffentlich-rechtlichen und des privaten Rundfunks ergibt sich, daß den Rundfunkanstalten die Erzielung von Einnahmen aus Entgelten der Rundfunkteilnehmer für den Empfang eines Rundfunkprogramms nicht gestattet ist. Nur für die privaten Veranstalter ist diese Finanzierungsmodalität genannt[457]. Der Staatsvertrag vom 15. 8. 1991 hat diese Regelung in Art. 1 § 11 für die öffentlich-rechtlichen Anstalten und in § 25 für die privaten Veranstalter übernommen. Im 5. Rundfunkurteil hat das BVerfG eine *gesetzliche* Regelung im Baden-Württembergischen Landesmediengesetz, mit den den öffentlich-rechtlichen Rundfunkanstalten die Möglichkeit einer Finanzierung durch Entgelte eingeräumt wurde, als verfassungskonform angesehen[458].

3. *Randnutzung und wirtschaftliche Kooperation*

Seit langem umstritten und mit dem jüngsten Rundfunkurteil des BVerfG zu einem vorläufigen Abschluß gebracht sind die Fragen der Zulässigkeit und Grenzen der wirtschaftlichen Betätigung und Kooperation der öffentlich-rechtlichen Rundfunkanstalten. Der Rundfunkstaatsvertrag bestimmt hierzu lediglich, daß die Rundfunkanstalten sich auch aus »sonstigen Einnahmen« finanzieren[459]. Bestimmte Formen wirtschaftlicher Betätigungen, die als Randnutzung, d.h. als Neben- oder Hilfstätigkeiten der Rundfunkanstalten bezeichnet werden, sind zulässig[460]. Hierunter fallen der Programmvertrieb, die Lizenzvergabe für Senderechte, die Verwertung der zu Sendezwecken hergestellten Bild- und Musikproduktionen. Kontrovers diskutiert werden die Fragen der Grenzziehung für diese Tätigkeiten. Auf der Grundlage des Selbstverwaltungsrechts der Rundfunkanstalten könne - so wird zum einen vertreten - die Rundfunkanstalt nach sachlichen Kriterien autonom über Art

---

456 *Hartstein/Ring/Kreile*, Rundfunkstaatsvertrag, Art. 3, Rdnr. 45 m.w.N.

457 Art. 7 Abs. 2; Art. 3 Abs. 1, 2 Rundfunkstaatsvertrag '87.

458 BVerfGE 74, 297 f.; dagegen wird eingewendet, daß selbst dann, wenn eine gesetzliche Grundlage vorhanden ist, diese mit Art. 12 Abs. 1 GG unvereinbar sei. Das Eindringen der Anstalten in den Markt des Spartenfersehens bedeute einen besonders schwerwiegenden Eingriff in die wirtschaftliche Betätigungsfreiheit der privaten Konkurrenten der Anstalten, der in seinen Auswirkungen mit einer objektiven Zulassungssperre gleichzusetzen sei. Ein derartiger Eingriff könne nur in Ausnahmefällen durch überragende Gründe des Gemeinwohls gerechtfertigt werden, die hier nicht vorlägen. [*Emmerich/Steiner*, Möglichkeiten und Grenzen der wirtschaftlichen Betätigung der öffentlich-rechtlichen Rundfunkanstalten, 149 (150)].

459 Staatsvertrag, Art. 1 (Rundfunkstaatsvertrag), § 11 Abs. 1.

460 *Maunz*, DVBl. 1974, 1,4; *Emmerich/Steiner*, Möglichkeiten und Grenzen, S. 20 m.w.N.

und Umfang der Wahrnehmung ihres Auftrages entscheiden[461]. Die Befürworter einer umfassenden Zulässigkeit erwerbswirtschaftlicher Betätigung der Rundfunkanstalten machen vor allem geltend, zu dem Aufgabenbereich der Anstalten gehörten sämtliche Tätigkeiten, die in einem sachlichen Zusammenhang mit ihrem Programm- und Sendeauftrag stehen. Danach ist neben einer umfassenden Verwertung des »Sendegutes« bspw. auch die Herausgabe und der Vertrieb einer eigenen Programmzeitschrift und die Beteiligung und Verbindung mit anderen Medien zulässig[462]. Die Kritik dieser Auffassung wendet vor allem ein, mit dem Kriterium des »Sachzusammenhangs« zur »Veranstaltung von Rundfunksendungen« würde den Anstalten eine »Blankettermächtigung« erteilt, die sie ohne interpretatorischen Aufwand in die Rolle von Großunternehmen der Medienbranche einweisen. Die Aufgabenzuweisung an die Rundfunkanstalten schließe dagegen nur die Ermächtigung zur Vornahme der für die Herstellung des Sendegutes notwendigen Hilfsgeschäfte und Nutzungs- und Verwertungsbetätigungen in Bezug auf das personelle und sachliche Substrat ein, die für die Erfüllung des Programmauftrages erforderlich sind[463].

Das Bundesverfassungsgericht hat die Fragen der Zulässigkeit der Kooperation und wirtschaftlicher Zusammenarbeit der Rundfunkanstalten mit Dritten zur Herstellung und Verwertung von Rundfunkprogrammen anhand des WDR-Gesetzes nunmehr konkretisiert[464]. Nach Auffassung des Gerichts fällt die Programmherstellung als notwendige Voraussetzung der Inanspruchnahme der Rundfunkfreiheit in den Schutzbereich von Art. 5 Abs. 1 S. 2 GG. Dies gelte auch für Auftragsproduktionen und Beteiligungen an programmherstellenden Unternehmen. Vom Schutzbereich sei auch die weitere *Verwertung*

---

461 *Ipsen*, DÖV 1974, 721 (725). In der Formulierung des BVerfG sind die Rundfunkanstalten »vom Staat unabhängige, sich selbst verwaltende Anstalten des öffentlichen Rechts«, BVerfGE 59, 231 (254).

462 Vgl. den 16 Punkte umfassenden Katalog bei *Maunz*, DVBl. 1974, 1 (6); *Hoffmann-Riem*, RuF 1983, 381.

463 *Emmerich/Steiner*, Möglichkeiten und Grenzen, S. 49 (146).

464 BVerfGE 83, 238 ff. Das Gesetz hat folgenden Wortlaut: »*§ 3 Aufgaben, Sendegebiet* (7) Der WDR kann Druckwerke mit vorwiegend programmbezogenem Inhalt veröffentlichen, wenn dies zur Erfüllung seiner Aufgaben erforderlich ist. (8) Der WDR kann zur Herstellung und zur wirtschaftlichen Verwertung von Rundfunkproduktionen mit Dritten zusammenarbeiten; er kann sich zu diesem Zweck an anderen Unternehmen beteiligen (§ 47). Er darf jedoch Rundfunkproduktionen nicht in erster Linie zum Zwecke der wirtschaftlichen Verwertung herstellen oder herstellen lassen. (9) Der WDR kann zur Veranstaltung und Verbreitung von Programmen mit Dritten zusammenarbeiten und sich zu diesem Zweck an anderen Unternehmen beteiligen (§ 47). *§ 47 Beteiligung an Unternehmen* (1) An einem Unternehmen, das einen gewerblichen oder sonstigen wirtschaftlichen Zweck zum Gegenstand hat, darf sich der WDR beteiligen, wenn 1. dies zu seinen gesetzlichen Aufgaben gehört...«.

eigener Rundfunkproduktionen sowie die darauf gerichtete Zusammenarbeit mit und Beteiligung an dritten Unternehmen umfaßt. Dies alles gehöre zu den Rahmenbedingungen, von denen es abhänge, ob die Rundfunkfreiheit in ihrer verfassungsrechtlich vorausgesetzten Funktion tatsächlich ausgeübt werden könne. Die gesetzgeberische Ausgestaltung durch das WDR-Gesetz entspreche den Anforderungen nach Art. 5 Abs. 1 S. 2 GG. In diesem Zusammenhang weist das Gericht darauf hin, daß § 3 Abs. 8 S. 2 WDR-Gesetz jede Programmherstellung verbiete, mit der allein oder auch nur vorrangig das Ziel wirtschaftlicher Verwertung verfolgt werde[465].
Auch die Zusammenarbeit einer öffentlich-rechtlichen Rundfunkanstalt mit oder die Beteiligung an anderen Unternehmen im Bereich der Programmver*anstaltung* und *-verbreitung* (§ 3 Abs. 9 WDR-Gesetz) findet die Billigung des Verfassungsgerichts. Das Grundgesetz schließe solche Kooperationen nicht aus. Der Gesetzgeber müsse, wenn er sich für ein duales System entscheide, die beiden Bereiche nicht strikt voneinander trennen. Ebensowenig lasse sich aus dem Grundesetz ein Gebot strikter Trennung von Rundfunk und Presse entnehmen. Es bestehe allerdings die Gefahr, daß Kooperationen mit privaten Veranstaltern dazu genutzt würden, um die Bindungen und Pflichten des öffentlich-rechtlichen Rundfunks zu umgehen oder abzuschwächen. Da das Gesetz vorschreibe (§ 47 WDR-Gesetz), daß von diesen Befugnissen nur Gebrauch gemacht werden darf, wenn sichergestellt sei, daß die geltenden Programmgrundsätze im Rahmen der Kooperation unberührt blieben, werde dieser Gefahr in verfassungsrechtlich ausreichender Weise begegnet[466].
Das Verfassungsgericht hält auch die Vorschrift, die dem WDR die Veröffentlichung von Druckwerken mit programmbezogenem Inhalt erlaubt, für verfassungsgemäß[467]. Sie dürften aber keinen vorrangigen oder alleinigen Finanzierungzwecken dienen[468]. Die Grenze dieser Tätigkeit bilden auch hier die den Rundfunkanstalten übertragenen gesetzlichen Aufgaben. Nach diesen Grundsätzen dürfen die öffentlich-rechtlichen Rundfunkanstalten nur Zeitschriften herausgeben, die einen Programmbezug aufweisen. Ein davon unabhängiger redaktioneller Teil mit pressemäßiger Berichterstattung findet in der Rundfunkfreiheit keine verfassungsrechtliche Grundlage[469]. Diese Befugnis finde ihre Grundlage in Art. 5 Abs. 1 S. 2 GG. Wenn und soweit die Veröffentlichung von Programmzeitschriften den Hauptaufgaben der Rund-

465 BVerfGE 83, 238, 304.
466 BVerfGE 83, 238, 306.
467 BVerfGE 83, 238, 312 f.
468 BVerfGE 83, 238, 314.
469 Monopolkommission, Hauptgutachten 1990/91, Nr. 769.

funkanstalten als eine lediglich unterstützende Randbetätigung zugeordnet werden kann, sei sie von der Rundfunkfreiheit gedeckt[470].

V. *Werbung und Sponsoring*

1. *Grundrechtsschutz der Wirtschaftswerbung*

a) *Meinungsfreiheit (Art. 5 GG)*

Eine eigenständige Regelung der Handels- oder Wirtschaftswerbung kennt das Grundgesetz nicht. Kontrovers diskutiert wird vor allem die Frage, ob die kommerzielle Werbung vom Tatbestand der Meinungsfreiheit (Art. 5 Abs. 1 S. 1 GG) erfaßt wird. In der älteren Rechtsprechung und Literatur ist der Werbung der Charakter einer Meinungsäußerung abgesprochen worden. Begründet wurde dies im wesentlichen damit, alleiniges Schutzgut von Art. 5 Abs. 1 GG sei der Prozeß der öffentlichen Meinungsbildung. Hieran könne die kommerzielle und emotional angelegte Werbung nicht mitwirken[471]. Das »Schwergewicht der kommerziellen Werbung falle indes in den Bereich der Berufsfreiheit (Art. 12 Abs. 1 GG) und der wirtschaftlichen Disposition (Art. 2 Abs. 1 GG, allgemeine Handlungsfreiheit)[472]. Die frühere Rechtsprechung des Bundesverwaltungsgerichts ging davon aus, Werbung sei nicht durch Art. 5 Abs. 1 S. 1 GG geschützt, da der Sinn der Werbung nicht die Äußerung einer bestimmten Absicht sei, sondern die Beeinflussung des Käufers mit dem Ziel, ihn kaufbereit zu machen[473]. Im neueren Schrifttum wird dagegen gefordert, Art. 5 Abs. 1 GG müsse dem kommerziellen Bereich grundsätzlich geöffnet werden. Die Abwehrfunktion der Meinungsfreiheit ertrage keine Differenzierung nach der Wertigkeit von Aussagen, ob eine Meinung wirtschaftliche Vorteile bezwecke, ändere an ihrem Charakter als Meinung also nichts[474].

---

470 BVerfGE 83, 238, 313.

471 Vgl. die Nachweise bei *Heidel*, Verfassungsfragen der Finanzierung von Privatfunk durch Werbung, S. 95; *Leisner*, Werbefernsehen und Öffentliches Recht, S. 91 ff.; *Drettmann*, Wirtschaftswerbung und Meinungsfreiheit, S. 62.

472 Charakteristisch: *v. Münch*, Grundgesetz-Kommentar, Art. 5 Rdnr. 7.

473 BVerwGE 2, 172 (178); vgl. auch BVerwGE 35, 326 (332).

474 *v.Mangoldt/Klein/Starck*, GG, Art. 5 Abs. 1, 2 Rdnr. 18; *Schmidt-Jortzig* in: Isensee/Kirchof (Hrsg.), Handbuch des Staatsrechts, Bd. VI (Freiheitsrechte), S. 141 Rdnr. 21.

Durch das *BVerfG* ist die Frage des Schutzes der Werbung durch Art. 5 Abs. 1 GG bisher nicht umfassend erörtert worden. Dennoch lassen sich die Leitlinien des Gerichts aufzeigen. In ständiger Rechtsprechung geht das Gericht von einem weiten Meinungsbegriff aus. Konstitutiv für die Bestimmung dessen, was als Äußerung einer Meinung vom Schutzbereich des Grundrechts umfaßt wird, sei das Element der Stellungnahme, des Dafürhaltens, des Meinens, ohne daß es auf den Wert oder die Richtigkeit der Äußerung ankomme[475]. Ohne nähere Begründung hat das Gericht bereits 1959 ein Werbeverbot am Maßstab des Art. 5 GG geprüft[476]. In der »Sonnenfreude«-Entscheidung von 1971 heißt es, »die Kundgabe einer Meinung bleibe auch dann Meinungsäußerung, wenn sie wirtschaftliche Vorteile bringen soll«[477]. Der Ende 1985 ergangene Beschluß zur Werbebeschränkung im Rahmen einer ärztlichen Berufsordnung geht davon aus, »daß das Grundrecht der Meinungsfreiheit auch für eine Wirtschaftswerbung jedenfalls dann als Prüfungsmaßstab in Betracht kommt, wenn eine Ankündigung einen wertenden, meinungsbildenden Inhalt hat oder Angaben enthält, die der Meinungsbildung dienen«[478]. Eine Entscheidung der Vorprüfungskammer des BVerfG aus dem Jahre 1986 mißt das jugendschutzrechtliche Verbot der öffentlichen Werbung für indizierte Bild- und Tonträger am Maßstab des Art. 5 Abs. 1 GG, ohne die Tatbestandsmäßigkeit der Meinungsfreiheit für werbliche Äußerungen überhaupt zu erörtern[479]. Diesem Befund steht auch nicht die Entscheidung des Gerichts über das berufsrechtliche Verbot der Werbung für ein ärztlich geleitetes Sanatorium entgegen[480]. Dort wird die Werbebeschränkung bereits als gegen Art. 12 Abs. 1 GG verstoßender, unverhältnismäßiger Eingriff in das Recht der freien Berufsausübung angesehen. Ein Rückgriff auf Art. 5 Abs. 1 GG erübrigte sich damit[481].

Zusammenfassend ist festzuhalten, daß die Wirtschaftswerbung am Grundrechtsschutz der Meinungsfreiheit insoweit teilhat, als sie Elemente der Stellungnahme und des Dafürhaltens aufweist. Art. 5 Abs. 1 GG ist weder

---

475 BVerfGE 71, 162 (179); BVerfGE 33, 1 (15).

476 BVerfGE 11, 234 (238).

477 BVerfGE 30, 336 (352).

478 BVerfGE 71, 162 (175).

479 BVerfG NJW 1986, 1241 (1242); ähnlich auch BVerfGE 53, 96 (98): Die Werbebeschränkung der Berufsordnung, die nicht eine Meinung als solche, sondern nur bestimmte Auswüchse in der Werbung verbietet, beeinträchtigt auch nicht das Recht der Meinungsäußerungsfreiheit.

480 BVerfGE 71, 183 f.

481 In der Entscheidung zum Verbot von reinen Werbefahrten im Rahmen des Straßenverkehrsrechts verwirft das Verfassungsgericht das Verbot der Wirtschaftswerbung aufgrund Art. 12 Abs. 1 GG. Dort wird allerdings angedeutet, daß ein Verbot der reinen Wirtschaftswerbung nicht an Art. 5 Abs. 1 GG zu messen ist (BVerfGE 40, 371 [382]).

thematisch auf bestimmte Arten von Meinungsinhalten eingegrenzt, noch funktional auf die Wahrnehmung bestimmter Interessen instrumentalisiert[482]. Mit der Werbung wird eine Auffassung über die Güte eines Warenprodukts verbreitet, mit der der Adressat überzeugt werden soll, damit ist sie »meinungshaltig« und wird von dem anerkannt weiten Begriff der »Meinung« im Sinne von Art. 5 Abs. 1 GG erfaßt[483]. Die davon abweichende Ansicht, die die Wirtschaftswerbung lediglich dem Schutz des Art. 12 Abs. 1 GG zuordnen will, bringt dann schwierige Abgrenzungsprobleme mit sich, wenn ideale und wirtschaftliche oder politische und wirtschaftliche Ziele in der Werbung miteinander verknüpft sind. Eine Motivforschung aber ist mit dem wertneutralen Freiheitsansatz der Grundrechte unvereinbar[484]. Von der Frage, ob eine ausgestrahlte Werbesendung dem Schutzbereich des Art. 5 Abs. 1 S. 1 GG unterfällt, ist die gesetzgeberische Tätigkeit, die Finanzierungsgrundlagen des öffentlich-rechtlichen Rundfunks unter Einschluß von Werbesendungen zu regeln, zu trennen. Das Verfassungsgericht hat ein Verbot oder Einschränkungen der Werbung durch Gesetz ausdrücklich für zulässig erklärt[485].

b) *Berufsfreiheit (Art. 12 GG)*

Die Wirtschaftswerbung ist Bestandteil der gewerblichen Betätigung und fällt damit in den Schutzbereich des Art. 12 als eine Form der Berufsausübung[486]. Art. 12 Abs. 1 GG kann damit bei inhaltlichen Beschränkungen als auch bei Werbeverboten herangezogen werden. Diese sind verfassungsrechtlich als Regelung der Berufsausübung zu beurteilen. Deren Beschränkung ist nach ständiger Rechtsprechung des BVerfG zulässig, wenn sie durch Gesetz oder aufgrund eines Gesetzes erfolgt, wenn sie durch hinreichende Gründe des Gemeinwohls gerechtfertigt wird, wenn das gewählte Mittel zur Erreichung des verfolgten Zwecks geeignet und auch erforderlich ist und wenn bei einer

482 *Friauf*, Grundrechtsschutz der grenzüberschreitenden Werbung, insbesondere im Lichte von Art. 10 der Europäischen Menschenrechtskonvention, S. 23 (29).

483 *Drettmann*, Wirtschaftswerbung und Meinungsfreiheit, S. 127; *Selmer*, Wirtschaftswerbung und Eigentumsfreiheit, in: Festschrift für H.P. Ipsen, 515 (516); *Schmidt-Jortzig* in: *Isensee/Kirchhof* (Hrsg.), Handbuch des Staatsrechts, Bd. VI (Freiheitsrechte), 1989, § 141 Rdnr. 21 m.w.N.; *Bullinger*, ZUM 1985, 121 (128); *Hesse*, ZUM 1987, 548 (550).

484 *v. Mangoldt/Klein/Starck*, GG, Art. 5 Abs. 1, 2 Rdnr. 18 mit dem Beispiel einer Firmenanzeige »Investiert und kauft, damit die Wirtschaft angekurbelt wird!«

485 BVerfGE 74, 297; vgl. dazu oben IV.4. »Finanzierungsalternativen«.

486 *Leisner*, Werbefernsehen und öffentliches Recht, S. 95; grundlegend *Lerche*, Werbung und Verfassung, S. 72 m.w.N.

Gesamtabwägung zwischen den Schwere des Eingriffs und dem Gewicht der ihn rechtfertigenden Gründe die Grenze des Zumutbaren noch gewahrt ist[487].

c) *Eigentumsgarantie (Art. 14 GG)*

Gesetzliche Werbebeschränkungen und -verbote sind an Art. 14 GG zu messen, sofern sie vermögenswerte Rechte der Betroffenen beeinträchtigen. Art. 14 GG bildet dabei vor allem den Prüfungsmaßstab für die Beurteilung der Rechtmäßigkeit von Beschränkungen der Außenwerbung. Bezugspunkte sind die Nutzung des Grundeigentums, die Einsatzmöglichkeiten von Werbeträgern und das zur Werbung berechtigende Anliegerrecht der Gewerbetreibenden.

2. *Dem Grundgesetz nachgeordnete Regelungen für die Werbung*

a) *Gesetz gegen den unlauteren Wettbewerb (UWG)*

Die §§ 1, 3 UWG enthalten zwei Generalklauseln, die das *gesamte bundesdeutsche Werberecht* beherrschen. Danach sind Handlungen unzulässig, die gegen die guten Sitten verstoßen oder über geschäftliche Verhältnisse irreführen[488]. Diese Normen gelten ohne Bereichsausnahme für die Werbung. Ohne den materiell-rechtlichen Gehalt dieser Normen zu erschöpfen, seien einzelne Konkretisierungen genannt:

aa) *Unterschwellige (sublimale) Werbung*

Darunter ist eine Einwirkung zu verstehen, die vom Umworbenen nicht mehr rational erfaßt, jedoch gleichsam »unter der Schwelle des Bewußtseins« wahrgenommen wird. Wettbewerbswidrig wird eine sublimale Werbung dann, wenn die Einwirkung so versteckt erfolgt, daß der Betroffene die Werbung

487 BVerfGE 68, 272 (282); grundlegend die zu Art. 12 GG entwickelte »Stufentheorie« in BVerfGE 7, 377 f. (»Apothekenurteil«)

488 § *1*: »Wer im geschäftlichen Verkehr zu Zwecken des Wettbewerbs Handlungen vornimmt, die gegen die guten Sitten verstoßen, kann auf Unterlassung und Schadenersatz in Anspruch genommen werden«. § 3 »Wer im geschäftlichen Verkehr zu Zwecken des Wettbewerbs über geschäftliche Verhältnisse, insbesondere über die Beschaffenheit, den Ursprung, die Herstellungsart oder die Preisbemessung einzelner Waren oder gewerblicher Leistung oder des gesamten Angebots, über Preislisten, über die Art des Bezugs oder die Bezugsquelle von Waren, über den Besitz von Auszeichnungen, über den Erlaß oder den Zweck des Verkaufs oder über die Menge der Vorräte irreführende Angaben macht, kann auf Unterlassung der Angaben in Anspruch genommen werden.«

nicht wahrnehmen kann. Das kurzzeitige Einblenden von Werbetexten, Slogans, Marken und Produkten, das nicht mehr bewußt wahrnehmbar und dazu bestimmt ist, auf das Unterbewußtsein des Beworbenen einzuwirken und zu manipulieren, ist wegen Mißachtung seiner Persönlichkeit sittenwidrig[489].

bb) *Vergleichende Werbung*

Die Anpreisung der eigenen mittels Herabsetzung der fremden Ware oder Leistung unter Bezugnahme auf einen oder mehrere bestimmte Mitbewerber ist das Kriterium der vergleichenden Werbung. Für die vergleichende Werbung als Rechtsproblem ist die Wahrheit des Vergleichs kennzeichnend[490]. Streitig ist, ob vergleichende Werbung auch dann gegen § 1 UWG verstößt, wenn sie wahre Behauptungen enthält und der Form nach sachlich gehalten ist. Dazu hat die Rechtsprechung früher einen strengen Standpunkt eingenommen und vergleichende Werbung grundsätzlich als unlauter angesehen und sie nur für einige Ausnahmefälle des System-, Abwehr-, Auskunfts- und Fortschrittsvergleichs zugelassen[491]. Ein Wandel der Beurteilung hat sich mit der Entscheidung des BGH aus dem Jahre 1961 ergeben[492]. Ein Recht zu kritischer Befassung mit der Ware oder der Leistung des Mitbewerbers wird seitdem anerkannt, wenn der Werbende hinreichenden Anlaß hatte. Voraussetzung für ihre Zulässigkeit ist, daß die vergleichenden Angaben wahr sind und die Kritik sich nach Art und Maß in den Grenzen des Erforderlichen hält[493].

b) *Die Werberegelungen im Rundfunkstaatsvertrag*

Die grundlegenden Bestimmungen für Werbesendungen im öffentlich-rechtlichen und privaten Rundfunk finden sich im Rundfunkstaatsvertrag, Art. 1, § 6. Irreführende Werbung, Schleichwerbung sowie Werbung, die Verhaltensweisen fördert, die die Gesundheit oder Sicherheit der Verbraucher sowie den Schutz der Umwelt gefährden, ist unzulässig. Werbung, die sich an Kinder und Jugendliche richtet, darf deren Unerfahrenheit nicht ausnutzen oder der Interessen schaden. Werbung ist vom übrigen Programm deutlich zu trennen und als solche zu kennzeichnen. Sie darf das übrige Programm

---

489 *Sack*, ZUM 1987, 103 (124).
490 *Baumbach/Hefermehl*, Wettbewerbsrecht, § 1 Rdnr. 300.
491 BGH GRUR 1952, 417; BGH GRUR 1959, 488; BGH GRUR 1961, 267.
492 BGH GRUR 1962, 45.
493 BGH GRUR 1969, 283; *Baumbach/Hefermehl*, § 1, Rdnr. 300 m.w.N.

inhaltlich und redaktionell nicht beeinflussen. Nur wenn die Werbung deutlich vom redaktionellen Programm getrennt wird, ist es dem Zuschauer möglich, sich selbständig und unbeeinflußt eine eigene Meinung zu bilden. Im Schrifttum wird zur Rechtfertigung des Trennungsgebots daher auf den Grundsatz der Informationsklarheit verwiesen.[494] Auch soll die Unabhängigkeit der Rundfunkanstalten vor Einflußnahme von Seiten der Wirtschaft geschützt werden.[495] Neu ist die Regelung, daß in der Fernsehwerbung keine Personen auftreten dürfen, die regelmäßig Nachrichtensendungen oder Sendungen zum politischen Zeitgeschehen vorstellen[496]. Geregelt wurden auch die *Dauerwerbesendungen* und deren Kennzeichnung. Dauerwerbesendungen sind solche, bei denen eine Werbebotschaft im Vordergrund steht, die jedoch auch ein redaktionelles Konzept enthalten. Um dem Zuschauer, der während der Sendung das Programm wählt, den Werbecharakter zu verdeutlichen, müssen solche Sendungen während ihres gesamten Verlaufs gekennzeichnet sein.[497] Bereits unter der Geltung des Rundfunkstaatsvertrags '87, der hierzu keine ausdrückliche Bestimmung enthielt, ist die Verpflichtung zur Anbringung eines Dauerlogos bei Sendungen, die Werbe- und redaktionellen Charakter verbinden, nicht als Verstoß gegen das Kennzeichnungsbebot des Art. 7 Abs. 4 S. 1 Rundfunkstaatsvertrag'87 angesehen worden. Dies galt für den Fall, wenn Werbe- und Programmelemente so eng miteinander verbunden sind, daß wegen der Dominanz der Werbung die gesamte Sendezeit eine Werbesendung darstellt[498]. Zur Durchführung dieser Bestimmungen können für den öffentlich-rechtlichen Rundfunk Richtlinien durch die in der ARD zusammengeschlossenen Rundfunkanstalten und das ZDF, für den privaten Rundfunk durch die Landesmedienanstalten erlassen werden[499]. Die Richtlinien der Landesmedienanstalten enthalten Grundsätze für die Auslegung und den Vollzug des Rundfunkstaatsvertrages. Sie unterscheiden sich insoweit von den Richtlinien des öffentlich-rechtlichen Rundfunks, die aufgrund des Weisungsrechts des Intendanten auch Fragen der Zweckmäßigkeit regeln können, als vor den Gerichten in vollem Umfang überprüft werden kann, ob die von den Landesmedienanstalten vorgenommene Auslegung mit dem Gesetz übereinstimmt[500].

---

494 *Scherer*, »Product Placement« im Fernsehprogramm, S. 111 m.w.N.

495 *Sack*, ZUM 1987, 103, 119; *Scherer*, aaO., S. 111.

496 Ob ein solcher gesetzlicher Eingriff in die Eigentums- und Persönlichkeitsrechte einzelner zulässig ist, wird durch die Gerichte zu klären sein.

497 Staatsvertrag, Art. 1 (Rundfunkstaatsvertrag), § 6 Abs. 4.

498 VG Neustadt, ZUM 1992, 382 (rechtskräftig).

499 Staatsvertrag, Art. 1 (Rundfunkstaatsvertrag), § 14, 31.

500 *Hartstein/Ring/Kreile*, Rundfunkstaatsvertrag, Art. 7, Rdnr. 116.

aa) *Trennungs- und Kennzeichnungsgebot - Product Placement*

Der BGH hat in seiner grundlegenden Entscheidung aus dem Jahre 1990 »Wer erschoß Boro?« die Grundsätze des Trennungs- und Kennzeichnungsgebotes für die Werbung im Fernsehen konkretisiert und einen Wettbewerbsverstoß nach § 1 UWG bei ihrer Verletzung bejaht[501]. Die Frage der wettbewerbsrechtlichen Beurteilung nach § 1 UWG muß mit der Prüfung der Anwendbarkeit dieser Norm auf eine öffentlich-rechtliche Anstalt beginnen. § 1 UWG wendet sich an jeden, der »im geschäftlichen Verkehr zu Zwecken des Wettbewerbs handelt«. Es muß sich um ein marktbezogenes Verhalten handeln, rein privates oder amtliches Verhalten scheidet aus[502]. Bei den privaten Rundfunkveranstaltern ist dies zweifelsfrei, bei den öffentlich-rechtlichen Anstalten könnte man an ein »amtliches« Handeln denken, weil ihre Sendetätigkeit in Erfüllung eines öffentlich-rechtlichen Programmauftrages erfolgt und nach der Runfunkrechtsprechung des BVerfG »hoheitlicher Natur« ist[503]. Dies kann jedoch allenfalls im Verhältnis zu den Zuschauern gelten. Der BGH hat wiederholt festgestellt, daß sich die öffentliche Hand, wenn sie wirtschaftlich tätig wird und mit den öffentlichen Aufgaben erwerbswirtschaftliche Interessen verbindet, an den Regeln des Wirtschaftsrechts, insbesondere des UWG messen lassen muß[504]. Der Umstand, daß das ZDF seinen Programmauftrag kraft öffentlichen Rechts erfüllt, steht auch der Annahme nicht entgegen, daß sie soweit die Anstalt private geschäftliche Interessen begünstigt, den Normen des UWG unterfällt[505].

---

501 BGHZ 110, 278 ff. Das Urteil befaßt sich mit der Klage eines Herstellers von Gesellschaftsspielen gegen das ZDF und einen Buchverlag. Das ZDF hatte im Februar 1987 den Ratekrimi »Wer erschoß Boro« gesendet, bei dem die Zuschauer bis zu DM 10.000,- gewinnen konnten und zu dem der Buchverlag auf der Basis eines Kooperationsvertrages mit dem ZDF eine »Handakte des Kommissars« herausgegeben hatte. Das ZDF machte in einer Vielzahl von »Trailern« außerhalb des Werbefernsehens auf das Kriminalspiel und das Begleitbuch aufmerksam: »Bei der Aufklärung der Tat kann Ihnen dieses Buch helfen, das jetzt überall erhältlich ist. Für die richtige Lösung sind zehn Geldpreise zu gewinnen.« Der Buchverlag zahlte einen Produktionskostenzuschuß von DM 100.000,- an das ZDF; das ZDF sollte am Erlös aus dem Verkauf des Buches bei Überschreiten des Absatzminimums beteiligt werden. Vgl. auch *Baumbach/Hefermehl*, Wettbewerbsrecht, Kommentar, § 1 UWG, Rdnr. 40 m.w.N.

502 BGHZ 19, 299 (303); BGH GRUR 1987, 829 (830).

503 BVerfGE 31, 314 (329); BVerfGE 12, 205 (246).

504 BGHZ 102, 280 (285); BGHZ 66, 229 (237); BGHZ 82, 375 (383); *Bork*, Werbung im Programm, S. 42 ff; *ders.*, ZUM 1991, 51 (52).

505 BGHZ 110, 278 (284); das Tatbestandsmerkmal »Handeln zu Zwecken des Wettbewerbs« hat der BGH in dieser Entscheidung damit begründet, daß das ZDF mit dem Eingang des Medienverbundes - dessen Zweck es war, im Interesse der Heranführung des Publikums an das Kriminalspiel des ZDF dem Buch eine weitestmögliche Verbrei-

Der BGH leitet daraus für das *redaktionelle Programm* grundsätzlich ein *Verbot jeglicher Wirtschaftswerbung* ab. Dies gelte nicht nur für die kommerzielle Werbung im Werbefernsehen, sondern auch für die mediale, vom redaktionellen Fernsehprogramm ausgehende Werbung[506]. Der BGH wendet auf werbliche Äußerungen im Programmteil des Fernsehens die Grundsätze an, die er für den Bereich des Pressewesens zur getarnten Wirtschaftswerbung im redaktionellen Teil entwickelt hat[507]. Im Bereich der Presse hat der BGH eine Werbung, die nach Form und Inhalt wie ein redaktioneller Beitrag gestaltet oder im redaktionellen Teil eines Presseerzeugnisses enthalten und deshalb als Werbung nicht erkennbar ist, für wettbewerbswidrig erachtet. Dies deshalb, weil der Verkehr einen Beitrag im redaktionellen Teil als objektiver Meinungsäußerung oder als Berichterstattung einer neutralen Redaktion größere Beachtung beimißt und unkritischer gegenübersteht als den werblichen Behauptungen von Wettbewerbern. Dies gelte auch für die vielfältigen Formen der zu Werbezwecken abgesprochenen *Produktplazierung*, die im Zusammenhang mit der Übertragung des Programms gezielt und planmäßig auf die Beeinflussung der Kaufentscheidung des Fernsehzuschauers gerichtet sind und als Schleichwerbung bezeichnet werden können. Die staatsvertraglichen Regelungen, insbesondere das Trennungsgebot haben den Sinn, die Unabhängigkeit der Programmgestaltung und die Einhaltung der Neutralität gegenüber dem Wettbewerb im Markt zu wahren und sachfremde Einflüsse Dritter auf die Sendungen zu verhindern[508]. Daneben verfolge das Verbot der Werbung im Programm den Schutz der Rundfunkfreiheit und der Redaktion von Hörfunk und Fernsehen vor Eingriffen der werbetreibenden Wirtschaft in das Programm und den Schutz des Fernsehzuschauers und damit der Allgemeinheit vor einer Täuschung über den werbenden Charakter des Programmteils[509]. Das Urteil enthält hinsichtlich der praktischen Ausgestaltung dieser Grundsätze einige Leitsätze. Nicht jede werbliche Auswirkung einer Fernsehsendung ist als Verletzung des Trennungsgebots anzusehen. Die noch zulässige Art der Programmbeeinflussung wird aus der verfassungsrechtlich geschützten Rundfunkfreiheit (Art. 5 Abs. 1 S. 2) hergeleitet, indem die Erfüllung des Programmauftrages nicht über Gebühr eingeschränkt

---

tung zu verschaffen - und durch das weitere Kooperationsabkommen mit dem Verlag in Wettbewerbsförderungsabsicht zugunsten des Verlages gehandelt hat.

506 BGHZ 110, 278 (286); zur Unterscheidung von »instrumentaler« und »medialer« Werbung vgl. *Sack*, ZUM Sonderheft 1987, 103 (116).

507 BGH GRUR 1975, 75 (77); BGHZ 81, 247 (250).

508 BGHZ 81, 247 (286).

509 BGHZ 81, 247 (289, 290); kritisch zu dieser Konzeption *Schardt*, ZUM 1991, S. 61 (64, 65); *Niewiarra*, ZUM 1991, 67 (69).

werden darf. Werbung als »Bestandteil der realen Umwelt bei Berichten und Darstellungen« ist »im Rahmen des Unvermeidbaren für zulässig zu erachten«[510]. Hinsichtlich des Product-Placement gilt nach dieser BGH-Entscheidung, daß Werbung im Programm solange zulässig ist, als sie »nicht künstlich ausgespart werden kann«. Es können also solche Produkte auftauchen, die »zur realen Umwelt bei Berichten und Darstellungen« gehören. Als neue Leitlinie zwischen unzulässiger Plazierung und zulässigem Hinweis gilt nach diesem Grundsatzurteil folgendes: Hinweise auf Begleitmaterial sind zulässig, wenn die Empfehlung zum Erwerb des Produktes allein redaktionellen Zwecken und zum besseren Verständnis des Programms dient. Unzulässig sind sie demgemäß, wenn sie nicht durch den publizistischen Auftrag gedeckt waren, sondern zugleich darauf gerichtet sind, den Verkauf des jeweiligen Produkts zu fördern. Demnach sind Informationen des Zuschauers durch Hinweise auf Unterrichtsmaterialien zu Bildungssendungen, Ratgebersendungen sowie Bastel- und Hobbyanleitungen zulässige Formen der Zuschauerinformation.

Zwingende Indizien für Verstöße gegen das Trennungsgebot liegen vor, wenn eine vertragliche oder sonstige Verpflichtung für die Einblendung der Werbeembleme besteht oder wenn für diese Einblendung die Übertragungsrechte erkennbar verbilligt werden oder von den Werbetreibenden ausdrücklich Geld bezahlt wird[511].

Dem Trennungs- und Kennzeichnungsgebot wird im Hörfunk- und Fernsehbereich in der Praxis dadurch entsprochen, daß optisch bzw. akustisch die Werbesendung vom übrigen Programm abgegrenzt wird. Ein fortdauernder Hinweis, etwa am Bildrand des laufenden Fernsehprogramms, daß es sich um eine Werbesendung handelt, ist bei kurzen Werbespots nicht erforderlich[512].

---

510 In der Boro-Entscheidung sah der BGH diese Kriterien als verletzt an, so daß keine zulässige werbliche Verhaltensweise des ZDF vorlag. Die vom ZDF »gesendeten Hinweise auf das Buch waren nicht lediglich publizistische, vom öffentlich-rechtlichen Rundfunkauftag gedeckte Programmhinweise, sondern zugleich auch darauf gerichtet, den Verkauf des Buches zu fördern«. Insbesondere sollte durch das Kooperationsabkommen zwischen dem ZDF und dem Verlag die geschäftlichen Interessen des Verlages gefördert werden und dem Buch des Verlages eine möglichst breite Verbreitung und damit ein möglichst großer Absatz gesichert werden. »Die werblichen Auswirkungen waren daher keineswegs eine zwangsläufige Nebenfolge im Rahmen der Erfüllung des öffentlich-rechtlichen Programmauftrages..., sondern Folge einer Kooperation...Diese Kooperation war unzulässig.«

511 *Hartstein/Ring/Kreile*, Rundfunkstaatsvertrag, Art. 3 Rdnr. 84.

512 *Hartstein/Ring/Kreile*, Rundfunkstaatsvertrag, Art. 3, Rdnr. 66.

bb) *Das Verbot des Einflusses der Werbung auf das übrige Programm*

Gemäß § 6 Abs. 2 Rundfunkstaatsvertrag dürfen Werbung oder Werbetreibende das übrige Programm redaktionell nicht beeinflussen. Diese Bestimmung sichert die Unabhängigkeit der Programmgestaltung. Verhindert werden soll damit, daß Einzelheiten des Programms den Wünschen des Werbeteibenden angepaßt werden. Als Beispiele einer unzuläsigen Einflußnahme auf das Programm kommen in Betracht:

— Ein Markenartikelhersteller bucht Werbeaufträge nur, wenn in Testsendungen sein Produkt vorgestellt wird oder wenn Mitarbeitern des Unternehmens Gelegenheit zur Mitwirkung im allgemeinen Programm gegeben wird.

— Ein Unternehmen verlangt die Ablösung eines politischen Redakteurs, der in Magazinsendungen Mißstände aufdeckt und droht mit Entzug von Werbeaufträgen[513].

cc) *Verbot des Ausnutzens der Unerfahrenheit von Kindern und Jugendlichen*

Generell ist es zulässig, Werbung anzubieten, die sich an Kinder oder Jugendliche richtet, verboten ist sie dann, wenn die Werbebotschaft deren Unerfahrenheit ausnutzt. Soweit Werbung Inhalte enthält, die geeignet sind, das körperliche, geistige oder seelische Wohl von Kindern und Jugendlichen zu beeinflussen, sind sie gem. Art. 1 § 3 Rundfunkstaatsvertrag unzulässig. Eine Konkretisierung diese Bestimmung enthalten die »Verhaltensregeln des Deutschen Werberats für die Werbung mit und vor Kindern im Werbefunk und Werbefernsehen« aus dem Jahre 1974[514]. Für die ARD sind diese nach Ziff. 1.5 der ARD-Richtlinien über die Trennung von Werbung und Programm einzuhalten. Danach sind bei der Werbung mit Kindern und bei der Werbung, die sich speziell an Kinder wendet, u.a. folgende Grundsätze zu beachten: Sie soll keine direkten Aufforderungen zum Kauf an Kinder enthal-

---

513 Beispiele bei *Hartstein/Ring/Kreile*, Rundfunkstaatsverrag, Art. 3 Rdnr. 69 f.

514 Abgedruckt bei *Hartstein/Ring/Kreile*, Rundfunkstaatsvertrag, Art. 3 Nr. 4. Der Deutsche Werberat wurde innerhalb des Dachverbandes der deutschen Werbewirtschaft (ZAW) gegründet. Seine Aufgabe ist es, im Rahmen freiwilliger Selbstverantwortung die Werbung in Hinblick auf Inhalt, Aussage und Gestaltung weiterzuentwickeln. Ihm obliegt auch die Erstellung von Grundsatzempfehlungen, Leitlinien und Verhaltensregeln. Diesen Maßnahmen, die empfehlenden Charakter haben, kommt insofern vor Gericht Bedeutung zu, als sie zur Beurteilung dessen herangezogen werden, was die Berufskreise für lauter im Wettbewerb halten. Vgl. *Baumbach/Hefermehl*, UWG Einl., Rdnr. 34.

ten; nicht das besondere Vertrauen, das Kinder bestimmten Personen gegenüber haben mißbräuchlich ausnutzen; keinen Vortrag von Kindern über besondere Vorteile und Eigenarten des Produktes enthalten, der nicht den natürlichen Lebensäusserungen des Kindes gemäß ist.

c) *Produktspezifische Regelungen*

aa) *Verbot der Tabakwerbung*

Nach § 22 Abs. 1 des Lebensmittel- und Bedarfsgegenständegesetzes (LMBG) ist es verboten, für Zigaretten, zigarettenähnliche Tabakerzeugnisse und Tabakerzeugnisse, die zur Herstellung von Zigaretten durch den Verbraucher bestimmt sind, im Hörfunk und Fernsehen zu werben. Diese Vorschrift erfaßt nicht nur Werbung in Form des traditionell üblichen Werbespots, sondern darüber hinaus jeden weiteren direkten oder indirekten Werbeappell[515].

bb) *Einschränkung der Werbung für alkoholische Getränke*

Ein ausdrückliches gesetzliches Verbot der Werbung für alkoholische Getränke besteht derzeit nicht, es gelten lediglich die Verhaltensregeln des deutschen Werberates über die Werbung für alkoholische Getränke vom Juni 1986[516]. Die Werbung soll u.a. nicht zu Mißbrauch auffordern, keine Aufforderung an Jugendliche und an Kraftfahrer zum Konsum enthalten und keine Aussagen über enthemmende oder angstlindernde Wirkung des Alkohols enthalten.

cc) *Heilmittelwerbegesetz*

Das Heilmittelwerbegesetz (HWG) enthält Spezialregelungen für die Werbung auf dem Gebiet des Heilwesens, die dem Schutz der Gesundheit der Verbraucher dienen. Nach § 10 HWG darf für verschreibungspflichtige Arzneimittel, Schlafmittel und Psychopharmaka außerhalb der Fachkreise nicht geworben werden[517]. § 12 HWG verbietet Werbung für Arzneimittel, die sich auf die in

---

515 *Scherer*, Product Placement im Fernsehprogramm, S. 103.
516 Abgedruckt bei *Hartstein/Ring/Kreile*, Rundfunkstaatsvertrag, Anh. zu Art. 3, Nr. 5.
517 Für verschreibungspflichtige Arzneimittel nur bei Ärzten, Apothekern und Personen, die mit diesen Mitteln erlaubterweise Handel treiben (§ 10 Abs. 1 HWG). Zu den Einzelheiten vgl. *Doepner*, Heilmittelwerbegesetz, § 10 Anm. 10-15.

der Anlage zu § 12 genannten Krankheiten und Leiden beziehen[518]. Soweit überhaupt für Arzneimittel geworben werden kann, darf dies nicht durch Abbildung von Personen in Berufskleidung oder die Darstellung der Veränderung des menschlichen Körpers infolge von Krankheit oder Behandlung geschehen[519]. Besondere Bedeutung kommt desweiteren § 4 HWG zu, der bestimmte Pflichtangaben für die Werbung außerhalb der Fachkreise für Arzneimittel vorsieht[520]. Zudem enthält § 3 HWG das Verbot irreführender Werbung innerhalb und außerhalb der Fachkreise.

3. *Sponsoring*

a) *Sponsoring von Sendungen*

Für das Sponsoring enthält der Rundfunkstaatsvertrag selbständige Regelungen. Aufgrund der restriktiven Bestimmung für den öffentlich-rechtlichen Rundfunk im Staatsvertrag '87 stellte es bisher überwiegend eine Einnahmequelle für die privaten Rundfunkveranstalter dar[521]. Der neue Staatsvertrag sieht dagegen eine einheitliche Regelung vor. Nach der Definition in § 7 Abs. 1 fällt unter den Begriff umfassend jede Form der finanziellen Beteiligung zur Herstellung einer Sendung. Neben der direkten Unterstützung durch Zahlung von Geldmitteln werden auch andere sonstige geltwerten Vorteile erfaßt. Dies reicht von der Zurverfügungstellung von Produktionsmitteln bis zur Produktion ganzer Sendungen[522]. Nach § 7 Abs. 1 ist das Sponsoring grundsätzlich zulässig. Es muß bei Sendungen, die ganz oder teilweise gesponsert werden, zu Beginn und am Ende auf die Finanzierung durch den

---

518 Z.B. Krankheiten nach dem Bundesseuchengesetz, Stoffwechsel- und Blutkrankheiten sowie bestimmte organische Krankheiten.

519 § 11 Nr. 4 und 5 HWG.

520 Darunter fallen u.a. folgende Angaben: Der Name oder die Firma und der Sitz des pharmazeutischen Unternehmers, die Bezeichnung des Arzneimittels, die Anwendungsgebiete, die Gegenanzeigen und Nebenwirkungen. In der Fernsehwerbung sind diese Angaben sowohl als gesprochenes Wort wie in Schriftform möglich, sei es als stehender Text oder als laufendes Schriftband, vgl. *Doepner*, Heilmittelwerbegesetz, § 4 Anm. 54.

521 Für den öffentlich-rechtlichen Rundfunk galt Art. 3 Abs. 7 des Rundfunkstaatsvertrages '87: »Sendungen, die ein Dritter finanziell fördert (Sponsor), sind in der bisherigen Wise gestattet, wenn sie nicht den wirtschaftlichen Interessen des Sponsors oder eines anderen dienen«. Damit war das Sponsoring in seiner lukrativen Ausgestaltung, nämlich zur Förderung der wirtschaftlichen Interessen des Sponsors einerseits und als Finanzierungsmittel für den Rundfunkbetreiber andererseits für die öffentlich-rechtlichen Anstalten unzulässig. Die Bedeutung der Klausel »in der bisherigen Weise« erschloß sich kaum, da auch die Musterbegründung keine Präzisierung enthielt. Sie wurde daher als »eher mystifizierende Formulierung« bezeichnet (*Bork*, Werbung im Programm, S. 116).

522 *Scherer*, »Product Placement« im Fernsehprogramm, S. 15.

Sponsor hingewiesen werden. Nach § 7 Abs. 2 kann das Firmenemblem neben oder anstelle des Namens des Sponsors eingeblendet werden. Als Zeichen zur Kenntlichmachung des sponsernden Unternehmens und seiner Produkte ist der Begriff des »Firmenemblems« weit zu verstehen[523]. Wenn ein Produktname oder ein sonstiger qualifizierender Zusatz zur besseren Kennzeichnung des Sponsors dient, ist dieser Hinweis statt der Namensnennung zulässig[524]. Nach § 7 Abs. 3 ist eine Beeinflussung, die die Verantwortung und die redaktionelle Unabhängigkeit des Rundfunkveranstalters beeinträchtigt, unzulässig. Im Gegensatz zur Regelung im Staatsvertrag '87 dürfen gesponserte Sendungen für Spotwerbung unterbrochen werden, für die Produkte des Sponsors darf allerdings nicht geworben werden. Nach § 7 Abs. 4 dürfen gesponserte Sendungen nicht zum Verkauf, zum Kauf, zur Miete oder Pacht von Erzeugnissen oder Dienstleistungen des Sponsors oder eines Dritten anregen.[525]
Wenn der Inhalt der Sendung keinen Bezug zu den wirtschaftlichen Aktivitäten des Sponsors enthält, bestehen keine Bedenken[526]. Nach § 7 Abs. 5 dürfen Sendungen nicht von denjenigen gesponsert werden, für deren Erzeugnisse produktspezifische Werbeverbote bestehen. Nachrichtensendungen, politische Magazine und Reportagen dürfen nicht gesponsert werden (§ 7 Abs. 6 RStV). Neben Abgrenzungsschwierigkeiten sind in diesem Zusammenhang auch Verstärkungswirkungen mit Produktpräsentationen im redaktionellen Programm denkbar. Wird ohne Sponsor das Trennungsgebot von Werbung und Programm noch eingehalten, kann dies bei gleichzeitigem Sponsoring zu einer entgegengesetzten Beurteilung führen. Denkbar sind folgende Fälle: Ein Automobilhersteller sponsert ein Auto-Technik Magazin. Dort wird ein Vergleichstest in einer Produktklasse vorgeführt, in der das Modell des Sponsors marktführend ist. Der Testbericht erfolgt unter Einbeziehung des Modells des Sponsors, während andere in diesem Marktsegment tätitge Mitbewerber unberücksichtigt bleiben. Oder: Ein Fachverlag sponsert ein Freizeitmagazin und ist Marktführer für Literatur zum Wassersport. Im

523 *Sack*, AfP 1991, 704 (710).

524 *Hartstein/Ring/Kreile*, Rundfunkstaatsvertrag, Art. 7, Rdnr. 99; *Sack*, AfP 1991, 704 (710).

525 Wenn der Sponsor selbst keine wirtschaftlichen Interessen hat und die Sendungen Wirtschaftsinteressen anderer nicht berührt, bestehen gegen die Zulässigkeit keine ernsthaften Bedenken: *Bork*, Werbung im Programm, S. 110 (noch zum RFStV '87) mit dem Beispiel der Förderung einer Sendung über die Gefahren des Straßenverkehrs durch die Verkehrswacht. Die Grenze bildete § 7 Abs. 3: die Unabhängigkeit des Rundfunkveranstalters darf nicht beeinflußt werden.

526 *Bork*, Werbung im Programm, S. 111, dort mit dem Beispiel der Finanzierung einer Operninszenierung.

Infoteil der Sendung über Segelsport werden Literaturhinweise unter Einbeziehung der Verlagserzeugnisse des Sponsors gegeben. Angenommen, es stammt tatsächlich die Mehrheit aller Publikationen zu diesem Themenbereich aus diesem Verlag, ist eine proportionale Berücksichtigung der Verlagserzeugnisse zulässig oder müssen sie aufgrund des Sponsoringtatbestandes unterbleiben? Beurteilungsmaßstab für die Zulässigkeit eines solchen Programms war unter der Geltung des RfStV '87 das Kriterium des »unmittelbaren Zusammenhangs mit den wirtschaftlichen Interessen des Sponsors«[527]. Dabei kam es insbesondere darauf an, den Inhalt der Sendung, d.h. deren zentrales Thema richtig zu bestimmen. Zunächst war zu prüfen, ob eine Bezugnahme der Sendung auf dem Wirtschaftsbereich des Sponsors vorlag. Ein nur mittelbarer Zusammenhang - und damit die Zulässigkeit des Sponsoring - wurde dann angenommen, wenn das Thema der Sendung keine konkrete werbliche Wirkung gerade für den Sponsor oder seine Produkte entfaltete[528]. Die genannten Beispielsfälle sind mit diesem Kriterium allerdings nicht befriedigend zu lösen. In beiden Fällen findet eine unmittelbare Bezugnahme zu den Produkten des Sponsors in der Sendung statt, die aus redaktionellen Gründen angezeigt erscheint. Es besteht nämlich ein Informationsinteresse des Zuschauers an den Leistungen des Marktführers und deren Beurteilung durch eine unabhängige Redaktion. Da der neue RfStV das Tatbestandsmerkmal des unmittelbaren Zusammenhangs nicht mehr enthält, kommt es für die Beurteilung der Zulässigkeit dieser Fälle auf die Bestimmung des Schutzzwecks von § 7 Abs. 4 RfStV an. Die Einblendung des Namens oder des Firmenzeichens des Sponsors ist Werbung, die dazu dient, das Bild des Förderers in der Öffentlichkeit zu heben und mit dieser »Imagewerbung« mittelbar auch seine wirtschaftlichen Interessen zu fördern[529]. Die Vorschrift

527 *Hartstein/Ring/Kreile*, Rundfunkstaatsvertrag, Art. 7 Rdnr. 82-84; *Bork*, Werbung im Programm, S. 111. Dies betraf nur den privaten Rundfunk, der für das Sponsoring in Art. 7 Abs. 7 festlegte: »Sendungen, die ein Dritter finanziell fördert (Sponsor) und deren Inhalt nicht in unmittelbarem Zusammenhang mit den wirtschaftlichen Interessen des Sponsors oder eines anderen steht, sind neben der Werbung zulässig«. Insoweit ähnlich ist die Unterscheidung zwischen »gestaltetem« und »ungestaltetem« Sponsoring: Beim »gestalteten« Sponsoring besteht ein direkter Zusammenhang zwischen dem Inhalt der Sendung und den wirtchaftlichen Interessen des Sponsors, beim »ungestalteten« besteht dieser nicht; vgl. *Scherer*, »Product Placement« im Fernsehprogramm, S. 17.

528 *Hartstein/Ring/Kreile*, Rundfunkstaatvetrag, Art. 7 Rdnr. 83; in der Tendenz auch *Mook*, AfP 1986, 10 (15): »Der Vorbehalt ist so zu verstehen, daß der Inhalt der Sendung nicht auf das Branchen- und Unternehmensinteresse verweisen darf. Dagegen ist nicht darauf abzustellen, ob überhaupt die wirtschaftlichen Interessen des Dritten berührt werden«. *Bork*, Werbung im Programm, S. 111 (112, m.w.N.).

529 Dazu aus neuerer Zeit insbesondere *Bruhn*, Sponsoring-Unternehmen als Mäzene und Sponsoren; BGH, AfP 1992, 144, 145; *Sack*, AfP 1991, 704 (710); a.A. *Hartstein/Ring/Kreile*, Rundfunkstaatsvertrag, Art. 7 Rdnr. 81.

will einerseits die Drittfinanzierung im vertretbaren Rahmen ermöglichen, andererseits aber unter Berücksichtigung der Werbeinteressen der Sponsoren Eingriffen in die Unabhängigkeit und Neutralität des Programms vorbeugen[530]. Dabei darf das Gebot der Trennung von redaktionellem Programm und Werbung zugunsten der Sponsoren nicht durchbrochen werden, indem mit geförderten Sendungen vermeidbare werbliche Wirkungen erzielt werden[531]. Damit sind die Leitlinien für die Beurteilung unserer Beispiele abgesteckt: Soweit die Auswahl der Produkte des Sponsors im Programm in redaktioneller Eigenverantwortlichkeit und Unabhängigkeit vorgenommen wird und die Produktvorstellung objektiv angezeigt erscheint, ist sie zulässig. Dem entspricht auch der Wortlaut von § 7 Abs. 4 RfStV. Zum Erwerb der Erzeugnisse des Sponsors wird nur dann »angeregt«, wenn die Werbeintention deutlich wird. Diese tritt bei der Produktpräsentation von Sponsorenerzeugnissen zumindest dann in den Hintergrund, wenn das Informationsinteresse des Zuschauers überwiegt.

b) *Ereignissponsoring*

Möglichkeiten und Grenzen des sog. *Ereignissponsorings* sind streitig. Darunter ist die Übertragung eines *Ereignisses* im Fernsehen zu verstehen, das von einem Dritten veranstaltet oder gefördert wird. Diskutiert wird dabei die Frage, ob dies nach den Sponsorregelungen des RfStV zu beurteilen ist[532]. Nach ihrem Wortlaut kommen sie nur dann zur Anwendung, wenn der Sponsor die Produktion einer Fernseh*sendung* als solche fördert. Nach den Richtlinien der Rundfunkanstalten soll die Übertragung derartiger Veranstaltungen jedenfalls dann zulässig sein, wenn ein überwiegendes Programminteresse hierfür besteht und die Unabhängigkeit der Programmgestaltung nicht eingeschränkt wird[533]. Diese Zulässigkeit des Ereignissponsoring war Gegenstand der Klage eines privaten Fernsehveranstalteres gegen die ARD, mit der die Wettbewerbswidrigkeit eines Sponsorenhinweises anläßlich der Übertragung eines Fußballänderspiels gerügt wurde. An der Durchführung des Sportereignisses hatte sich die AGFA-Gevaert AG finanziell beteiligt. Darauf hatte

530 *Bork*, Werbung im Programm, S. 110.
531 KG Berlin AfP 1987, 713.
532 *Bork*, ZUM 1988, 322 (325); *R. Sack*, AfP 1991, 704 (711); *Scherer*, »Product Placement« im Fernsehprogramm, S. 17 ff.
533 Ziff. 4.2 der ARD-Richtlinien über die Trennung von Werbung und Programm vom 4. März 1988, abgedr. in *Hartstein/Ring/Kreile*, Rundfunkstaatsvertrag, Art. 3 Rdnr. 161; Ziff. IV.1 der Richtlinien für die Zusammenarbeit mit Dritten für Sendung des ZDF vom 17. März 1989, abgedr. in *Hartein/Ring/Kreile*, Rundfunkstaatsvertrag, Art. 3 Rdnr. 163.

die ARD unmittelbar vor und nach der Übertragung durch die Wiedergabe des Firmensignets und eines entsprechenden Textes hingewiesen. Die ARD mußte sich zu diesem Sponsorhinweis verpflichten, um die Übertragungsrechte zu erhalten[534]. Der BGH hat nunmehr entschieden, daß beim Ereignissponsoring die Sponsorenbenennung am Anfang und Ende der Übertragung der gesponserten Veranstaltung nach den für die Fernseh*werbung* geltenden Regeln zu behandeln ist[535]. Dies deshalb, weil der Sponsorenhinweis in seiner objektiven Wirkung einer reinen Werbeeinblendung gleichkomme. Unter Bezugnahme auf die »Boro«-Entscheidung[536] bejahte der BGH einen Wettbewerbsverstoß, da für das redaktionelle Programm ein Verbot jeglicher Wirtschaftswerbung gelte. Der BGH setzt sich in seinem Urteil ausführlich mit der Frage einer Anwendung der Sponsorregelungen des RfStV auf das Ereignissponsoring auseinander. Sowohl der Wortlaut des früheren als auch § 7 des neuen RfStV bezögen sich ausdrücklich nur die die Förderung von *Sendungen*. Die Finanzierung eines bestimmten Ereignisses sei kein Beitrag zur Finanzierung einer Sendung, sondern lediglich Voraussetzung dafür, daß eine Sendung erfolgen könne. Eine analoge Anwendung der Regelung für das Sendungssponsoring auf das Ereignissponsoring komme nicht in Betracht. Die Regelung sei eng auszulegen, da sie eine Ausnahme vom grundsätzlichen Verbot der Werbung im Programm darstelle[537]. Auch die Richtlinien von ARD und ZDF, die das Ereignissponsoring zulassen, führten zu keiner anderen Wertung. Die Regelungen im Staatsvertrag über die Trennung von Werbung und Programm gehörten, da sie den Schutz der Rundfunkfreiheit vor Eingriffen der werbenden Wirtschaft in das Programm bezweckten, zu den für die Rundfunkfreiheit wesentlichen Vorschriften, die dem Vorbehalt des Gesetzes unterlägen. Eine Erweiterung der Werbeerlaubnis über das im Staatsvertrag Geregelte hinaus könne durch Richtlinien der Rundfunkanstalten nicht bewirkt werden[538].

---

534 Im einstweiligen Verfügungsverfahren untersagte das Kammergericht Berlin anläßlich der Übertragung des Fußballpokalendspiels 1987 den geplanten identischen Sponsorenhinweis. Er widerspreche dem Trennungsgebot von Werbung und Programm, da die Sponsoreneinblendung zu Beginn und am Ende der Endung den Namen und das Firmenemblem des Sponsors in herausgehobener Weise zeige. Ausdrücklich gleichgestellt hat das Gericht allerdings das Sponsoring einer Sendung und eines Ereignisses, KG Berlin AfP 1987, 712 (713).

535 BGH AfP 1992, 144 ff.; im Ergebnis bereits ebenso das LG Frankfurt (Main), ZUM 1988, 302 in erster Instanz, anders die Berufungsinstanz OLG Frankfurt (Main), ZUM 1990, 482.

536 BGHZ 110, 278 (285).

537 BGH AfP 1992, 144, 145.

538 BGH AfP 1992, 144, 146; siehe dazu BVerfGE 57, 295 (321).

Die Entscheidung des BGH verdient Zustimmung. Der Sponsorhinweis ist Werbung, die außerhalb des Werbeblocks gesendet wird. Die Sendeanstalten dürfen zwar über gesponserte Ereignisse berichten, auch wenn dies beispielsweise im Rahmen einer Sportübertragung zur Abbildung der Trikot- und Bandenwerbung des Sponsors führt. Dies rechtfertigt sich aus redaktionellen Gründen und dem Programmauftrag, weil ein Verzicht auf die Übertragung angesichts des Zuschauerinteresses nicht zumutbar wäre[539]. Auch auf die Unabhängigkeit des Rundfunks wird kein Einfluß genommen, denn der Sender kann selbst entscheiden, ob und wie er das Ereignis überträgt. Dabei ist zu fordern, daß die Abbildung der Werbemaßnahmen auf das Unvermeidbare reduziert sein muß[540]. Der Sponsorhinweis beim Ereignissponsoring ist dagegen nicht unvermeidbar redaktionell veranlaßt[541]. Er geht mit der Übertragung einer drittfinanzierten Veranstaltung nicht notwendig einher, sondern wird vom Fernsehen im Vor- und Abspann besonders präsentiert, ist also gerade nicht eine Folge der Abbildung des natürlichen Umfeldes der Veranstaltung. Auch dem Argument der Programmveranstalter, daß sie ohne den Sponsorhinweis die Übertragungsrechte nicht erwerben können, ist entgegenzutreten. Hier wird durch den Sponsor versucht, auf das Programm Einfluß zu nehmen, wobei das Interesse der Fernsehzuschauer an dem gesponserten Ereignis ausgenutzt wird, um Werbewirkungen im Programm zu erzielen. Der Gefährdung der redaktionellen Unabhängigkeit ist in der Konsequenz auch durch den Verzicht auf eine Übertragung zu begegnen[542].

4. *Umsetzung der EG-Richtlinie*

Mit dem seit dem 1. Januar 1992 geltenden Rundfunkstaatsvertrag sind die Werberegelungen der EG-Fernsehrichtlinie in das nationale Recht umgesetzt[543]. Dies gilt für die Werbedauer, die Unterbrecherwerbung ebenso wie für die spezifischen Werbeverbote und -Beschränkungen. Zweifelhaft könnte dies allenfalls für die Alkoholwerbung sein, die in der Richtlinie an eine Vielzahl, oft wenig exakt bestimmbarer Auflagen gebunden ist[544]. Zu großen Teilen korrespondieren diese besonderen inhaltlichen Anforderungen mit den Verhaltensregeln des Deutschen Werberats. Dieses in der Bundesre-

---

539 Man denke nur an die Zuschauerreaktionen, wenn eine Berichterstattung über die Fußball-Bundesliga mit dem Hinweis auf die Trikot- und Bandenwerbung unterbliebe.
540 *Bork*, ZUM 1988, 322 (326).
541 *Sack*, AfP 1991, 704 (711); LG Frankfurt/M., ZUM 1988, 302 (304 f.).
542 *Bork*, ZUM 1988, 322 (326).
543 Richtlinie, aaO., Art. 10-21.
544 Richtlinie, aaO., Art. 15.

publik weithin funktionierende Selbstkontrollsystem ist bei der Umsetzung durch die Konstruktion der Doppelverweisung erhalten worden. Zur Ausführung der Werbebestimmungen erlassen die Rundfunkanstalten und die Landesmedienanstalten Richtlinien, in denen sie wiederum auf die Verhaltens-Kodices des Deutschen Werberates verweisen. Da die Werbebeschränkungen letztlich staatlicherseits durchsetzbar sein müssen und Grundrechtsbeschränkungen darstellen, ist dieses Verfahren im Hinblick auf den Gesetzesvorbehalt des Art. 5 Abs. 2 GG durch eine gesetzliche Regelung zu vervollständigen. Die in der Bundesrepublik zu ziehenden Konsequenzen aus den Werbebestimmungen der Fernsehrichtlinie waren relativ geringfügig. Das lag daran, daß die Bundesregierung gemeinsam mit den Ländern bei den Beratungen der Richtlinie auf eine Kompatibilität mit dem Rundfunkstaatsvertrag 1987 hingewirkt hat. Im wesentlichen waren die Begrenzung der Spotwerbung auf 12 Minuten pro Stunde und des Teleshoppings auf eine Stunde pro Tag einzuführen[545].

545 *Höfling/Möwes/Pechstein*, Europäisches Medienrecht, S. 22.

Literatur

Alternativkommentar, Kommentar zum Grundgesetz für die Bundesrepublik Deutschland, Band 1, Art. 1-37, Reihe Alternativkommentare, *Rudolf Wassermann* (Gesamthrsg.), 2. Auflage, Darmstadt u.a. 1989

Baumbach, Adolf/Hefermehl, Wolfgang, Wettbewerbsrecht, Kommentar, 16. Auflage München 1990

Bausch, Hans, Der Rundfunk im politischen Kräftespiel der Weimarer Republik, Tübingen 1956

- (Hrsg.), Rundfunk in Deutschland, München 1980

Berg, Klaus, Klassischer Rundfunkauftrag und Gremienverantwortung, Media Perspektiven 1987, 737 (740)

Bethge, Herbert, Zur Existenz und Relevanz eines Finanzgewährleistungsanspruchs einer Rundfunkanstalt gegen den Staat, DÖV 1988, 97

Bettermann, Karl August, Rundfunkfreiheit und Rundfunkorganisation, DVBl. 1963, 41

Böckenförde, Ernst-Wolfgang/Wieland, Joachim, Die »Rundfunkfreiheit«- Ein Grundrecht?; AfP 1982, 77

Bogdandy, Armin v., Europäischer Protektionismus im Medienbereich, EuZW 1992, 91

Bonner Kommentar (zitiert: BK-Bearbeiter), Kommentar zum Bonner Grundgesetz, Loseblattausgabe, Stand: November 1991

Bork, Reinhard, Der Sponsorhinweis beim Ereignissponsoring - eine wettbewerbsrechtliche Zwischenbilanz, ZUM 1988, 322

- Werbung im Programm, München 1988
- Möglichkeiten und Schranken des Medienverbundes vor dem Hintergrund einschlägiger medien- und wettbewerbsrechtlicher Bestimmungen sowie des BGH-Urteils »Wer erschoß Boro«, ZUM 1991, 51

Börner, Bodo, Kompetenz der EG zur Regelung einer Rundfunkordnung, ZUM 1985, 577

Bosman, Wieland, Rundfunkfreiheit und Programmgrundsätze, Frankfurt/M. u.a. 1985

Bräutigam, Karin, (siehe auch *Gabriel-Bräutigam, Karin*) Der Deutschlandfunk nach der Vereinigung, DVBl. 1990, 1031

Bright, Christopher, European Merger Control Regulation: Part II, 1991 Europ. Comp. L. Rev. S. 184 ff.

Brittan, Sir Leon, The Law and Policy of Merger Control in the EEC, 1990 European L.Rev., 351

Brugger, Winfried, Rundfunkfreiheit und Verfassungsinterpretation, Beiträge zu neueren Entwicklungen in der Rechtswissenschaft, Bd. 25, Heidelberg 1991

Bruhn, Manfred, Sponsoring - Unternehmen als Mäzene und Sponsoren, 2. Auflage, Frankfurt/M. 1991

Bueckling, Adrian, Nationale Abwehrfront gegen Weiterverbreitung ausländischer TV-Programme, ZUM 1988, 288

Bullinger, Martin, Elektronische Medien als Marktplatz der Meinungen -Abschiedvom Modell harmonischer Meinungspflege durch gewaltenaufteilende Presse- und Rundfunkunternehmen, AöR 108 (1983), 161

- Rundfunkwerbung im Umbruch der Medien, ZUM 1985, 121

Bullinger, Martin, Die Entwicklung der Medien und des Medienrechts in den neuen Bundesländern, AfP 1991, 465

Cromme, Franz, Die Programmüberwachung des Rundfunkrats, NJW 1985, 351

Dechsling, Rainer, Der Verhältnismäßigkeitsgrundsatz, München 1989

Degenhart, Christoph, Anmerkung zur Elleniki Radiophonia Teléorassi Entscheidung des EuGH, JZ 1992, 685

- [Kommentierung] zu Art. 5 GG (Zweitbearbeitung) in: Kommentar zum Bonner Grundgesetz (Bonner Kommentar), Stand: November 1991

Delbrück, Jost, Die europäische Regelung des grenzüberschreitenden Rundfunks - Das Verhältnis von EG-Richtlinie und Europaratskonvention, ZUM 1989, 373

Deringer, Arved, Europäisches Gemeinschaftsrecht und nationale Rundfunkordnung. ZUM 1986, 627

- Fragen zur »Gemeinsamen Beherrschung«. In: Festschrift für v. Gamm, 1990, 559

Doepner, Ulf, Heilmittelwerbegesetz, Kommentar, München 1980

Doll, Dieter, Spannweite einer verfassungsgemäßen Änderung der Rundfunkordnung in Bayern, München 1986

Dörr, Dieter, Der deutsche Förderalismus und die entstehende Medienordnung, EWS 1991, 259

Dreier, Thomas, Broadcasting and Copyright in the Internal Market: The New Proposal by the EC Commission Concerning Cable and Satellite Broadcasts, 1991 EIPR Nr. 2, 42

Drettmann, Fritz, Wirtschaftswerbung und Meinungsfreiheit, München 1984

Eberle, Carl Eugen, Rundfunkübertragung. Rechtsfragen der Nutzung terrestrischer Rundfunkfrequenzen, Berlin 1989

Emmerich, Volker, Rundfunk im Wettbewerbsrecht, AfP 1989, 433

Emmerich, Volker/Steiner, Udo, Möglichkeiten und Grenzen der wirtschaftlichen Betätigung der öffentlich-rechtlichen Rundfunkanstalten, Berlin 1986

Engel, Christoph, E.V. Kommunikation und Medien, in: Dauses, Manfred (Hrsg.), Handbuch des europäischen Wirtschaftsrecht, (erscheint München 1992) [zit.: Kommunikation und Medien].

- Telekommunikationsrecht - Grundstrukturen eines neuen Rechtsgebietes am Gegenstand des Europarechts, ZUM 1992, 279
- Privater Rundfunk vor der Europäischen Menschenrechtskonvention, bisher unveröffentlichte Habilitationsschrift, Sommer 1992
- Außenhandel mit Rundfunk. Rundfunkrichtlinie der Europäischen Gemeinschaft versus Fernsehkonvention des Europarats, RuF 1989, 203
- Europäische Konvention über grenzüberschreitendes Fernsehen, ZRP 1988, 240

Fessmann, I., Rundfunk und Rundfunkrecht in der Weimarer Republik, Frankfurt/M. 1973

Franklin, Marc A., Cases and Materials on Mass Media Law. Second Edition, Mineola, New York 1982.

Franklin, Marc A./Anderson, David A., Cases and Materials on Mass Media Law, Fourth Edition, Westbury, New York 1990

Friauf, Karl Heinrich, Grundrechtsschutz der grenzüberschreitenden Werbung, insbesondere im Lichte von Art. 10 der Europäischen Menschenrechtskonvention, in: Europafernsehen und Werbung, Baden-Baden 1987, 23

Fuhr, Ernst-Wolfgang, ZDF-Staatsvertrag, Staatvertrag über die Errichtung der gemeinnützigen Anstalt des öffentlichen Rechts »Zweites Deutsches Fernsehen«, 2. Auflage Mainz 1985

Gabriel-Bräutigam, Karin, (siehe auch *Bräutigam, Karin*), Rundfunkkompetenz und Rundfunkfreiheit - Eine Untersuchung über das Verhältnis der Runfunkhoheit der Länder zu den Gesetzgebungszuständigkeiten des Bundes -, Baden-Baden 1990
- Wahlkampf im Rundfunk. Ein Beitrag zur Problematik von Drittsendungsrechten, ZUM 1991, 526

Grabitz, Eberhard, Der Grundsatz der Verhältnismäßigkeit in der Rechtsprechung des Bundesverfassungsgerichts, AöR 98 (1973), 570

Grundmann, Birgit, Die öffentlich-rechtlichen Rundfunkanstalten im Wettbewerb, Baden-Baden 1990.

Grupp, Alfred, Grundfragen des Rundfunkgebührenrechts, Frankfurt 1983

Häberle, Peter, Die Wesensgehaltsgarantie des Art. 19 Abs. 2 Grundgesetz. Zugleich ein Beitrag zum institutionellen Verständnis der Grundrechte und zur Lehre vom Gesetzesvorbehalt, 3. Auflage Heidelberg 1983

Hailbronner, Kay, Öffentliche Unternehmen im Binnenmarkt - Dienstleistungsmonopole und Gemeinschaftsrecht, NJW 1991, 593

Hans-Bredow-Institut (Hrsg.), Internationales Handbuch für Hörfunk und Fernsehen 1992/93, 21. Auflage Baden-Baden 1992

Hartstein, Reinhard/Ring, Wolf-Dieter/Kreile, Johannes, Rundfunkstaatsvertrag, Kommentar zum Staatsvertrag der Länder zur Neuordnung des Rundfunkwesens, München 1989

Hayek, Friedrich August von, Recht, Gesetzgebung und Freiheit. Eine neue Darstellung der liberalen Prinzipien der Gerechtigkeit und der politischen Ökonomie. Band 1: Regeln und Ordnung; Band 2: Die Illusion der sozialen Gerechtigkeit; Band 3: Die Verfassung einer Gesellschaft freier Menschen. [Aus dem Amerikanischen übertragen von Martin Suhr]; 1./2. Auflage Landsberg 1981/1986

Heidel, Thomas, Verfassungsfragen der Finanzierung von Privatfunk durch Werbung, Baden-Baden 1988

Hermes, Reinhard, Der Bereich des Parlamentsgesetzes. Berlin 1988

Herrmann, Günter, Zur Zuständigkeit für die Regelung der Rundfunkgebühren, UFITA 1967, 147
- Fernsehen und Hörfunk in der Bundesrepublik Deutschland. Zugleich ein Beitrag zu weiteren allgemeinen verfassungsrechtlichen und kommunikationsrechtlichen Fragen, Tübingen 1975.
- Notizen zur Medienordnung in der DDR, ZUM 1990, 394

Hertel, Felix, Programmkoordinierung der öffentlich-rechtlichen Rundfunkanstalten als kartellrechtliches Problem, Baden-Baden 1989

Hesse, Albrecht, Die Organisation privaten Rundfunks in der Bundesrepublik. Die Konzeption der Landesmediengesetze vor dem Hintergrund der Rechtsprechung des Bundesverfassungsgerichts, DÖV 1986, 177
- Werbung und Rundfunkfreiheit, ZUM 1987, 548
- Rundfunkrecht, München 1990

Höfling, Heribert/Möwes, Bernd/Pechstein, Matthias, Europäisches Medienrecht, München 1991

Hoffmann-Riem, Wolfgang, Programmgrundsätze - Programmverantwortung - Programmkontrolle, RuF 1978, 111

Hoffmann-Riem, Wolfgang, Kommerzielles Fernsehen - Rundfunkfreiheit zwischen ökonomischer Nutzung und staatlicher Regelungsverantwortung: das Beispiel USA. Baden-Baden 1981
- Verlegerprivileg für Programminformationen ?; RuF 1983, 381
- Medienfreiheit und der außenplurale Rundfunk. AöR 109 (1984), 304
- Erosionen des Rundfunkrechts, München 1990
- Die Entwicklung der Medien und des Medienrechts im Gebiet der ehemaligen DDR, AfP 1991, 472
- Rundfunkrecht neben Wirtschaftsrecht, Zur Anwendbarkeit des GWB und des EWG-V auf das Wettbewerbsverhalten öffentlich-rechtlichen Rundfunks in der dualen Rundfunkordnung, Baden-Baden 1991
- Rundfunk in neuen Ländern mit alten Schwächen, AfP 1991, 606

Holznagel, Bernd, Konzentrationsbekämpfung im privaten Rundfunk, ZUM 1991, 263

Hoppmann, Erich, Meinungswettbewerb als Entdeckungsverfahren in: *Mestmäcker, E.J.* (Hrsg.), Offene Runfunkordnung, Gütersloh 1988, S. 161 ff.

Immenga, Ulrich, Rundfunk und Markt, AfP 1989, 621

Immenga, Ulrich/Mestmäcker Ernst-Joachim, GWB Kommentar zum Kartellgesetz, 2. Auflage, München 1992

Ipsen, Hans-Peter, Zum Funktionsbereich der öffentlich-rechtlichen Rundfunkanstalten außerhalb der unmitelbaren Programmveranstalten, DÖV 1974, 721
- Rundfunk im Europäischen Gemeinschaftsrecht, Frankfurt (Main) 1982

Isensee, Josef/Kirchhof, Paul (Hrsg.)
- Handbuch des Staatsrechts der Bundesrepublik Deutschland, Bd. VI: Freiheitsrechte, Heidelberg 1989

Jarass, Hans Dieter, Die Freiheit des Rundfunks vom Staat. Gremienbesetzung, Rechtsaufsicht, Genehmigungsvorbehalte, staatliches Rederecht und Kooperationsformen auf dem verfassungsrechtlichen Prüfstand. Berlin u.a. 1981
- Grundrechte als Wertentscheidungen bzw. objektivrechtliche Prinzipien in der Rechtsprechung des Bundesverfassungsgerichts. AÖR 110 (1985), 363
- In welcher Weise empfiehlt es sich, die Ordnung des Rundfunks und sein Verhältnis zu anderen Medien - auch unter dem Gesichtspunkt der Harmonisierung - zu regeln ? - Gutachten zum 56. Deutschen Juristentag Berlin 1986, Band I, Teil G, S. G 9, München 1986

Kepplinger, Hans Mathias, Der Einfluß der Rundfunkräte auf die Programmgestaltung der öffentlich-rechtlichen Rundfunkanstalten, in: *Ernst-Joachim Mestmäcker* (Hrsg.), Offene Rundfunkordnung, Gütersloh 1988, S. 453

Kewenig, Wilhelm A., Zu Inhalt und Grenzen der Rundfunkfreiheit, Berlin 1978

Kiecker, Jürgen, Fusionskontrolle im Rundfunk, WuW 1990, 128

Klein, Hans-Hugo, Die Rundfunkfreiheit, München 1978

Koch, Norbert, Die neuen Befugnisse der EG zur Kontrolle von Unternehmenszusammenschlüssen, EWS 1990, 65 ff.

Kohl, Helmut (Hrsg.), Die Freiheit des Rundfunks nach dem Nordrein-Westfalen-Urteil des Bundesverfassungsgerichts. Symposium aus Anlaß des 70. Geburtstages von Wolfgang Lehr. Konstanz 1991. (Frankfurter Schriften zum Medienrecht Bd. 3)

Kollek, Andreas, Rechtsfragen der Rundfunkfinanzierung, Frankfurt a.M. 1987

Koszuzeck, Helmut, Freier Dienstleistungsverkehr und nationales Rundfunkrecht, ZUM 1989, 541 ff.
Krause-Ablaß, Günter, Die Neutralitätspflicht der Rundfunkanstalten, RuF 1962, 113 ff.
Kreile, Johannes/Straßer, Robert, Werbung ohne Grenzen?, ZUM 1990, 174
Kresse, Hermann, Die Rundfunkordnung in den neuen Bundesländern, Stuttgart 1992
- Anmerkung zum Beschluß des BayVGH vom 30.0.3.1992 zu Art. 111 a Bayerische Verfassung, ZUM 1992, 353
Kugelmann, Dieter, Anmerkung zur [Mediawet]-Entscheidung des EuGH, AfP 1992, 49
Kulka, Michael, Programmkoordinierung und Kartellrecht, AfP 1985, 177

Landesmedienanstalten (Hrsg.), DLM-Jahrbuch 89/90, Privater Rundfunk in Deutschland, verantw.: Helmut Haeckel, München 1990
Lauff, Werner, Der Konflikt zwischen Landesmedienordnung und Kartellrecht aus Verlegersicht, AfP 1989, 646 ff.
Leibholz, Gerhard, Grenzen der staatlichen Rechtsaufsicht gegenüber Rundfunk- und Fernsehanstalten, in: Festschrift für Ulrich Scheuner (1973), S. 340
Leisner, Walter, Werbefernsehen und öffentliches Recht, Berlin 1967
Lenz, Helmut, Rundfunkorganisation und öffentliche Meinungsbildungsfreiheit, JZ 1963, 338
Lerche, Peter, Übermaß und Verfassungsrecht, Köln u.a. 1961
- Werbung und Verfassung, München 1967
- Verfassungsrechtliche Zentralfragen des Arbeitskampfs. Zum hessischen Aussperrungsverbot. Rechtsgutachten, Bad Homburg u.a. 1968
- Rundfunkmonopol. Zur Zulassung privater Fernsehveranstaltungen, Frankfurt/M., Berlin 1970
- Verfassungsrechtliche Fragen zur Pressekonzentration. Rechtsgutachten auf Anregung des Bundesverbandes Deutscher Zeitungsverleger e.V., Berlin 1971
- Das 6. Rundfunkurteil zur »Modellkonsistenz«, Beitrag zum Kolloquium zu Ehren von Wolfgang Lehr am 13. 2. 1991 in: *Helmut Kohl* (Hrsg.) Die Freiheit des Rundfunks nach dem Nordrhein-Westfalen-Ureil des Bundesverfassungsgerichts. Symposium aus Anlaß des 70. Geburtstages von Wolfgang Lehr, Konstanz 1991, S. 51
Lerg, Winfried B., Rundfunkpolitik in der Weimarer Republik, in: *Hans Bausch* (Hrsg.), Rundfunk in Deutschland, München 1980

Mangoldt, Hermann v./Klein, Friedrich/Starck, Christian, Das Bonner Grundgesetz. Kommentar, Bd. 1, Präambel, Art. 1 bis 5, 3. Auflage, München 1985
Maunz, Theodor, Die Grenzen der Betätigung öffentlich-rechtlicher Rundfunkanstalten, DVBl. 1974, 1
- Staatsaufsicht über den Rundfunk, BayVBl. 1977, 526
Maunz, Theodor/Dürig, Günter/Herzog, Roman/Scholz, Rupert, Grundgesetz, Kommentar, Stand: 29. Lieferung September 1991, (zitiert: Bearbeiter in: MDH.)
Mayer, Otto, Deutsches Verwaltungsrecht, 3. Auflage München/Leipzig 1924
Memminger, Gerhard, Bedeutung des Verfassungsrechtsstreits zur EG-Rundfunkrichtlinie, DöV 1989, 846
Mestmäcker, Ernst-Joachim, Medienkonzentration und Meinungsvielfalt, Baden-Baden 1978
- Meinungsfreiheit und Medienwettbewerb, ZUM 1986, 63
- In welcher Weise empfiehlt es sich, die Ordnung des Rundfunks und sein Verhältnis zu anderen Medien - auch unter dem Gesichtspunkt der Harmonisierung - zu regeln?, Verhandlungen des 56. Deutschen Juristentages, 1986 II O, S. 9 ff.

Mestmäcker, Ernst-Joachim, (Hrsg.) Offene Rundfunkordnung, - Prinzipien für den Wettbewerb im grenzüberschreitenden Runfunk, Gütersloh 1988
- Die Anwendbarkeit des Gesetzes gegen Wettbewerbsbeschränkungen auf Zusammenschlüsse von Rundfunkunternehmen, GRUR Int. 1983, 553

Mestmäcker, Ernst-Joachim/Engel, Christoph/Gabriel-Bräutigam, Karin/Hoffmann, Martin, Der Einfluß des europäischen Gemeinschaftsrecht auf die deutsche Rundfunkordnung, Baden-Baden 1990.

Mestmäcker, Ernst-Joachim/Schulze, Erich, Kommentar zum deutschen Urheberrecht, Frankfurt (Main), Stand Juli 1990

Möschel, Wernhard, Fusionskontrolle im Rundfunk, Festschrift für v. Gamm, 1990
- Die Rundfunkordnung als ordnungspolitisches Ärgernis. Neue Zürcher Zeitung (NZZ) vom 17. April 1991 S. 21
- Mehr Wettbewerb für Hörfunk und Fernsehen in: *Gisela Wild u.a.* (Hrsg.), Festschrift für Alfred-Carl Gaedertz zum 70. Geburtstag, München 1992, S. 431

Möwes, Bernd/Schmitt-Vockhausen, Monika, Euopäische Medienordnung im Lichte des Fernsehübereinkommens des Europarats und der EG-Fernsehrichtlinie 1989, EuGRZ 1990, 121

Mook, Peter, Privater Rundfunk im Spiegel der Landesrundfunkgesetze, AfP 1986,10

Müller, Joachim, Dienstleistungsmonopole im System des EWGV, Baden-Baden 1988.

Münch, Ingo v. (Hrsg.), Grundgesetz-Kommentar, 3. Auflage München 1985

Niederleithinger, Ernst, Grundfragen der neuen europäischen Zusammenschlußkontrolle, EWS 1990, 73

Niepalla, Peter, Die Grundversorgung durch die öffentlich-rechtlichen Rundfunkanstalten, München 1990

Niewarra, Manfred, Öffentlich-rechtlicher Rundfunk und Fusionskontrolle, AfP 1989, S. 636 ff.
- Boros Vermächtnis, ZUM 1991, 67

Noam, Eli, Der Einfluß von Marktstruktur und Eintrittsschranken auf die Vielfalt der Fernsehprogramme, in: Ernst-Joachim Mestmäcker (Hrsg.), Offene Rundfunkordnung, Gütersloh 1988, S. 199 ff.

Oppermann, Bernd, Medienrecht, Privatrundfunk und Wettbewerb, ZUM 1990, 376 ff.

Oppermann, Thomas/Kilian, Michael, Rechtsgrundsätze der Finanzierung öffentlich-rechtlichen Rundfunks in der dualen Rundfunkverfassung der Bundesrepublik Deutschland, Frankfurt (Main) 1989

Oppermann, Thomas, Europarecht, München, 1991.

Ory, Stefan, Rechtsfragen des Abonnementsfernsehens, ZUM 1988, 225

Ossenbühl, Fritz, Die Interpretation der Grundrechte in der Rechtsprechung des Bundesverfassungsgerichts, NJW 1976, 2100
- Rundfunkprogramm - Leistung in treuhänderischer Freiheit, DÖV 1977, 381 ff.
- Programmnormen im Rundfunkrecht, Schriften der Gesellschaft für Rechtspolitik: Bd. 1, Rundfunkrecht, München 1981
- Rundfunk zwischen nationalem Verfassungsrecht und europäischen Gemeinschaftsrecht, Frankfurt (Main) 1986

Papier, Hans-Jürgen, Aufgaben der Deutschen Bundespost bei der terrestrischen Rundfunkversorgung. Rechtsgutachten, erstellt im Auftrag der Landesanstalt für Kommunikation Baden-Württemberg, Oktober 1989. Bd. 3 der Schriftenreihe LfK-Dialog, Landesanstalt für Kommunikation Baden-Württemberg, Stuttgart 1989

Rahn, Monika, Programmauftrag und Kartellrecht, Konstanz 1991

Richter, Hermann, Pressekonzentration und neue Medien, Göttingen, 1989

Ricker, Reinhart/Müller-Malm, Friedrich, Die Vielfaltsanforderungen an den privaten Rundfunk nach dem 4. Rundfunkurteil, ZUM 1987, 208 ff.

Ricker, Reinhart, Werbung im öffentlich-rechtlichen Rundfunk nach 20 Uhr, AfP 1991, 173

- Die Kompetenzen der Rundfunkräte im Programmbereich, München 1987

Ring, Wolf-Dieter (Hrsg.), Medienrecht - Rundfunk, neue Medien, Presse; Loseblattsammlung, München, Stand: März 1992

Ronellenfitsch, Michael, Die Vergabe von Rundfunkfrequenzen an Private, dargestellt am Beispiel Rheinland-Pfalz, VerwArchiv 91, 119

Roth, Wulf-Hennig, Der Zugang der Presse zum privaten Rundfunk, ZHR 152 (1988), 165ff.

- Rechtsfragen der Rundfunkübertragung öffentlicher Veranstaltungen, AfP 1989, 515
- Die Entwicklung der deutschen Fernsehwerbemärkte: EG Fernsehrichtlinie und deutsches Kartellrecht, AfP 1991, 504ff.
- Rundfunkrecht und Kartellrecht. AfP 1986, 287

Rüggeberg, Jörg, Rechtsschutz öffentlich-rechtlicher Rundfunkanstalten und privatrechtlicher Rundfunkunternehmen gegen Rechtsaufsichtsmaßnahmen, in: *Jürgen Becker* (Hrsg.), Beiträge zum Medienprozeßrecht, Festgabe für Carl Hermann Ule zum 80. Geburtstag, UFITA Bd. 81, 1988, 109 ff.

Sack, Rolf, Neue Werbeformen im Fernsehen - Rundfunk- und wettbewerbsrechtliche Grenzen, AfP 1991, 704

- Zur wettbewerbsrechtlichen Problematik des Product Placement im Fernsehen, ZUM 1987, 103

Schardt, Andreas, Medienverbund aus der Sicht eines privaten Rundfunkunternehmens, ZUM 1991, 61

Scharf, A., Aufsicht bei Funk und Fernsehen, Dokumentation zum 5. Deutschen Verwaltungsrichtertag, München 1977, 103

Scherer, Beate, Product Placement im Fernsehprogramm, Baden-Baden 1990

Scherer, Joachim, Frequenzverwaltung zwischen Bund und Ländern, Berlin 1987

Schlink, Bernhard, Freiheit durch Eingriffsabwehr -Rekonstruktion der klassischen Grundrechtsfunktion-, EuGRZ 1984, 457

Schmidt, Walter, Die Rundfunkgewährleistung. Berlin u.a. 1980

- Die Rundfunkgebühr in der dualen Rundfunkordnung. Frankfurt 1989

Schmitt-Glaeser, Walter, Die Meinungsfreiheit in der Rechtsprechung des Bundesverfassungsgerichts, AöR 97 (1972), 60 ff., 276 ff.

Schneider, Hans-Peter/Radeck, Bernd, Verfassungsprobleme der Rundfunkfinanzierung aus Werbeeinnahmen Frankfurt 1989

Schwabe, Jürgen, Probleme der Grundrechtsdogmatik, Darmstadt 1977

Schwartz, Ivo, Rundfunk, EG-Kompetenzen und ihre Ausübung, ZUM 1991, 155

- EG-Rechtssetzungsbefugnis für das Fernsehen, ZUM 1990, 381

Selmer, Peter, Wirtschaftswerbung und Eigentumsfreiheit, in: Festschrift für H.P. Ipsen (1977), S. 515

Selmer, Peter, Bestands- und Entwicklungsgarantien für den öffentlich-rechtlichen Rundfunk in einer dualen Rundfunkordnung, Berlin 1988
Selmer, Peter/Gersdorf, Hubertus, Rechtsprobleme einer Beteilung privater Rundfunkveranstalter am Aufkommen der Rundfunkgebühr, DVBl. 1992, 79
Siragusa, Mario/Subiotto, Romano, The EEC Merger Control Regulation: The Commission's Evolving Case Law, 28 C.M.L.R. 877 ff. (1991)
Smith, Adam, Der Wohlstand der Nationen. Eine Untersuchung seiner Natur und seiner Ursache. Aus dem Englischen von Horst Claus Recktenwald. Taschenbuch-Ausgabe, 5. Auflage 1990 (Vollst. Ausgabe nach der 5. Auflage [letzter Hand], London 1789
Sola Pool, Ithiel de, Technologies of Freedom. On free speech in an electronic age, Cambridge/Mass. 1983
Spieler, Ekkehard, Fusionskontrolle im Medienbereich, Berlin 1988
Starck, Christian, (siehe auch *v. Mangoldt/Klein/Starck*, Staatliche Organisation und staatliche Finanzierung als Hilfen zu Grundrechtsverwirklichungen? in: Bundesverfassungsgericht und Grundgesetz, Festgabe aus Anlaß des 25jährigen Bestehens des Bundesverfassungsgerichts, Band II, Tübingen 1976, S. 480 ff.
- Die Konstruktionsprinzipien und verfassungsrechtlichen Grundlagen der gegenwärtigen mediengesetzlichen Aktivitäten in den deutschen Bundesländern, JZ 1983, 405
Staudenmayer, Dirk, Das Verhältnis der Art. 85, 86 EWGV zur EG-Fusionskontrollverordnung. WuW 1992, 475
Steinbeiß-Winkelmann, Christine, Grundrechtliche Freiheit und staatliche Freiheitsordnung. Funktion und Regelungsgehalt verfassungsrechtlicher Freiheitsgarantien im Licht neuerer Grundrechtstheorien. Frankfurt (Main) 1986
Stern, Klaus/Bethge, Herbert, Funktionsgerechte Finanzierung der Rundfunkanstalten durch den Staat, München 1968
Stern, Klaus, Das Staatsrecht der Bundesrepublik Deutschland. Band III/1: Allgemeine Lehren der Grundrechte. München 1988. (zitiert: Stern, Staatsrecht Bd. III/1)
Stiehler, Hans-Jörg, Medienwelt im Umbruch, Media-Perspektiven 1990, 91
Stock, Martin, Rundfunk und Wettwerbsrecht, in: *Hoffmann-Riem* (Hrsg.), Rundfunk im Wettbewerb, 1988, S. 75 ff.
- Rundfunkrecht und Kartellrecht, AfP 1989, 627
- Das Nordrhein-Westfalen-Urteil des Bundesverfassungsgerichts, Media-Perspektiven 1991, 133
Stockmann, Kurt, Privater Rundfunk - ein Ausnahmebereich der Fusionskontrolle ?, AfP 1989, 634
Studienkreis für Presserecht und Pressefreiheit, Sitzungsbericht über die 69. Tagung, AfP 1991, 510

Vile, M.J.C., Constitutionalism and the Separation of Powers, Oxford 1967
Wagner, Christoph, Die Landesmedienanstalten -Organisation und Verfahren der Kontrolle privater Rundfunkveranstalter in der Bundesrepublik Deutschland, Baden-Baden 1990
- Konzentrationskontrolle im privaten Rundfunk, RuF 1990, 165
- Konzentrationskontrolle im Medien-Binnenmarkt der EG. Wettbewerbsrechtliche und medienspezifische Ansätze. AfP 1992, 1 ff.
Wallenberg, Gabriela v., Aktuelle kartellrechtliche Fragen im Rundfunk, WuW 1991, 963
Wille, Karola, Medienrecht in der DDR-Vergangenheit und Gegenwart, ZUM 1991, 15
Wolff, Hans J./Bachof, Otto/Stober, Rolf, Verwaltungsrecht II, 5. Auflage München 1987
Wülfing, Thomas, Grundrechtliche Gesetzesvorbehalte und Grundrechtsschranken, Berlin 1981